DREAM GO WITH
THE RULE OF LAW

梦想与法治同行

——青年律师执业手记

柳　沛　著

浙江工商大学出版社
ZHEJIANG GONGSHANG UNIVERSITY PRESS
·杭州·

图书在版编目(CIP)数据

梦想与法治同行 ：青年律师执业手记 ／ 柳沛著 ．—
杭州 ：浙江工商大学出版社，2022.9
ISBN 978-7-5178-5081-6

Ⅰ．①梦… Ⅱ．①柳… Ⅲ．①律师业务－案例－中国
Ⅳ．① D926.5

中国版本图书馆 CIP 数据核字 (2022) 第 154834 号

梦想与法治同行——青年律师执业手记
MENGXIANG YU FAZHI TONGXING——QINGNIAN LYUSHI ZHIYE SHOUJI
柳　沛 著

责任编辑	徐　凌	
责任校对	韩新严	
封面设计	朱嘉怡	
责任印制	包建辉	
出版发行	浙江工商大学出版社	
	（杭州市教工路 198 号　邮政编码 310012）	
	（E-mail：zjgsupress@163.com）	
	（网址：http://www.zjgsupress.com）	
	电话：0571-88904980，88831806（传真）	
排　版	杭州舒卷文化创意有限公司	
印　刷	浙江全能工艺美术印刷有限公司	
开　本	710 mm × 1000 mm　1/16	
印　张	16.875	
字　数	245 千	
版 印 次	2022 年 9 月第 1 版　2022 年 9 月第 1 次印刷	
书　号	ISBN 978-7-5178-5081-6	
定　价	69.00 元	

写作，是律师一生的修行

我喜欢杭州这个城市，不快不慢，充满活力。从浙江工商大学硕士毕业后，我决定留杭发展。各种因缘际会之下，我选择了律师这条路。作为新入行的青年律师，我对各方面都是那么的陌生。尤其是在租完房子之后，摸摸口袋里所剩无几的积蓄，看着马路上飞驰而去的汽车和行色匆匆的人们，我一阵心酸，偌大的杭州，为什么没有我的容身之处？家徒四壁摇头兴叹，环顾四周内心茫然。

怎么办？不服输的我坚信，办法总比困难多。

参加征文比赛　扩大影响

2015年，刚执业不久，我从网上得知"首届律事通征文大赛"即将举办。当时刚好互联网浪潮席卷整个律师界，风投、科技企业、互联网技术等疯狂"入侵"律师行业。作为刚执业的律师，我凭着敏锐的写作嗅觉，认为这是一次律师技术革命，可能会对律师行业产生巨大的影响，也一直在琢磨写相关文章，于是，我决定参加该征文活动。

写稿期间，异常艰辛。等待时间，特别漫长。我查阅了大量文献资料，借鉴了专家前辈的观点，结合自身执业实践和行业认知，阐述了一些感受、观点和看法。在提交稿件之后，我心怀忐忑，既焦虑又憧憬，还夹杂着些许期待。等待的时间最难熬，当我被告知作品入围时，心里那块石头总算是落了一半。之后开始参与评选，再经过一轮网络投票、点赞、转发、阅读量等一系列的考核、计算、排名，终于，我获得了一等奖，成了本次征文比赛的冠军。一本红色的获奖证书，是对我所有付出的肯定；一台银色的笔记本电脑，是对我坚持写作的鼓励。这件事情，犹如一剂强心针，给我的内心注入了无限力量，加深了我对写作的热爱，同时，也让初出茅庐的我在律师圈里小有名气。由此，我成为"律事通"的特邀专栏作者，签约供稿并获得稿费。虽然钱并不算多，但却帮我度过了执业初期这一重要阶段。

那篇获奖文章《互联网，助力青年律师弯道超车》还被刊登在《浙江律师》2016年第1期，后来，我还应邀在《浙江法制报》就部分热点事件发表律师观点及专业评论，应邀在律新社自媒体就"中小所梦想之路"主题发文《互联网时代下中小型律师事务所的法律服务发展路径研究》。尝到甜头后，我坚定了写下去的信心和勇气。在那次征文比赛之后，我还以文会友，应邀参加互联网律师管理论坛，文章《互联网时代青年律师培养路径探究——以律师事务所管理为视角》被刊登在《中国律师》2016年第3期。回想起来，这可能是我最初投身律师行业的内驱动力和信心来源。

推送专业文章　树立品牌

互联网时代，律师行业掀起了一阵有关律师"万金油和专业化"发展的大讨论。当时律界大咖基本有一个共识，那就是青年律师要树立自己的品牌、善于给自己贴标签，提高辨识度。这无疑给执业初期的我指了一条明路。

开公众号，树立品牌。想要树立品牌，只能靠自己。怎么办？只能拼命学、努力学，靠知识。知识在大脑里，是谁都偷不走的宝贵财富。知识最好的载体和展现方式就是文章，我只能利用业余时间多写专业文章，让大家了解我的专业，让客户知道我的强项，闻声而来、寻迹而动。所以，我决定开设微信公众号"律友邦"，及时推送专文，以文会友，用文交友。

推专业文，勇于发声。互联网时代，人人都是自媒体。当时开通公众号，我给自己定的目标是每天至少写一篇短文，内容可以是任何方面的法律评论、专业见解或方法总结。当时刚好赶上微信公众号的红利期，我一度收获数万人的关注和点赞，也因此结识了很多业内知名前辈及同行朋友。或许在别人看来，我的观点还略显稚嫩；或许在专家看来，我的建议还有些不足；或许在前辈看来，我的水平还有待提高……但我认为，这才是真实的、现阶段的自己，真实或许也是一种特色。毕竟没有一个人生来就是当律师的，没有一个人生来就什么都会，不会不要紧，怕的是不会又不学。谋事在人，成事在天。坚持下去，水滴石穿，铁杵成针。我坚信：人不因年龄而成长，只因经历而成熟。成功之前做我该做的事情，成功之后做我想做的事情。

勤奋写文，吸引客户。锚定笃行，我频繁写作、投稿，编辑也会定向邀约、组稿，很快，我形成了一个自己的小文库。这些文章的撰写与总结，不仅为我律师执业奠定了基础，还让我对律师办案中遇到的问题有了更深刻的理解和领悟，并让我结识了一批爱好写作的朋友，同时让我被更多的人熟知，有了一些意外收获。我写的文章《十七种对付老赖的方法，总有一种适合你》，被当时的法律类公众大号"尚格法律人""法律读库""无讼阅读"等转载，还真的有客户通过阅读这篇文章找到我代理案件，这是意外之喜。

作为律师，通过文章吸引客户，转化率很低，但是，我仍然没有放弃写作，因为我爱得深沉。我认为，律师不仅要赚钱，还要有情怀，要有社会责任感。我希望通过文章帮助需要帮助的人，我希望通过文章结识更多比我优秀的人，我希望通过文章在律师执业道路上遇到更好的自己。

撰写行业论文　持续深化

随着依法治国总目标的全面推进，律师执业环境不断改善，律师社会地位大幅度提高，"公检法律"这一法律共同体的联系更加紧密。尤其是在"创建共同富裕示范区"的奋斗目标下，浙江省在党中央、国务院的领导下，在省委、省政府的决策部署下，进一步深化改革，先行先试，探索创新社会治理模式，努力打造共同富裕的浙江样本。这无疑为成长中的青年律师提供了更多人生出彩、梦想成真的机会，正如党的十九届五中全会提出的"善于在危机中育先机、于变局中开新局"，机遇与挑战并存。

以文为媒，深耕专业。律师这个职业，说到底就是利用自身所学的法律专业知识来维护委托人的合法权益，所以，律师的执业水平和专业能力尤为重要。一名优秀的律师一定要在办案的同时对至少一个专业领域有足够深入的思考和研究。文章便是研究成果最好的载体。我在执业期间，逐渐形成了"一主两辅"的业务特色，即以行政业务为主，以婚姻家事和经济纠纷业务为辅。我提交文章《反思与完善：行政处罚中加处罚款制度探析》参加全国律师协会行政法专业委员会2018年年会，并在大会上作交流发言；文章《行业协会规范性文件附带审查研究》刊发于《法治研究》2021年第4期，并荣获浙江省法学会诉讼法学研究会2021年优秀科研成果三等奖；文章《民行交叉领域涉特定物损害的行政赔偿程序适用》荣获第三十三届全国副省级城市法治论坛优秀论文奖。同时，我热心公益，关注未成年保护。我被聘为杭州市上城区"少年"律师，守护未成年，并荣获"2021年度杭州市妇联优秀维权志愿者"称号，我希望可以通过文章让大家关注弱势群体，我希望尽我所能地去帮助更多需要帮助的人。

执业八年有余，我写出了属于自己的一片小天地。我受聘成为浙江省律协特邀撰稿人、杭州市律协记者团成员，积极为省律协、市律协供稿；我受聘成为杭州市人民检察院人民监督员，履职尽责，被评为2021年优秀等次人民监督员，根据亲身经历总结的《从首次参与检察听证反观律师代理民事监督案件的技巧》刊登于《浙江律师》2021年第1期；我加入民盟组织，积极参政议政，荣获"2021年度民盟浙江省委会反映社情民意信息工作先进个人"称号；我结合时事热点，发表专业评论，化身网络女主播，紧跟立法动态，参加公益普法直播活动百余场，曾被评为"2020年度优秀普法志愿者"……我喜欢写作，正如我热爱律师职业一样。

在执业的道路上，变的是时间，不变的是初心；在执业的过程中，变的是经历，不变的是信心；在执业的发展中，变的是案件，不变的是耐心、用心和责任心。

八年多的律师生涯，让我明白一个道理：只要关注，一定会有发现；只要用心，一定会有成长；只要坚持，一定会有收获。

然而，这一切仅仅是开始。卸下包袱，一切归零；背上行囊，重新出发。写作，应当成为律师一生的修行。

特撰此书，希望当代青年律师可以另辟蹊径，勇闯难关，突围出一条加速成长的新路径，尽快脱颖而出，尽早为中国法治建设贡献力量。

是为序，欢迎批评指正。

柳　沛

2022年3月于杭州

目 录
Contents

—————————— 中 篇 民商事类 ——————————

———————— 下 篇 执业感悟 ————————

上　篇

行 政 类

民行交叉领域特定物损害的行政赔偿程序适用①

摘 要： 在民行交叉领域，特定物损害的行政赔偿程序适用缺乏衔接性规定或实践判例指引，引入"行政机关返还特定物损害赔偿属于对行政事实行为提起行政赔偿"的观点，可消解现实对于行政事实行为的认知不清。为实质性化解行政争议、促进法治政府建设、实现高质量发展，观察判例对于行政事实行为的判断标准，应确立直接提起行政赔偿诉讼而无须赔偿义务机关先行处理的规则。

关键词： 民行交叉；特定物；行政赔偿；程序

一、问题的缘起

美国法学家霍姆斯认为，法律的生命在于经验。经验来源于实践。探究特定物损害赔偿程序，可从司法实践中民行交叉领域特定物返还的某典型案例说起。

Z行政机关（一审被告）将H公司（一审原告）在Z地某街道路边搭建的灯箱设施强制拆除。生效判决要求"被告于本判决生效之日起十五日内将拆

---

① 本文荣获第三十三届全国副省级城市法治论坛优秀论文奖及第七届杭州律师论坛三等奖、行政专业委员会分论坛一等奖。本文成文于2021年5月，文中相关规定以当时有效的规定为准。

除后的65个广告灯箱返还给原告"。在判决履行过程中，H公司发现被拆除的65个灯箱几经搬迁移动，经露天放置、风吹日晒雨淋，只剩铁框架。H公司认为被强制拆除的灯箱属于其合法财产，法院的生效判决已要求返还，该行政机关却未妥善保管而给公司造成损失，因而要求赔偿。但该行政机关却认为，法院判决返还的灯箱就是剩余灯箱的残值。双方存在根本性分歧。

后该行政机关逾期未履行返还义务，H公司申请强制执行，经执行法官三次协调，并亲赴现场查勘灯箱现状，最终双方就返还灯箱事宜仍无法达成一致意见。2018年5月18日，经执行法官释明，执行终结，同时告知H公司就该部分争议标的另行起诉。H公司依法提起行政诉讼。2018年6月20日，A法院以未经赔偿义务机关先行处理为由裁定驳回起诉。H公司（原告）于2018年11月1日再次起诉，要求确认违法并赔偿，经三次开庭审理及两次鉴定评估，2020年3月27日Z法院作出一审判决，要求被告赔偿原告灯箱损失22.86万元，同时返还原告灯箱残体65个。后被告行政机关上诉至中院，经协商，最终该案件以Z行政机关向H公司赔偿28万元调解结案。Z行政机关负责人被调查。

虽然该案件目前已盖棺定论，以调解形式定分止争也符合当下实质性化解行政争议的总体要求。但作为民行交叉领域的典型案件之一，这个案件存在诸多法律问题值得研究探讨。其中一个较为复杂且争议较大的焦点问题就是：特定物损害行政赔偿是否必须经赔偿义务机关先行处理？

从该案A法院作出的行政裁定来看，承办法官认为，返还特定物损害赔偿属于行政赔偿诉求，行政机关在返还之前对特定物的保管行为属于具体行政行为。根据《国家赔偿法》（以下简称《国赔法》）第九条第二款和《最高人民法院关于审理行政赔偿案件若干问题的规定》（以下简称《行赔规定》）第四条第二款的规定，原告未经先行处理而径行提起行赔诉讼，被驳回起诉。但笔者却持不同看法。行政机关强制拆除后对依法属于所有权人的合法财产负有返还义务，若未及时返还而在客观上造成所有权人财产损失的，系基于行政事实行为而侵犯所有权人财产权的违法行政行为。根据《行赔规定》第三十四条，可以未经确认程序而直接起诉，法院在判决时一并对致害行为确认违法。该观点被Z法院采纳。

以上两种观点，各有一定的道理和依据。但实质性争议在于《最高人民法院关于适用〈中华人民共和国民事诉讼法〉的解释》（以下简称《民诉法解释》）第四百九十四条规定的"另行起诉"在行政赔偿诉讼中是否仍要经过赔偿义务机关先行处理。虽然在审判实践中个案间存在分歧时有发生，但抛开个案不谈，单就《行赔规定》第四条第二款和第三十四条的法律适用，究竟如何区分运用？笔者特撰此文，加以探讨研究。

二、民行交叉领域特定物损害赔偿程序规定困境

根据《行政诉讼法》第一百零一条[①]和《民诉法解释》第四百九十四条的规定，在行政执行案件中，如果特定物已毁损或灭失，且当事人双方就折价赔偿金额无法协商一致，那么，申请执行人可另行起诉。这是执行阶段再次发生涉及双方实体权利义务判断的新纠纷常见处理方式，也是按照"审执分离"原则，考虑到对当事人救济权利保障的基本要求。但如前所述，鉴于另行提起的是行政赔偿诉讼，其特殊性在于需经赔偿义务机关先行处理，因而出现了民行交叉领域赔偿程序衔接适用问题。笔者先对现行规定作简要分析。

根据《国赔法》第三条，行政赔偿的行为要件是侵权行为产生于管理国家公共事务职权的行使过程中或与职权行使有直接关联。既有具体行政行为，也有发生在行使职权过程中、违反行政职责的行政事实行为。《行赔规定》第四条、第二十一条规定，启动行政赔偿诉讼，一种是起诉之初一并提出行政赔偿请求，另一种是单独提起行赔诉讼，但需经先行处理程序，即若要单提行政赔偿，加害的具体行政行为必须已被确认违法。可见，这里要求被确认违法的只提到了具体行政行为，对于行政事实行为并

---

① 《行政诉讼法》第一百零一条：人民法院审理行政案件，关于期间、送达、开庭审理、调解、执行等，本法没有规定的，适用《民事诉讼法》的相关规定。

未明确。同时，《行赔规定》第三条^①和第三十四条^②规定，赔偿请求人可对未经确认的致害行为直接起诉。

针对法条的具体理解和法律适用问题，最高人民法院行政审判庭曾于2001年针对天津市高院的请示出过一个〔2001〕行他字第10号答复意见^③。其中明确，要按致害行为的属性类别作区分，并表明对于行政事实行为按第三十四条直接起诉。

该答复看似对实务问题作了比较明确且实用性较强的回应，但《行赔规定》第三十四条又与第三条存在衔接不畅之处。第三条规定对行政事实行为提起行赔诉讼之前，还要满足"赔偿请求人在先向赔偿义务机关提出致害行为违法要求被拒绝"的条件，那到底是要经过确认还是不经过确认？再者，该答复引出了一个新的概念——行政事实行为。从行政法学理论上看，行政行为按是否对外发生法律效力划分为行政法律行为和行政事实行为，但目前后者只是一个学理上的说法，尚未出现在正式的法律规定中。且相关认定和判断标准，从行政立法到审判实务，甚至在行政法学界，一直以来就莫衷一是，争议较大。所以，该答复虽作出了解释，但只是在行政审判中对行政事实行为先行确认的要求表现得较为宽松。

综上所述，特定物返还过程中行政机关造成损害的行政赔偿问题，在立法层面并未得到切实有效的解决，存在现实困境。

---

①《行赔规定》第三条：赔偿请求人认为赔偿义务机关实施了《国家赔偿法》第三条第三、四、五项和第四条第四项规定的非具体行政行为即事实行为侵犯其人身权、财产权并造成损失，赔偿义务机关拒不确认致害行为违法的，赔偿请求人可直接向人民法院提起行政赔偿诉讼。

②《行赔规定》第三十四条：人民法院对赔偿请求人未经确认程序而直接提起行政赔偿诉讼的案件，在判决时应当对赔偿义务机关致害行为是否违法予以确认。

③最高人民法院行政审判庭关于如何适用《最高人民法院关于审理行政赔偿案件若干问题的规定》第二十一条第四项和第三十四条规定的答复（2001年12月24日〔2001〕行他字第10号）天津市高级人民法院：你院津高法〔2001〕107号请示报告收悉。经研究，答复如下：根据最高人民法院《关于审理行政赔偿案件若干问题的规定》第二十一条第四项和第三十四条的规定，因行政机关的具体行政行为引起的行政赔偿，赔偿请求人单独提起行政赔偿诉讼的，应当符合第二十一条第四项规定的起诉条件；因行政机关的事实行为引起的行政赔偿，赔偿请求人单独提起行政赔偿的，应当适用第三十四条的规定。

三、特定物损害赔偿程序适用的司法审查现状

不同行政行为适用不同行政赔偿程序。笔者以"《最高人民法院关于适用〈中华人民共和国民事诉讼法〉的解释》第四百九十四条"为关键词，辅之以"行政"，在北大法宝上检索得到4个案例，整理剖析如下。详见附表（附于本文后）。

在C1案件中，虽然同属于返还特定物损害而形成的行政赔偿纠纷，但当事人为保险起见和避免争议，仍然选择进行先行处理程序。而类似情况在C2案件中，当事人在执行终结而另行起诉到法院时，未经过赔偿义务机关的先行处理，法院在受理案件后依法申请委托鉴定，最后根据鉴定结果酌定赔偿数额。但同为"房屋拆迁赔偿"引发的行赔案件C3中，承办法官认为"在民事诉讼中被先予执行的房屋在执行回转程序中如何折价赔偿问题不属于行政诉讼受案范围"。笔者并不认同该观点，虽然从客观上说，有关因房屋拆迁引发的纠纷性质到底属于民事纠纷还是行政纠纷，曾存在法律规定的变迁[①]，但笔者认为，法官应按当事人起诉到法院时的基本法律关系来判断纠纷性质，如C3当事人于2020年3月25日起诉到法院，此时因房屋拆迁引发的赔偿按照规定显然属于行政诉讼范畴。在C4案件中，当事人2015年曾以房屋

[①]1993年最高人民法院在给江苏省高院作出的〔1993〕法民字第9号《关于适用〈城市房屋拆迁管理条例〉第十四条有关问题的复函》中明确将房屋拆迁补偿安置纠纷的性质界定为民事案件。但1996年最高人民法院法复〔1996〕12号《关于受理房屋拆迁、补偿、安置等案件问题的批复》废止了上述第9号复函，拆迁人与被拆迁人因房屋补偿、安置等问题发生争议，或者双方当事人达成协议后，一方或者双方当事人反悔，未经行政机关裁决，仅就房屋补偿、安置等问题，依法向人民法院提起诉讼的，人民法院应当作为民事案件受理；而公民、法人或其他组织对人民政府或者城市房屋主管行政机关依职权作出的有关房屋拆迁、补偿、安置等问题的裁决不服，依法向人民法院提起诉讼的，人民法院应当作为行政案件受理。到了2005年8月1日，最高人民法院就浙江省高级人民法院请示的问题作出《关于当事人达不成拆迁补偿安置争议提起民事诉讼人民法院应否受理问题的批复》明确，拆迁人与被拆迁人或者拆迁人、被拆迁人与房屋承租人达不成拆迁补偿安置协议，就补偿安置争议向人民法院提起民事诉讼的，人民法院不予受理，并告知当事人可以按照《城市房屋拆迁管理条例》第十六条规定向有关部门申请裁决。2015年5月1日修改的《行政诉讼法》第十二条第十一项规定，房屋搬迁安置补偿协议属于人民法院行政诉讼受案范围。所以有关房屋拆迁存在法律规定历史沿革的问题。

拆迁安置补偿合同纠纷为由诉至法院，经过上诉、再审、发回重审、再上诉等法律程序，于2020年10月依据《民诉法解释》第四百九十四条再次诉至法院，法院按民事纠纷立案受理，并对房屋折价款及迟延履行金作出判决。

综合前述三个行政案例来看，行政执行活动中遇到对特定物的执行，同时双方又无法就赔偿金额达成一致意见，通常做法是终结执行程序，告知当事人另行起诉。起诉的性质按原生效判决主法律关系的性质而定。但受制于各地司法水平参差不齐，承办法官在法律适用方面有不同认识和理解，在司法实践中，对返还特定物损害的赔偿程序上明显存在较大分歧，且尚未有法院在裁判文书中明确提出"返还特定物损害的行政行为属于行政事实行为"的观点。

四、行政事实行为的再判断

最高人民法院行政审判庭〔2001〕行他字第10号答复，实际上赋予人民法院对于行政事实行为违法性的判断权。虽然该答复不一定能应对复杂多变、日新月异的各类新型行政案件，但至少在一定程度上做了法律适用指导。而问题的关键是行政事实行为目前尚未成为法律术语，没有明确的概念界定，以致在法律适用上存在诸多不便。虽然《行政诉讼法》在2015年修改时将受案范围从具体行政行为扩展到行政行为，但到底哪些非具体行政行为被纳入法院的审查范围？从全国人大法工委的释义看，主要集中在行政协议和事实行为。[①]

---

① 信春鹰：《中华人民共和国行政诉讼法释义》，法律出版社2014年版，第89页。虽然2000年《最高人民法院关于执行〈中华人民共和国行政诉讼法〉若干问题的解释》第一条第一款就放弃行政诉讼法中的具体行政行为而采用行政行为的表述，但当时参与起草的部分法官仍然认为此处的"行政行为"不包括行政事实行为（如甘文法官曾发表文章《行政诉讼法司法解释之评论——理由、观点与问题》，中国法制出版社2000年版，第18—19页），部分法官认为，此条表述内容就是将那些非具体行政行为的行政行为如事实行为等纳入行政诉讼受案范围（如江必新法官）。但是，2002年发布的《最高人民法院关于行政诉讼证据若干问题的规定》舍弃行政行为概念，回到《行政诉讼法》中的具体行政行为概念，导致司法实践中对行政诉讼案件的受案范围基本采用的是"具体行政行为"的判断标准，一直到2015年修改《行政诉讼法》。

关于行政协议，最高人民法院已于2019年出台司法解释①加以规范。但行政事实行为却一直未引起重视，仅在1997年《行赔规定》第一条②和第三条表述为"非具体行政行为""与具体行政行为有关的行为"，并赋予不同的行政赔偿救济途径。既然涉及这一概念，笔者通过查阅国内外文献资料和司法案例，对行政事实行为作出归纳概括，以期得出若干条易于分辨的判断标准，便于在具体司法救济程序适用上取得共识。

（一）国内行政事实行为的主要学说

我国行政法学界对行政事实行为的概念分歧较大。行政事实行为的概念首见于1983年王珉灿主编的第一本行政法教材《行政法概要》，书中对此定义为"不直接产生法律后果的行政行为"③。后续理论界主要包括三种学说：

（1）法律效力说。持有该观点的主要是章剑生、王红建、胡建淼、王银江等。界定行政事实行为是"行政主体不以产生法律约束力，而以影响或改变事实状态为目的实施的一种活动"④。行政机关所实施的行政行为对相对人没有既定法律效力，也没有主观意图，却在客观事实上影响了相对人的合法权益。

（2）目的说。闫尔宝、吕诚、杨立宪等学者从意思表示的角度出发，认为"行政主体在实施行政管理、履行服务职能过程中作出的不以设定、

---

①最高人民法院发布的《最高人民法院关于审理行政协议案件若干问题的规定》（法释〔2019〕17号）于2020年1月1日起实施。
②《行赔规定》第一条、《国赔法》第三条、第四条规定的其他违法行为，包括具体行政行为和与行政机关及其工作人员行使行政职权有关的，给公民、法人或者其他组织造成损害的，违反行政职责的行为。
③王珉灿：《行政法概要》，法律出版社1983年版，第97页。
④姜明安：《行政法与行政诉讼法》，北京大学出版社、高等教育出版社2015年版，第321—322页；章剑生：《现代行政法总论》，法律出版社2014年版，第218页；王红建：《行政事实行为概念考》，《河北法学》2009年第7期，第60页；胡建淼、王银江：《现代行政视野中的事实行为》，《行政法学研究》2003年第1期，第33页。

变更或消灭行政法律关系为目的的行为"①。该观点实质上去除了行政主体的主观意思表示因素。

（3）权利义务说。薛刚凌、金志华、苗波从权利义务关系角度认为"行政事实行为是行政机关在管理中作出的与行政相对人实体权利义务无关的行为"②。该观点与具体行政行为相对应，明确指出行政事实行为不直接设定相对人实体权利义务。

（二）国外对行政事实行为的考察

行政事实行为的概念肇始于德国著名学者耶律·纳克，他于1931年提出"公共行政中的单纯高权行政（Schlichte Hoheitsverwaltung），如建设街道、铺设绿地等行为就是行政事实行为"③。但不同学者的理解也不尽相同。德国学者沃尔夫提出，"行政事实行为指行政主体无拘束力又无规范内容的行为，它只直接产生事实上的效果，但在一定条件下亦可产生法律效果"④。中国学者王名扬认为，"行政事实行为有的不发生法律效果，有的发生法律效果也完全由于法律的规定，或外界事实的自然结果"⑤。日本学者盐野宏认为，"以行政效果意思，可以把行政行为分为法律行为和事实行为"⑥。

---

① 闫尔宝：《行政行为的性质界定与实务》，法律出版社2010年版，第54—55页；吕诚、王桂萍：《行政事实行为几个问题的探讨》，《行政法学研究》1996年第4期，第18页；杨立宪：《论行政事实行为的界定》，《行政法学研究》2001年第1期，第24页；赵宏：《法治国下的目的性创设——德国行政行为理论与制度实践研究》，法律出版社2012年版，第118页；李洪雷：《行政法释义学：行政法学理的更新》，中国人民大学出版社2014年版，第302页。

② 薛刚凌：《论行政行为与事实行为》，《政法论坛》1993年第4期，第65页；金志华：《行政事实行为论》，《行政法学研究》1996年第3期，第18页；苗波：《行政事实行为及其可诉性探析》，《山东审判》1998年第7期，第17页。

③ Vgl. Walter Jellinek, Verwalgungsrecht, 3. Aufl., Berlin: Verlag von Julius Springer, 1931, S.21－24. 陈新民：《行政法学总论》，三民书局1997年版，第307页。"高权"代表它是公法的，与私法上的事实行为相区分；"单纯"代表它追求的是事实效果。

④ H.J.Wolff, O.Bachof, R.Stober, Verwaltungsrecht 1,10.Aufl.,1994,57,Rdn.1. 转引自陈春生：《事实行为》，翁岳生：《行政法》，中国法制出版社2002年版，第764页。

⑤ 王名扬：《法国行政法》，中国政法大学出版社1989年版，第132页。

⑥ 〔日〕盐野宏：《行政法》，杨建顺译，法律出版社1999年版，第85页。

（三）行政事实行为的司法认定

理论的价值在于指导实践。在司法实务中，对行政事实行为如何认定？笔者在北大法宝中输入"行政事实行为"得到3231个判例，通过筛选梳理总结，结合有代表性的判例内容，简要分析。

在"行政事实行为"案件裁判中，绝大多数承办法官都直接针对被诉行政行为的性质作认定。比如在"山东济南市中区法院判决柏某诉济南市教育局政府信息公开案"中，法院认定"行政事实行为，即行政主体基于职权实施的不能产生、变更或者消灭行政法律关系的行为，具有可能导致损害的特性"[①]。在"鲁潍盐业某公司苏州分公司诉江苏省苏州市盐务管理局先行登记保存行为纠纷案"中，法院定义为"行政主体以不产生法律约束力而以影响或改变事实状态为目的而实施的行为"[②]。在"广西某广告公司行政处理及行政赔偿上诉案"中，法院认定"拆除、变卖涉案广告牌属行政事实行为"[③]。

部分法官在作出裁判后会撰文加以评析。"湖南高院判决姜×亮诉长沙市人民政府行政复议决定案"中，法官明确："目前审判实务对行政事实行为普遍认同的观点是：行政主体基于职权实施的、在客观上影响或者改变了与行政相对人有关的事实状态的一种行政活动"[④]。该法官在评析中还特意强调："根据依法行政的要求，行政事实行为是一种基于行政职权的行为活动，若在实施中侵犯相对人的合法权益，则应承担法律责任"。

---

① 陈卫东、迟忱：《人民法院报》2016年6月2日第6版。本案案号：（2015）市行初字第207号。案例编写人：山东省济南市市中区人民法院陈卫东、迟忱。
② 姜玲、李向阳、付国华：《人民司法·案例》2008年第24期。本案案号：（2008）金行初字第0001号。案例编写人：江苏省苏州市金阊区人民法院姜玲、李向阳、付国华。
③ （2014）北行终字第18号。
④ 张坤世：《人民法院报》，2013年1月10日，第6版。本案案号：（2011）长中行初字第21号，（2012）湘高法行终字第93号。案例编写人：湖南省高级人民法院张坤世。该案承办法官在评析中进一步指出，行政事实行为具有以下特征：其一，行政性，行政事实行为是行政机关借助行政职权或者与行政职权有关联的情形下实施的一种行为形式；其二，与行政职权具有相关性，行政事实行为是在行使行政职权的过程中发生的，与行使行政职权有关，法律规定这种行为的后果由行政机关来承担；其三，涉及行政相对人权益性，行政事实行为会对相对人的权利和义务造成事实上的、实际上的影响；其四，多样性，行政事实行为客观表现为多种的、难以确定具体数量的行为样式，如准备性行为、补充性行为、建议性行为、告知性行为、服务性行为等。

在"上海某开关厂诉上海市某区政府行政强制纠纷案"中，法官指出："事实行为是指行政主体实施的没有处分内容和法律约束力的行为。行政事实行为总是在行政主体行使职权过程中发生，且一经发生就表现为客观上对相对人合法权益的侵害。被告强拆后运离建筑材料并处理的行为，属违法的行政事实行为，应担责"[①]。

从前述案例中可以明显发现，在司法实务中，最典型且常见的又达成共识的行政事实行为就是"房屋强制拆除实施行为"和"房屋强拆后建筑材料的处理行为"。审判实践对行政事实行为的认定基本采纳的是学术界的"权利义务学说"，可能与法院以是否对行政相对人权利义务产生影响为判断标准来对"行政诉讼受案范围"进行界定有关。至于行政事实行为的赔偿程序，当事人要么先确认违法再诉讼赔偿，要么在提起确认违法诉讼时一并提出赔偿请求，较少使用前述答复单独提起行政赔偿诉讼。并且，在目前的司法裁判中，尚未有法院提出过"对行政机关返还特定物过程中造成的损害赔偿属于对行政事实行为提起行政赔偿"这一观点。这里至少存在两个方面的原因，要么是法院尚未注意到实践中散落在全国各地法院零星遇到的类似问题，要么是法院已经注意到了这个问题但囿于各种原因，或时机尚未成熟，或实践样本不够等，没有就该问题在法律适用层面作出统一指导。但客观上，这一问题现实存在，且至今未规范。

（四）行政事实行为的判断要素

综合国内外学者观点，结合司法认定，针对行政事实行为的特殊性，笔者认为可归纳总结出行政事实行为的三大判断要素：（1）行政主体在行

[①]李健、任夏青：《人民司法·案例》2010年第20期。本案案号：（2009）沪二中行初字第28号。案例编写人：上海市第二中级人民法院李健、任夏青。该案件承办法官在文章评析中进一步强调，如果事实行为一旦被确认存在，行政主体则通常应该承担相应的行政赔偿责任。本案中，原告诉求确认被告侵占其彩钢板等建筑材料的行为违法。该诉求针对的是在被告执行强制拆除过程中，执法人员将原告认为仍有使用价值的、从违法建筑上拆除下来的旧彩钢板等建筑材料作为建筑垃圾运离执法现场并予以处理的行为。该行为属于被告在行政执法过程中实施的事实行为。该行为一经实施即成为事实而存在，并致使原告回收利用这部分建筑材料的合法权益受到损害。基于此，法院认定原告所要求确认的行为属于行政事实行为。

政管理过程中实施或基于行政职权产生的；（2）不以追求特定法律效果为目的；（3）虽然对外不具有法律效力，但客观上或事实上对行政相对人的权利义务造成了一定的影响或改变，甚至表现为侵害了行政相对人的合法权益。行政相对人有权直接对行政事实行为提起诉讼，法院依法对行政事实行为作出司法审查。由此可见，行政机关对负有返还义务的特定物类造成损害，属于行政事实行为的一种表现形式。

五、完善特定物损害的赔偿程序适用建议

《国赔法》已于2010年、2012年作出修改，《行政诉讼法》也于2015年作了大幅修改并配套出台了司法解释，但行政赔偿在具体运用层面相对滞后，主要还是沿用1997年最高人民法院制定的《行赔规定》。该规定中部分内容已经无法适应当前法治社会的需求，也与新时期新形势下公众对法治政府的新期待和新要求格格不入，可以适时修改司法解释或出台新规定，尤其对返还特定物损害这类行政事实行为的相关内容进行规范。建议如下：

（一）明确对行政事实行为提起赔偿诉讼无须先行处理

考虑到行政机关的专业性和技术性，赔偿义务机关的先行处理作为提起行政赔偿的前置条件，"有助于简化程序、节省时间、尽早弥补赔偿请求人的损失，同时也减轻赔偿请求人诉累"[1]。但该制度运行25年后，在司法实践中产生异化，甚至与原定功能背道而驰。国家机关及其工作人员尚未达到高度文明的法治程度，"违者自纠"机制存在天然的缺陷，基于目标考核及责任追究等诸多现实因素的限制，要求赔偿义务机关对自身作出的行政行为自愿承认违法，实属不易。而在自纠无果后，赔偿请求人只

---

[1] 全国人大常委会法制工作委员会副主任胡康生于1993年10月22日在第八届全国人大常委会第四次会议上所作的《关于〈中华人民共和国国家赔偿法（草案）〉的说明》中指出：草案之所以规定赔偿请求人应当首先向赔偿义务机关申请赔偿，而且赔偿义务机关应当在两个月内与请求人达成赔偿协议，是为了简化程序，方便受害人，有利于及时得到赔偿。先行处理可使行政争议得到及时解决，既及时地补救了当事人的合法权益，又提高了国家的行政管理的效率。转引自刘飞宇：《对行政赔偿先行处理程序的再思考——兼论国家赔偿法的修改》，《新东方》2004年第9期。

能寻求复议或诉讼等其他救济途径来审查行政行为并监督纠正。按现行规定，不论哪种都要向赔偿义务机关先行申请赔偿，而在协商过程中，问题得到及时有效解决的情形少之又少，协商不成，赔偿请求人需要等待两个月，再在期限届满的三个月内向法院提起行政赔偿诉讼。从制度运行实效来看，先行处理已经成为影响赔偿请求人及时获赔的重要因素之一。实际上，《行赔规定》第三十四条已经为取消先行处理程序提供了制度窗口，但在实践中运用较少，很多赔偿请求人为了避免连续诉累和程序空转，仍保守地适用第二十一条，使第三十四条一直被冷落。法律应结合运行实效适时修正，以回应现实关切，所以，建议删除《行赔规定》第三条中"赔偿义务机关拒不确认致害行为违法"的表述，明确对行政事实行为单独提起行赔诉讼不需赔偿义务机关先行处理。

（二）扩大行政事实行为的行政赔偿范围

如前所述，目前对行政事实行为违法侵权的行政赔偿问题只有《国赔法》第三条有所涉及，但其中所列举的事项并不全面。随着社会进入高质量发展阶段，法治型政府建设要求不断提高，新形势下精细化社会治理持续推进，越来越多的行政事实行为被纳入行政诉讼的审查范围，行政事实行为给相对人造成损害的可能性越来越大，覆盖面也越来越广，比如前文提出的返还特定物损害赔偿的问题，违法实施行政指导所造成的损害赔偿问题。因此，建议扩大对行政事实行为的认定和赔偿范围，这是建设现代法治政府的必然趋势和现实要求。

六、结　语

行政案件的执行活动，需要参照民事诉讼的相关规定执行，但是在参照过程中，若没有明确的适用性规定，就会出现制度衔接上的诸多问题。文章以返还特定物损害赔偿这一类型案件为例，从立法和司法方面进行剖析研究，在总结实务中观点存在分歧的基础上，就延伸出的"行政事实行为"概念及判断要素进行了探讨，最后从行政事实行为角度提出了对《行赔规定》的修改建议，以期为今后理论研讨和行政审判实践提供参考。

附表 特定物损害赔偿案例整理

	原告	被告	案由	案号	裁判法院	裁判方式	裁判时间	裁判结果	裁判主要理由
C1	陈×君	嵊州市××镇人民政府	其他行政赔偿	(2020)浙0624行赔初5号	××县人民法院	行政赔偿裁定书	2020-11-12	驳回原告陈×君的起诉	构成重复起诉，本案诉讼标的已为生效判决书所羁束
C2	徐×	沈阳市××区人民政府	城乡建设行政监管理：房屋拆迁(拆迁)行政赔偿	(2019)辽01行赔初5号	辽宁省沈阳市中级人民法院	行政赔偿判决书	2019-12-04	被告沈阳市××区人民政府于本判决生效后十日内向赔偿原告徐×清单物品折价款8万元	法院根据拆强拆时录像、数量等综合分析，对返还清单上物品性质、能返还负责任，业道德、运用逻辑推理和生活经验，在全面、客观、公正分析判断相关证据的基础上，酌定8万元
C3	成都市成华区建设社区××化妆品×门市部，邓×芳	成都市××区住房和交通运输局	城乡建设行政监管理：房屋拆迁(拆迁)行政赔偿	(2020)川0104行初32号;(2020)川01行终562号	四川省成都市中级人民法院	行政裁定书	2020-07-31	对起诉人××化妆品×门市部、邓×芳的起诉，本院不予立案	本案实质是其在民事诉讼中被判赔偿。原审原告在民事诉讼中被先予执行的房屋赔偿问题提起行政诉讼，不属于法院行政诉讼受案范围
C4	全×	郑州市××区××路街道办事处	房屋拆迁安置补偿合同纠纷	(2020)豫0191民初18995号	河南省郑州市××区人民法院	民事判决书	2020-12-28	被告郑州市××区××路街道办事处于本判决生效后十日内向原告全×支付房屋及迟延履款40万元及违约金6万元，共计46万元	《询价建议书》的评估对象属于用于安置的房屋范围，且该询价结果仍在有效期内，原告安置房屋价款90万元，扣除被告已支付的50万元，计算剩余房屋赔偿款为40万元

参考文献

①曹海晶、李炜：《试论行政事实行为及其行政赔偿制度》，《法治研究》2013年第5期。

②龚钰淋：《行政事实行为救济制度研究》，《河北法学》2010年第1期。

③王红建：《行政事实行为概念》，《河北法学》2009年第7期。

④王锡锌、邓淑珠：《行政事实行为再认识》，《行政法学研究》2001年第3期。

⑤侯勇：《浅析行政事实行为的特征》，《法学论坛》2000年第4期。

⑥李杰：《论行政事实行为的定位及其识别》，《行政法学研究》1998年第3期。

⑦王锴：《论行政事实行为的界定》，《法学家》2018年第4期。

⑧杨广、陆达新：《行政事实行为救济中确认判决的有限适用》，《黑龙江省政法管理干部学院学报》2013年第6期。

⑨闫尔宝：《论行政事实行为》，《行政法学研究》1998年第2期。

⑩赵岩：《受到行政事实行为侵犯的司法救济》，《检察日报》2001年7月10日第4版。

⑪江必新：《司法解释对行政法学理论的发展》，《中国法学》2001年第4期。

⑫杨立宪：《论行政事实行为的界定》，《行政法学研究》2001年第1期。

论对行业协会规范性文件的附带审查①

摘　要： 律师协会等行业协会享有公私权混合性质的管理权，可在一定范围内制定行政规范性文件。将行业协会规范性文件纳入行政诉讼附带审查范围具有必要性和可行性，可以从附属性、规范性、依据性三方面对程序准入条件进行具体制度构造，并按照"形式有效性—权限合法性—程序合法性—内容合法性"的"双层四步"顺序依次进行审查。

关键词： 行业协会；规范性文件；附带审查

规范性文件附带审查制度的确立，是国家治理体系现代化建设的重要一步，奠定了"政府内部监督牵头、人大立法监督主导、司法附带审查补缺"②的基本规范治理格局。但是，该制度对以律师协会、证券业协会、会计师协会等为代表的部分享有公私权混合性质的行业协会的规范性文件附带审查问题不置可否。从进一步建设国家治理体系现代化的视角出发，应当将行业协会规范性文件纳入附带审查范围，确定科学合理的审查规则，在保障行业自治的同时，应补漏附带审查制度盲区。

---

① 本文刊登于《法治研究》2021年第1期。

② 江国华、易清清：《行政规范性文件附带审查的实证分析——以947份裁判文书为样本》，《法治现代化研究》2019年第5期。

一、行业协会规范性文件附带审查的主要分歧

关于附带审查范围的问题，部分法院认为，行业协会规范性文件具有公权属性，且位阶低于规章，可纳入附带审查范围。如娄某诉济南市历城区司法局行政答复和济南市历城区政府行政复议案，娄某要求附带审查山东省公证协会制定的《山东省公证机构公证复查办法》第二十三条，认为该条第二款规定的"被撤销的公证书不能收回的，应当在公告中予以说明"与《公正程序规则》第六十三条第二款规定的"被撤销的公证书应当收回，并予以公告，该公证书自始无效"相抵触，山东省济南市历城区法院进行了附带审查，认为该条款内容和制定主体合法，能够作为辖区内各公证机构开展与公证相关业务的依据。

也有部分法院认为，因制定主体和规则性质构成阻却事由，行业协会规范性文件不可纳入附带审查范围，但可进行法律适用审查。如王某某诉上海市律协不予受理执业实习申请案，王某某要求附带审查《上海市律师协会预备会员规则》第五条第六项的规定。上海市高级法院认为，市律协为社会团体而非行政机关，涉诉规则不属于附带审查范围。又如叶某、冯某某诉北京市司法局行政答复和司法部行政复议案，叶某、冯某某要求附带审查北京司法鉴定业协会制定的《北京市司法鉴定便民服务站管理意见（试行）》，北京市西城区法院认为，该意见属于行业自律规定，不属于附带审查范围。

总体而言，对行业协会规范性文件附带审查，法院系统存在动力不足、标准多元、程序模糊等问题。造成该局面的原因，既包括分析层面的概念不清、理论不足，又包括规范层面的制度缺失、标准阙如，还包括实践层面的司法行政化和科层化权力结构局限。

二、行业协会规范性文件附带审查的必要性

将行业协会规范性文件纳入附带审查的范围是推动附带审查制度落地、统一行政诉讼制度体系和推进国家治理体系现代化的必由之路。

第一，机制必要性。将行业协会规范性文件纳入附带审查范围是兑现附带审查制度价值的必要环节。行政审判具有规制公权、保障私权、维护法治等多重功能。附带审查制度不仅是为了化解个案纠纷，还是为了推动"规范性文件不规范"问题的解决，以实现对同类行政行为的源头监督。在"法律—法规—规章—其他规范性文件（包括行业协会规范性文件）"的链条传递过程中，法律的辐射力逐步减弱，"土政策"却逐渐增多，属于需要法院审查的"核心区"。如果法院不能有效监督包括行业协会规范性文件在内的最后环节，便无法有效确保法令统一，也会使行政相对人权利受损概率增大。比起发现文件违法却秘而不宣，将文件违法之处公之于众，并提请相关主体注意，更有利于实现附带审查的制度价值。

第二，系统必要性。将行业协会规范性文件纳入附带审查范围是统一行政诉讼制度体系的客观需要。《行政诉讼法》第二条第二款规定，可诉行政行为既包括行政机关作出的行政行为，也包括被授权组织作出的行政行为。既然行政行为可诉性并未区分行政机关和被授权组织，只要不逾越位阶，规范性文件的附带审查同样不应区分行政机关和被授权组织，否则不利于保障行政诉讼制度的统一。

第三，政治必要性。将行业协会规范性文件纳入附带审查范围是推进国家治理体系现代化的应然要求。当前，国家治理主体正由单一向多元转变。各类行业协会通过法律提供的途径和形式参与公共治理，甚至获取国家向社会转移的公权，直接成为公共行政主体。国家在将政府行为逐步缩小到有限范围的同时，让渡给行业协会更多权力，形成了政府、社会、公民共治的格局，使行业协会的部分行为呈现出浓厚的公权色彩。[①]与多元的公共管理范式一致，法院理应跟紧国家治理模式变革潮流，对行业协会规范性文件进行适当审查，以构建更完备的附带审查制度，避免该部分权力游离于司法监督之外，成为国家治理体系的缺憾。

---

① 湛中乐、赵玄：《国家治理体系现代化视野中的司法审查制度》，《行政法学研究》2014年第4期。

三、行业协会规范性文件附带审查的可行性

将行业协会规范性文件纳入附带审查范围，在制度空间、机构能力和审查限度方面具有可行性。

第一，制度空间宽松。附带审查制度实质是宪制层面的创造，是审判权相对于行政权的扩展，是审判权监督行政权的迂回纵深推进。诚然，在现有体制框架下，法官受科层化思维和政策实施导向影响严重，使附带审查面临体制化压力。但是，这种压力主要是"向上"而非"向下"的。《行政诉讼法》排除了法院对规章的附带审查，相当于设定了"天花板"，默示了法院可在规章以下大展拳脚。行业协会规范性文件附带审查并没有突破该整体框架，推行空间相对宽松。

第二，机构能力过硬。受政治、行政、社会和经济等嵌入因素影响，我国司法决策具有"嵌入式"特征[①]，在政策性、经济性、技术性、行业性等方面的知识构成和机构能力确有局限。但是，附带审查的核心标准是合法性标准，而非合理性或科学性标准。在"法律帝国"里，法官与其他主体相比，具有明显的专业优势，理应且有能力掌握话语权，能够对行业规范性文件进行有效的合法性审查。退一步讲，如果法院被认为无力对行业协会规范性文件进行有效审查，那也是法院应当继续加强自身建设以匹配现实需求的问题，而非消极逃避附带审查职责的理由。

第三，审查限度可控。比起体制性压力和机构能力局限，行业协会规范性文件附带审查的更大阻碍在于侵犯行业自治的风险。审判权应对行业自治予以充分尊重，不宜强加干涉。但是，通过明确界定审查范围、确立合理的审查标准、严格控制审查强度，可以使保护行业自治和监督行政管理并行不悖。因此，是否侵犯行业自治与是否允许附带审查关系不大，更多的是审查对象、审查标准和审查强度是否合理的问题。

---

①卢超：《规范性文件附带审查的司法困境及其枢纽功能》，《比较法研究》2020年第3期。

四、行业协会规范性文件附带审查的准入条件

将行业协会规范性文件纳入附带审查范围，并未从本质上改变附带审查制度的框架设计，只是拓展了其涵射空间。因此，可比照《行政诉讼法》第五十三条设置准入条件——公民、法人或者其他组织认为行政行为所依据的行业协会规范性文件不合法，在对行政行为提起诉讼时，可一并请求对该文件进行审查。

（一）附属性——附带审查成立的前提条件

由于《行政诉讼法》并没有对附带审查设立独立的裁判方式，也没有赋予法院对规范性文件的直接处理权，这就排除了在裁判主文对规范性文件的有效性作出裁判的可能。因此，"规范性文件附带审查请求不是一项独立的真正意义上的诉讼请求，而只是依附于行政案件的诉讼请求，具有准诉讼请求的性质"[①]，不能单独提起。

就附属性而言，行业协会规范性文件附带审查与其他规范性文件附带审查一致：第一，存在对行政行为的起诉。这里的行政行为，包括行政作为，也包括行政不作为。诚然，在"不履行法定职责"的行政不作为案件中，很难将不作为与某文件进行"依据性"挂钩，但行政不作为不等于无行政行为，应当允许在行政不作为案件中进行附带审查。第二，对行政行为的诉讼满足起诉条件。对行政行为的诉讼不存在被驳回起诉的情形，能够进入实体审理。否则，附带审查无从谈起。第三，有明确的文件名称。在程序准入阶段，不宜对当事人提出过高要求，其能列明具体条款最好，但即使仅列明文件名称，也不应妨碍起诉成立。具体审查条款可待起诉条件成就后锁定。

（二）规范性——行业协会规范性文件的性质认定

附带审查的对象是行业协会规范性文件，该类文件的性质可从核心属性和构成要件两方面认定。

---

① 王红伟、廖希飞：《行政诉讼中规范性文件附带审查制度研究》，《行政法学研究》2015年第6期。

第一，核心属性。行业协会规范性文件具有公共行政属性，其上位概念是"公共行政文件"。一般而言，行业协会文件可以分为自主型文件和传接型文件。前者系行业协会基于成员合意或同意制定的自我约束性文件，可分为无公权力确认和经公权力确认两种；后者是指根据法律、法规或规章授权，在特定权限范围内制定的公共管理文件，包括依国家行政权转让制定和依政府行政权委托制定两种。一般而言，在四类文件中，除了无公权力确认的自主型文件，其他三类因公权力不同程度的介入，均可纳入"公共行政文件"范畴。

第二，构成要件。行业协会规范性文件除了具备公共行政属性外，还应当符合以下特性：一是主体特定性。制定主体须为经法律、法规和规章授权的具有管理公共事务职能的行业协会。二是外部规范性。文件的制定权限和程序有严格规定，须公开发布，涉及公民、法人或其他组织权利义务。三是普遍约束性。文件一经发布，调整范围内的主体需共同遵守。四是对象不特定性。文件调整对象涉及不特定的人或事。五是反复适用性。文件针对未来事项在一定期限内能够反复适用。由此，行业协会规范性文件的认定可分为四步：文件由行业协会制定，制定文件的行业协会具有公共行政职权，文件具有公共行政属性，文件具有外部规范性、普遍约束性、对象不特定性和反复适用性。

（三）依据性——多元、宽松的依据性关联标准

附带审查制度要求规范性文件与行政行为之间形成依据性关联。何为"依据"？可从形式要件、实质要件和自由裁量要件三方面认定。

第一，形式要件非特定化。在形式层面，行业协会规范性文件是否必须被"明确援引"？是否必须"在行政行为作出时"被援引？是否必须"在行政行为作出的结论部分"被援引？如果未被援引，但被告作为证据提供的行业协会规范性文件能否认定为依据？被告承认行业协会规范性文件为依据时能否直接认定为依据？被告未否认行业协会规范性文件的依据性能否认定为依据？被告不承认行业协会规范性文件是行政行为的依据，但实际可能是依据又如何认定？为防止行政行为主体为逃避附带审查而隐瞒规范性文件，故意不明确告知其作出行政行为的依据，建议确立依据性

关联的客观性认定标准，不在形式上做特定化要求。即使行业协会规范性文件未被明确援引（毋宁说在行政行为作出时被援引，或者在行政行为作出的结论部分被援引），也并不当然否定该文件与行政行为间的依据性关联。对于某行业协会规范性文件，如果行政行为主体在行政程序中告知或在诉讼程序中举证、答辩，明确将其作为行政行为的依据，或者虽未明确告知或承认，但并不否认将其作为行政行为依据，或者虽否认将其作为行政行为依据，但却提不出其他依据的，均可认定该文件与行政行为间存在依据性关联。

第二，实质要件非绝对化。在实质层面，行业协会规范性文件是否必须构成行政行为的实质性依据？是构成直接依据还是相关依据？是否必须要有强关联？可否是转引叙述、参考理由、或然性支撑及部分关联等形式的弱关联？附带审查制度是为了对规范性文件进行更好地监督。因此，对依据性关联的理解要立足宽泛角度，"无须满足唯一性、全面性、直接性的要求"[1]。附带审查的规范性文件既可以是行政行为的全部依据，也可以是部分依据；既可以是直接依据，也可以是相关依据；既可以是强关联，也可以是弱关联。只要该文件能够在职权、内容、程序和形式等一个或几个方面为行政行为合法性提供支持，就可以认定为行政行为的依据。

第三，自由裁量有倾向化。在出现各方就是否行政行为依据存在争议时，法院应当从保护原告和有利于监督依法行政的立场去认定——除非明确不具有依据性关联，这时就应当依照依据性关联来对待，以此为推动更多的违法行业协会规范性文件合法化创造条件。事实上，如果设置过高的准入门槛，在依据性关联认定问题上限制过高，可能使法院直接失去对行业协会规范性文件审查的机会，从而引发制度性危机。

---

[1]王春业：《论行政规范性文件附带审查中"依据"的司法认定》，《行政法学研究》2019年第3期。

五、行业协会规范性文件附带审查的标准建构

对行业协会规范性文件的合法性审查标准包括形式有效性审查和实质合法性审查双层结构，而实质合法性审查又包括权限合法性审查、程序合法性审查和内容合法性审查。行业协会规范性文件附带审查应当遵循"先整体、后部分，先抽象、后具体，先形式、后内容，先有效性、后兼容性"的逻辑，按照"形式有效性—权限合法性—程序合法性—内容合法性"的"双层四步"顺序逐次进行。

第一，形式有效性审查。即审查行业协会规范性文件在行政行为作出时的生效情况——考察其是否存在未生效、因有效期满失效、因废止失效或被撤销而无效或失效等非生效情形。若文件生效且未失效，则进入实质合法性审查阶段；若存在非生效情形，则不需要进行实质合法性审查，行政行为自然不能以该文件作为依据。

第二，权限合法性审查。即审查行业协会规范性文件是否超越了法律、法规、规章的授权范围。其主要内容是事务权限审查和规范权限审查[1]——前者要求文件规范的事务属于该行业协会的管理领域、地域、级别，与文件制定协会的法定职权具有对应性；后者要求文件不能僭越法律、法规和规章保留事项——若法律、法规、规章明确表示保留而排斥其他主体规定的事项，则可视为行业协会规范性文件的限度，越权即无效。

第三，程序合法性审查。即审查规范性文件制定和发布程序。有学者提出，鉴于规范性文件制定程序的复杂性、法院审查的附带性及司法资源的有限性，不宜将程序合法性纳入附带审查范围。诚然，法院全面审查行业协会规范性文件的制定程序存在困难，但不审查却于理不合。鉴于行政协会规范性文件的制定程序并无明确、统一的法律规定，对程序合法性的审查可主要坚持"重大明显违法排除"审查标准[2]，依据正当程序原则和一般原理，重点审查文件是否履行了法定批准、备案和公开发布程序，是否

---

[1]李成：《行政规范性文件附带审查进路的司法建构》，《法学家》2018年第2期。
[2]霍振宇：《规范性文件一并审查行政案件的调查研究——以新行政诉讼法实施后北京法院审理的案件为样本》，《法律适用》2018年第20期。

存在严重违反制定程序的情形。对于其他非重大程序性事项，可不纳入审查范围。

第四，内容合法性审查。即审查行政行为依据条款的规定是否合法。在上位法有明确规定的情况下，审查行业协会规范性文件合法性的标准相对清晰，主要采用"不得与上位法相抵触"和"不得违法增加义务和减损权益"标准，即是否与法律、法规、规章等上位法规定相抵触；是否没有上位法依据，违法增加行政相对人或利害关系人的义务，或者减损其合法权益，构成侵益性条款。对于行业协会规范性文件最易涉及的行业处罚和行业准入条款，上述两项原则可称为附带审查的"黄金准则"。

从环境行政公益诉讼反观行政机关
"依法履职"的认定标准①

摘　要： 根据《最高人民法院、最高人民检察院关于检察公益诉讼案件适用法律若干问题的解释》（以下简称《检察公益诉讼解释》），检察院对行政机关提起环境行政公益诉讼，案涉行政机关需满足四个条件：一是其对案涉公共事务负有监督管理职责；二是其存在不依法履职行为；三是致使国家、社会利益受到侵害；四是其收到检察建议后仍不整改。现有争议焦点多集中在被诉的有关行政主体是否依法履职上。然而，现有法律法规、司法解释和司法文件并未明确规定行政公益诉讼中行政机关依法履职的认定标准。在本文中，笔者将围绕行政主体依法履职的认定标准展开探究。

关键词： 环境行政公益诉讼；行政不作为；依法履职

一、问题的提出

在《检察公益诉讼解释》第二十一条中，先后出现了"违法行使职

---
①本文荣获第七届杭州律师论坛行政专业委员会分论坛三等奖。

权""不作为"及"不依法履职"这三个概念。鉴于"不作为"及"不依法履职"存在相似之处,且在实践中经常混用,笔者认为,欲从环境行政公益诉讼探究"依法履职"之标准,需先明确前述二者概念之区别。

"不作为"和"不依法履职"最大的区别在于是否具有违法性。行政机关不依法履职因以其违反法定义务为前提,故必然存在违法性。而对于行政不作为的违法性,存在两种观点。第一种观点认为,行政机关不作为必然是违法的。第二种观点认为,行政机关出现不作为之情形时仍需作违法性判断,存在"履行不作为义务"与"不履行作为义务"两种情形。[1]前者比如行政相对人向公安机关申请工伤认定,公安机关认为不属于自己的法定职责而不予答复,公安机关不予答复的行政行为不构成违法。[2]后者则是通常所说的"行政不作为",具有违法性。

在环境行政公益诉讼场景下,二者的作为义务来源存在联系。我国现行《行政诉讼法》第十二条第一款第三、六、十、十一项,第四十七条详尽列举了行政机关不依法履职的行为类型。依据《行政诉讼法》可以明确,不履行法定职责存在两种情形,即拒绝履行和不予答复,同时还增加了行政机关对签署的行政协议不履行法定职责的情形,该条兜底条款范围较广。而行政不作为的义务来源包括法律法规、行政协议、承诺和先行行为等[3],被前者所涵盖。其中,先行行为的来源较为独特,源于因行政机关的某种行为而负有的一种较为严格的义务,如派出所接警将被他人殴打致伤的受害人带到派出所之后,行政机关便对伤者产生一定的监护义务。[4]总结不作为与不依法履职,不依法履职必然包括不作为,而不作为因存在依法不作为的可能而不一定是不依法履职。另外,在作为义务来源上,不依法履职的作为义务来源与不作为的作为义务来源在环境行政公益诉讼中应

---

① 李梦琳:《行政不作为与不履行法定职责的关系界定》,《黑龙江省政法管理干部学院学报》2018年第4期。

② 魏琼、梁春程:《行政公益诉讼中"行政机关不依法履职"的认定》,《人民检察》2019年第18期。

③ 李梦琳:《行政不作为与不履行法定职责的关系界定》,《黑龙江省政法管理干部学院学报》2018年第4期。

④ 章志远:《司法判决中的行政不作为》,《法学研究》2010年第5期。

等同，可以来自法律法规的规定，亦可来自其他行政义务。

如上所述，行政机关不作为尚需对违法性作判断，因此检察建议必然是对具有违法性的行政机关"不履行作为义务"类型的行政不作为行为以及行政机关违法行使职权行为作出的，即检察建议是对行政机关"不法作为"与"不作为"的否定性评价。故通过体系解释可以得出一个结论，"行政机关仍不履行法定职责"所指应是检察建议中所提及的"不法作为"与"不作为"行为。然而，如前所述尚无规范性文件对行政公益诉讼中行政机关依法履职标准作出界定。界定模糊带来的直接后果便是检察院难以有明确标准提起公益诉讼。同样，由于无法对行政机关是否已依法履职作出判断，法院判决效力亦将大打折扣，最终将无法有效保证相对人的合法权益。因此，笔者将围绕行政主体依法履职的认定标准展开探究。

二、环境行政公益诉讼既有判例对行政机关依法履职的判断依据

学术界中对于行政机关是否履行职责的判断，主要从实质与形式两个角度出发，可分为效果说与行为说[1]。效果说从实质出发，认为只要行政机关达到法律规定或检察建议说明的整改目的，即为已依法履职。行为说从形式出发，认为行政机关采取法律规定的履职措施，即为依法履职，无须考虑目标和效果是否达到。笔者认为，由于环境行政公益诉讼的价值在于通过司法程序督促行政机关依法履职，因此通过观察归纳不同类型的环境行政公益案件中法院对行政机关"依法履职"之认定，可以较全面地分析司法实践中现行判断标准。

（一）行政机关违法行使职权场合下法院判例观察——以L区检察院诉D镇政府一案为例[2]

D镇政府将某地块作为D镇垃圾堆放场，其辖区内某村委会也组织将该

---

[1] 代杰、徐建宇：《行政公益诉讼中行政机关不依法履职抗辩事由研究——基于159份判决书的实证分析》，《江西理工大学学报》2020年第4期。
[2] 《最高人民法院发布环境公益诉讼典型案例》，新华网，2017年3月7日，http://www.xinhuanet.com//legal/2017-03/07/c_129503217.htm.

村垃圾倾倒至堆放场附近。L区检察院遂向D镇政府发出检察建议书，建议D镇政府限期清理垃圾且恢复原状，责令某村委会停止堆放垃圾的行为，但D镇政府未在建议书限期内进行回复。

在本案中，D镇政府存在违法行使职权的情况。法院认定行政机关是否依法履职，主要从以下几个角度予以考虑：第一，D镇政府是否具有相关法定职能。根据国务院办公厅发布的《关于加强乡镇政府服务能力建设的意见》的规定，D镇政府具有实施社会管理和公共服务的职能。第二，D镇政府是否已撤销、终止违法行为。在本案审理过程中，D镇政府履行了职责，清运了垃圾。第三，D镇政府是否实质消除了违法行为带来的实质影响。法院认为，D镇政府尽管将垃圾清运完毕，但还未达到使生态环境明显改善的实质效果。最终法院判决确认D镇政府有关行政行为违法；限期采取补救措施，改善该区域生态环境。

（二）行政机关不作为场合下法院判例观察——以G区检察院诉G区水利局一案为例[①]

H公司在长江内未经许可非法采砂。G区水利局工作人员对H公司的非法采砂行为采取消极监管的方式，帮助其规避监管。G区检察院发现G区水利局不依法履职行为后遂依法向G区水利局发出督促履职令，但其在期限内仍未履职。

本案系典型的行政机关不作为下不履行法定职责案件。法院在此场合下认定行政机关是否依法履职主要从以下几个角度予以考虑：第一，G区水利局是否具有相关法定职能。依据《长江河道采砂管理条例》第三条第三款的规定，G区水利局作为长江G区水行政主管部门，负有查处管辖区域内非法采砂行为的职责。第二，G区水利局是否存在行政不作为。法院认为，G区水利局收到检察院督促履职令，知晓上述事实后，在规定期限内未采取积极的处理措施。但G区水利局抗辩认为，其对第三人的违法行为已经立案，故检察院请求责令被告继续履职的主张不应予支持。但法院从实质出

[①]《检察公益诉讼典型案例》，最高人民检察院，2018年3月3日，https://www.spp.gov.cn/spp/zdgz/201803/t20180303_368651.shtml.

发，认为其立案行为仅系形式作为，其立案后仍未查清基本案情并做出相应处理，应为实质不作为。第三，G区水利局在收到检察机关建议后有无在时限内纠正"不作为"。本案中，检察机关发现非法采砂的事实且有关行政机关不履职后，向有关机关发送了督促履职令，但其未在规定的一个月内予以纠正。第四，G区水利局不作为行为与公益被破坏之间有无因果关系。其主张的公益受到侵害是其工作人员的犯罪行为造成的，因而与被告不作为无因果关系。法院认为，前述涉嫌犯罪的工作人员代表国家履行有关监管职责，故工作人员虽有犯罪行为，擅自对违法行为人不予追究或仅追究部分责任，但前述执法效果仍应归属于G区水利局。

三、司法审查行政机关依法履职的核心要素

无论是违法行使职权还是不作为，在检察院提出检察建议后认为行政机关仍"不履行法定职责"即可依法提起行政公益诉讼。通过对既有判例的研究观察，在行政环境公益案件的司法审查中，对行政机关是否依法履职认定的核心要素在于行政机关的职权依据、时效限制、公共利益、违法阻却事由。

（一）行政机关依法履职的前提是具有相应的职权依据

依法行政原则要求行政机关在进行行政活动时要做到法律优先，即法无授权不可为。此原则还要求行政机关做到法律保留。法律保留原则又被称为积极依法行政原则，要求行政机关必须在取得法律授权的情况下才能实施相应的行政行为。因此，在行政公益诉讼中，司法审查行政机关是否依法履职时，首先要审查的因素便是行政机关"不法作为"的应合法作为的法律依据或"不作为"的应作为法律依据。在L区检察院诉D镇政府一案（下文简称"案例一"）中，法院首先审查的便是D镇政府的案涉行为是否有法律依据。倘若D镇政府无此权力，那么作为超越职权作出行政行为的行政机关，其行政行为将被法院撤销或确认违法。倘若D镇政府有此权力，那么根据逻辑次序，法院将依凭其他要素综合考虑。在G区检察院诉G区水利局一案（下文简称"案例二"）中，法院亦对检察院要求被诉行政机关履

行法定职责的职责法律依据予以释明，法院认为这是检察院提起本起行政公益诉讼是否符合法定条件的要素之一。因此，若经审理行政机关无此职权，那么检察院将会被法院驳回起诉。

（二）行政机关依法履职应遵循时效限制

在检察院提出检察建议前，笔者认为其应考虑法律规定的行政机关履行职责的法定期限，倘若行政机关履行职责尚处于法定期限内，则检察院不应向其发送检察建议。在检察院提出检察建议后，行政机关应遵循法定时效限制依法履职。《最高人民法院、最高人民检察院关于检察公益诉讼案件适用法律若干问题的解释》第二十一条将有关时效限制的内容进行了细化，分为一般时效（两个月）与特殊时效（十五日）。行政机关在收到检察院提出的检察建议后未在规定时效限制内依法履职的，检察院将提起诉讼。在进入诉讼阶段后，案例一中，法院将"检察院在发现违法行为后，向D镇政府发出检察建议，但D镇政府并未积极进行整改"作为行政机关未依法履职的事实之一。案例二中，法院则将行政机关是否在时效限制内履行法定职责作为"检察院提起诉讼是否符合法定条件"的考量因素之一。可见，行政机关对于检察建议中的时效限制的遵循，在实体上是依法履职的体现，在程序上是检察院能否依法提起行政公益诉讼的前提。

（三）行政机关依法履职的核心是公共利益

无论是环境行政公益诉讼，抑或是环境民事公益诉讼，环境公益诉讼的目的皆是保护环境公共利益，保护公共利益是行政机关在此类案件中依法履职的核心。从本文观察的两个典型环境行政公益诉讼中不难看出，法院在判定行政机关违法行使职权与不作为是否成立及行政机关在收到检察建议后是否依法行使职权的考量因素始终是从实质出发，即是否侵犯了公共利益或侵犯了公共利益后是否将侵犯的公共利益予以恢复。在案例一中，面对违法行使职权的D镇政府，法院认为尽管其已将垃圾清运，但该地因D镇政府违法堆放垃圾而造成的环境污染仍未恢复，据此判定其仍未依法行使职权。在案例二中，G区水利局以已立案而抗辩其已依法行使职权。法院亦从公共利益角度出发认为，第三人的非法采砂行为未受到查处，砂石资源费未得以追缴，G区水利局的立案行为仅系形式行政不作为，实质上社会公共利益依然处于被破坏状态——涉案第三人破坏环境的行政违法行为未接受处罚。不难看出，司法审查行政机关是否依法履职，始终从保护环境公共利益的实质出发，依据被破坏的生态平衡状态是否恢复，依据违法者破坏的涉环境行政法律关系是否依法受到否定评价，进而判断被诉行政机关是否已依法履职。

（四）行政机关依法履职的例外是违法阻却事由

王清军教授认为，关于阻却事由应从对生态环境监管权限能力及对专业、时限等客观因素方面进行审查。在众多阻却事由的考量中，实践中对"刑行交叉"案件，行政机关在相对人涉嫌违法犯罪被移送其他国家机关后，是否仍应对该相对人采取监管措施，在司法实践中存在较大争议。在案例二中，G区水利局认为其不作为是因为违法相对人被羁押，无法开展调查。但法院认为，其完全可以向第三人公司及施工合同相对方调取相关证据，故该辩称显然无依据，G区水利局应依法履职。在安徽某县检察院诉县林业局环境行政公益诉讼案中，相对人已构成滥伐林木罪，并被判处刑罚，相对人破坏公共利益的法律否定评价已经经由刑法作出，行政机关再行评价于法无据。[1]笔者认为，"刑行交叉"并非交叉关系，而应为进阶关系，即行政违法行为不一定构成犯罪行为，但犯罪行为必然是严重的行政违法行为。基于"一事不二罚"的基础，对于违法相对人仍未被判处刑罚的情况，由于刑法上的评价尚未作出，行政机关应当继续履行职责。对于已由刑法作出否定性评价的案件，应视处罚措施是否重复，进而确定行政机关有无继续持续监管的作为义务。例如，在涉毁林案件中，"责令补种树木"系有关林业主管部门法定职责而与刑罚种类[2]不同，因此可以"重复监管"。又如行政处罚同刑罚在对人身自由和财产进行限制和剥夺方面有重叠时，当刑罚能够完全包容并评价行政处罚，则再无必要启动国家行政处罚程序对相对人予以处罚。[3]

---

①王清军：《环境行政公益诉讼中行政不作为的审查基准》，《清华法学》2020年第2期。
②王清军：《环境行政公益诉讼中行政不作为的审查基准》，《清华法学》2020年第2期。
③张金钢：《刑行交叉问题之乱象考察与处理进路》，华东政法大学博士学位论文，2020年。

四、结　语

诚如上文所言，环境行政公益诉讼中对于行政机关是否依法履职主要从职权依据、时效限制、公共利益、违法阻却事由四个方面予以考量。明晰司法审查的考量标准后，对于如何界清有关标准的判定，笔者认为尚需完善。在厘清行政机关的法定职权的基础上，理顺各行政机关职权边界，有利于行政机关依法全面履行法定职责，有利于法院准确确认行政机关的作为或不作为是否违法。此外，在检察院与行政机关的沟通上，应当加强构建检察院行政机关协商督促反馈机制，这有助于行政机关及时全面履行法定职责。仅靠检察建议与行政机关的事后书面反馈的二次机制，难以产生二者之间的有效信息互通与执行转化。在时效限制上，应当在一般时效与特殊时效中建立时效中止机制，以应对可能存在的行政机关阻却事由，有助于行政机关更好地履行职责，避免诉累。如此，在明确行政机关依法履职的标准和标准边界后，环境行政公益诉讼在实践中方能准确与高效。

浅析行政处罚法修改对企业的十大影响

2021年1月22日，全国人大常委会表决通过了《行政处罚法》的第二次修订，新法已于2022年7月15日施行。《行政处罚法》作为各执法机关实施行政处罚的母法，具有基础性作用。本次修改涉及众多民生领域，事关每个老百姓的切身利益，受关注度较高，人民群众的感受也较为直接。尤其是在优化企业营商环境、推动柔性行政执法的大背景下，对于企业而言，准确了解行政机关的执法要点、重点和关注点意义重大。下面，笔者主要结合修改内容谈谈对企业所带来的具体影响。

一、行政处罚种类增加，企业可维权范围扩大

为全面贯彻落实行政执法体制改革要求，秉持严格规范、公正文明执法理念，新法第九条在原有行政处罚种类的基础上结合执法实践进一步丰富。该条列举规定的行政处罚种类有：（1）警告；（2）通报批评；（3）罚款；（4）没收违法所得；（5）没收非法财物；（6）暂扣许可证件；（7）降低资质等级；（8）吊销许可证件；（9）限制开展生产经营活动；（10）责令停产停业；（11）责令关闭；（12）限制从业；（13）行政拘留；（14）法律、行政法规规定的其他处罚。对行政机关而言，行政处罚种类的法定情形扩大后，意味着更多的处罚执法需要遵守相应的处罚程序，需要赋予当事人陈述、申辩及救济权利。而对企业而言，处罚种类增加，导致

可提出救济的范围进一步扩大。比如，在《环境保护法》第六十条、《大气污染防治法》第九十九条等生态环境领域的多部法律规定中，均存在"限制生产""停产整治""责令停业关闭"等措施，以往的执法实践往往将其按照行政命令来对待，而现在已经明确以上措施属于行政处罚的法定种类，需要遵循行政处罚的陈述申辩、听证、复议、诉讼等程序。这里还有一个极易被忽略的处罚种类——"通报批评"，以往有些机关发"红头文件"对当事人进行通报批评，但现在这种做法已不可取，通报批评也属于行政处罚，需要履行相应的行政处罚程序，并赋予当事人陈述申辩的权利。

二、行政处罚实施权下放，企业应更多关注基层政府执法权限范围

中共中央办公厅和国务院办公厅联合印发的《关于推进基层整合审批服务执法力量的实施意见》（2019年1月31日），将行政执法权重心下移到乡镇政府、街道办。行政执法权重心下移的组织形式是综合执法的行政处罚权。在总结多地实践经验的基础上，新法作了第二十四条的规定。将基层管理迫切需要的行政处罚权交由能够有效承接的乡镇人民政府、街道办事处行使，县级人民政府部门可以定期组织评估。决定应当公布。对企业而言，该规定意味着今后由乡镇政府、街道办实施的行政处罚将大幅度增加。当然，具体将哪些处罚权下放到基层政府实施，还需要关注县级政府公布的有关决定。企业应当对下放的权限范围给予充分关注。若发现无依据执法情形，可立即进行投诉举报。

三、受委托组织实施行政处罚，企业可要求其提供书面委托书，并要求执法人员主动出示执法证

委托机关不能将不属于自己的职责，委托其他组织实施，只能在法定权限内委托行政处罚，超越法定权限的委托行为无效。受委托组织在实施行政处罚前需要取得并依法公开公布相应的委托书。执法前，执法人员应当主动出示执法证，否则当事人有权拒绝接受调查或检查，未取得执法资格而实施处罚，相关责任人会被处分。这里需要注意：第一，企业对受委托组织实施的行政处罚，需关注该组织对外公开的"书面委托书"。新法第二十条规定，对外公布的、委托行政机关出具的"书面委托书"需要载明"委托的具体事项、权限、期限等内容"。既保障了公众的知情权，也方便接受公众监督。第二，执法人员调查或检查时若未主动亮证，企业有权拒绝配合。根据新法第四十二条和第五十五条，执法人员在调查或者检查时，应主动亮证，否则当事人有权拒绝配合。尤其第五十五条新增"主动"一词，强调了执法人员必须积极履行义务。与旧法相比，新法也增加了不出示的后果。第三，企业若发现执法人员未取得执法证就实施行政处罚，可以向相关部门投诉。根据新法第七十六条第一款第五项，实施行政处罚的执法人员未取得执法资格的，对直接负责的主管人员和其他直接责任人员依法给予处分。

四、对拟作出的行政处罚，企业抗辩理由增加

行政处罚不是"为罚而罚"。为了推动行政执法作风转变，提高依法履职尽责能力，激发市场活力，优化营商环境，新法增加了法定和酌定的从轻或减轻处罚及不予处罚的情形。这样，企业作为行政相对人，在面对行政处罚时，抗辩理由有所增加。

首先，新法第三十条明确了十四周岁至十八周岁的未成年人有违法行为的属于法定从轻或减轻处罚情形。第三十一条新增酌定从轻或减轻情形适用范围包括尚未完全丧失辨认或控制自己行为能力的精神病人、智力残疾人。其次，新增加法定从轻或减轻情形，包括受他人诱骗实施违法行为和主动供述行政机关尚未掌握的违法行为这两种情形。最后，企业对行政处罚增加了不予处罚的抗辩理由。在吸收旧法第二十七条第二款的基础上，提出了"首违酌定不罚"和"无过错法定不罚"两种不罚情形。

对于企业而言，很明显这是一个福音，是一个利好消息。在行政机关处罚时，企业可以查看相关违法行为是否属于第一次违反，如果属于，那么可以提出"首违不罚"进行抗辩，同时积极整改，消除影响，态度诚

恳，承诺做好长效预防工作和建立企业合规的常态化管理机制，很有可能就可以不予处罚。对于"无过错不罚"，需要把握不罚的前提是需要"有证据足以证明没有主观过错"。而什么样的证据能达到这样的证明目的和证明效果，则需要专业律师来指导。该条法规实际上对于企业提出了更高的举证义务，也对企业日常工作过程中的行政合规建设敲响了警钟。

五、企业需更多关注民生，承担部分社会责任：若存在涉及生命健康安全和金融安全且有危害后果的违法行为，追责期限延长至五年。应对突发事件，若企业不配合，行政机关对该类违法行为处罚原则是快速、从重

百姓的生命健康安全关乎国计民生。尤其是自2012年以来，全国各地接连发生多起血铅超标、饮用水水源污染等事件，但相关机构在打击违法行为过程中，发现很多违法行为存在隐蔽性强、持续时间长、危害后果严重但短期内可能无法发现等特点，国务院也曾发布《关于加强和规范事中事后监管的指导意见》（国发〔2019〕18号），提出"对直接涉及公共安全和人民群众生命健康等特殊重点领域，依法依规实行全覆盖的重点监管"。具体情况需要结合立法目的及违法行为方式、危害后果等进行综合判定。这里还需要注意的是，五年追责期限的适用条件是需要危害后果存在。比如某企业生产了不符合保障人体健康和人身、财产安全的国家标准、行业标准的产品，但一直存放在企业仓库，在未流入市场之前就被行政机关查获，对该违法行为的处罚就只能用两年的期限，而不适用五年。如果企业存在生态环境类违法行为，那么不要心存侥幸，以为时间长了就可以不追究责任，新法第三十六条明确规定了追责期限延长至五年。

此外，新法第四十九条针对类似新冠肺炎疫情等突发事件，为了控制、减轻和消除突发事件引起的社会危害，规定"行政机关对违反突发事件应对措施的行为，依法快速、从重处罚"。企业对行政机关应对突发事件的措施，要积极配合。若不配合，可能会面临处罚。

六、企业对超期作出处罚决定的行政处罚，具有一定的抗辩权

新法第六十条规定："行政机关应当自行政处罚案件立案之日起九十日内作出行政处罚决定。法律、法规、规章另有规定的，从其规定。"《环境行政处罚办法》第五十五条规定，作出处罚决定的时限是自立案之日起的三个月内。对企业而言，如果行政处罚决定书是自立案之日起超出九十天作出的，则可以认定为违反法定程序，可提出复议或诉讼撤销处罚决定。通常情况下，法院会结合个案具体情况，依法裁判。原则上，如对被处罚人未产生实质性的不利影响，存在轻微程序性违法，法院可判决确认违法，但行政处罚依然有效。如企业拒绝履行，可能会被法院强制执行。但与此同时，企业应当重点关注三方面内容：第一，延长行政处罚决定作出期限是否经过法定报批程序。第二，延长期限是否适当。关于延长多少天和延长次数，应当根据其他法律法规规则的明确规定执行，没有明确规定的，应当符合程序正当的基本要求，不能无限期延长。第三，期限扣除是否合法。办案期限扣除应以其他法律、法规、规章的规定为准，不得随意扣除。

七、企业申请听证的适用情形、申请时间等相关程序发生了变化

行政处罚会对企业财产、资格、信誉等多方面产生影响，听证是行政机关赋予企业发表意见、表达看法的重要方式之一，以便行政机关内部监督自身执法行为。新法将当事人可以申请听证的情形从"责令停产停业、吊销许可证、吊销执照、较大数额罚款等"扩大至"较大数额罚款、没收较大数额违法所得、没收较大价值非法财物、降低资质等级、吊销许可证件、责令停产停业、责令关闭、限制从业、其他较重的行政处罚"九大类。如行政机关在处罚时作出了上述应当申请听证的情形但却未赋予企业申请听证的权利，那么企业可以提出复议或诉讼，认为处罚决定违反法定程序，应予撤销。

为了积极回应之前执法实践中存在的听证申请时间较短，很多企业主拿到"拟处罚通知书"，刚回过神来却发现已经超期，只能放在后续复议

诉讼再解决争议等现实问题，新法将申请听证时间从三日改为"五个工作日以内"，有可能会是七个自然日。听证完毕后，应当根据听证笔录作出决定。如果企业收到的拟处罚告知书上面所载的"听证申请时间"仍然是三日，那么可以提出异议，认为其违反法定程序。如果集体讨论是在举行听证之前作出的，而听证完之后，并没有作集体讨论，那么也属于违反法定程序，应当撤销处罚决定。据笔者推断，今后将会有更多企业愿意在收到拟处罚告知书后的听证阶段就聘请律师介入，提前参与到行政处罚作出的过程中。

八、企业有权在被处罚后的十五日内提起复议或诉讼，这期间加处罚款不予计算

最高人民法院曾在征求全国人大法工委和国务院法制办的意见后，于2007年4月27日作出《关于行政处罚的加处罚款在诉讼期间应否计算问题的答复》（〔2005〕行他字第29号），明确指出："根据《中华人民共和国行政诉讼法》的有关规定，对于不履行行政处罚决定所加处的罚款属于执行罚，在诉讼期间不应计算。"本次新法对该批复加以吸收明确。被行政处罚后，如果在自动履行期内提起复议或诉讼，可以有效缓解被处罚后的短期资金周转压力，可能今后会有更多企业愿意在收到处罚决定后的十五日内就寻求律师帮助，在未到期前提起复议或诉讼。

九、企业被罚款三千元以下可适用简易程序，被罚款一百元以下可当场缴款

随着社会的飞速发展，较低的违法成本已经不足以惩戒违法行为，因此，为了增加执法的威慑力和增强处罚的惩罚性，新法将简易程序的适用范围从原来的"法人或其他组织：一千元以下"扩大至"法人或其他组织：三千元以下"。此外，当场收缴罚款金额从原来的"二十元以下罚款"提高至"一百元以下罚款"。

十、企业对该立案不立案的情形可投诉

新法第五十四条第二款规定，符合立案标准的，行政机关应当及时立案。第七十六条第二款规定，行政机关对符合立案标准的案件不及时立案的，由上级行政机关或者有关机关责令改正，对直接负责的主管人员和其他直接责任人员依法给予处分。企业若发现投诉举报等符合行政机关对该类违法行为处罚的立案条件，但却一直没有立案的，可以向相关部门进行投诉。

在全面推进依法治国和优化营商环境的大背景下，本次行政处罚法的修订意义重大，不仅为贯彻落实党的十八大以来的深化改革的各项丰硕成果提供了法律支持，也以问题为导向，在一定程度上回应了社会关切、热点问题和执法困境，考量了行政相对人的权利维护，适应了新时代新形势下的新要求，向着良法善治的目标而努力。

行政处罚中"违法所得"的认定标准初探[①]

　　没收违法所得是一种常见的行政处罚种类，其中有关"违法所得"的认定标准直接关乎公权力与私权利的边界界定。它像一把"双刃剑"，挥舞得当可以起到惩罚违法行为、震慑违法行为人的效果，挥舞不当则有可能侵害当事人的合法权益，引发新的社会矛盾。

　　长期以来，对于"违法所得"的认定标准，在法律法规层面并没有作出统一规定，这就使行政机关在执法过程中存在多种计算方式并存的混乱局面。

　　如Z省S市某市场监督管理局在同一份《行政处罚决定书》中对"违法所得"的认定标准，出现了两种完全不同的计算方式。

　　那么，"违法所得"到底应该如何来认定？

　　笔者梳理了有关"违法所得"现存有效的法律规范，总结归纳出以执法部门为代表的两种认定标准及计算方式，分析这两种认定标准的利弊后，结合深化国务院机构改革的大背景，以浙江省为例，试图得出现阶段有关"违法所得"认定标准的倾向性意见，以抛砖引玉。

一、"违法所得"的两种认定标准

　　在法律层面，《行政处罚法》第八条第三项将"没收违法所得、没收

[①]本文成文于2018年10月5日，文中法律法规皆以当时有效的规定为准。

非法财物"作为行政处罚的种类之一，但对于"违法所得"的具体认定标准和计算方法却没有作出进一步规定。

其他特定社会领域的部门法也是本着"拿来主义"的原则直接在法律条文中规定"没收违法所得"，至于何为"违法所得"，则并无具体规定。

而实践中，具有实施没收违法所得行政处罚权力的行政执法部门对法律法规规定的违法行为又必须予以处罚，这就意味着执法部门必须对"违法所得"的认定标准这一问题作出回应。

在执法实践中，部分行政执法主体为了统一执法标准，在各自执法领域以部门规章的形式作出了实用性规范。概括来说，主要有以下两种主导的认定标准和计算方式。

第一种是收入说。主要以原食品药品监督管理总局的观点为代表。认为违法所得是指"实施违法行为的全部经营收入"，即不扣除成本。

如原国家食品药品监督管理总局《关于〈药品管理法〉〈药品管理法实施条例〉"违法所得"问题的批复》（国食药监法〔2007〕74号）。

第二种是利润说。主要以原国家工商行政管理总局的观点为代表。认为违法所得是指当事人违法生产、销售商品或者提供服务所获得的全部收入扣除当事人直接用于经营活动的适当的合理支出，即收入扣除成本后所得的金额。

如自2009年1月1日实施的《工商行政管理机关行政处罚案件违法所得认定办法》（原国家工商行政管理总局令第37号）。

二、违法所得两种认定标准的利弊分析

1.收入说

"收入说"的优势在于计算方法简单、便于执法部门调查取证，通常情况下金额较大。

营业收入一般来说是指每个企业在正常生产经营活动中，销售商品或提供服务所取得的全部收入。

如果按照违法行为人的营业收入来认定违法所得，那么执法部门只要

统计违法行为人营业的单价和数量，两者相乘就很容易得出营业收入，即违法所得。这样的认定方法对于行政机关来说较为简单便捷。

基于企业营利性特征，销售金额必然超过购入金额，按销售金额计算所得的违法所得普遍金额较大，这样执法部门没收的违法所得也相对较多，增加了违法行为人的违法成本，对违法行为的发生起到了一定的惩罚作用。

但其弊端在于营业收入中内在地包含了购入时所花费的运费、人工费、税费等成本，有关成本部分属于违法行为人合法所有的财产，而公民合法所有的私人财产受法律保护，所以如果按营业收入来计算违法所得，有可能会将违法所得的外延扩大化，不利于对违法行为人自身合法利益的保护。

2.利润说

"利润说"的优势在于符合大众对违法所得的通俗理解和对处罚的合理预期，也有利于保护行政相对人的合法利益。

违法所得，按照日常老百姓的通俗理解，就是指由于违法行为而产生的额外的收益，再说得直白一些，就是因违法行为而多出来的收益。

既然是多出来的，势必和正常经营存在差额，行政机关在处罚时将差额部分予以没收，也是理所应当的惩罚，老百姓也可以理解，这样对执法行为产生的抵触情绪也较小，有利于处罚的顺利执行。

此外，对违法行为人购入的成本进行了扣除，也维护了行政相对人的合法利益，这样一来就使公权力和私权利之间达到了一种平衡状态。但其弊端就是客观上减少了执法部门的处罚金额，降低了违法成本，对预防违法行为的发生无法产生足够的威慑力。

同时，需要执法部门调查的事项较多，除了查清销售情况之外，还需要对购入情况进行详细调查，在一定程度上增加了执法部门的工作量。

任何事物都具有两面性，对于违法所得的认定标准同样如此，这就产生了平衡法益的情况。对比两种认定标准的利弊，可以清楚地看出，违法所得的认定需要在违法行为人合法权益的保护方面和行政机关对违法行为的惩处方面取得动态平衡。

笔者认为，根据《行政处罚法》第一条，制定行政处罚法的目的在于"保障和监督行政机关有效实施行政管理，保护公民、法人或者其他组织的合法权益",所以,用"利润说"的方法来对违法所得进行认定较为妥当。

三、现阶段深化改革背景下的倾向性意见——以浙江省为例

法律法规的缺失导致实践执法过程中存在各自规范、各自适用的现象。如前所述,有关"违法行为"的认定,一直都没有明确的概念和统一的定论。

2018年3月,中共中央印发《深化党和国家机构改革方案》,在有关"深化国务院机构改革"部分,将原国家食品药品监督管理总局与原国家工商行政管理总局等部门职责整合,组建了国家市场监督管理总局。

因此,此后无论是食品药品监督管理局依照法律规定作出的"没收违法所得"行政处罚,还是工商行政管理局依照法律规定作出的"没收违法所得"行政处罚,对外署名及盖章均为市场监督管理局。

如此一来,则有可能出现以下两种情况:单从行政相对人的角度来看,一个行政机关作出的一个"没收违法所得"行政处罚中,既有按收入来计算的情形,也有按利润来计算的情形,会给日常执法带来一定程度的混乱,也有可能会让老百姓产生一种执法随意的错觉,甚至影响政府公信力。从行政机关角度来看,执法部门在确定违法所得的过程中可能会享有较大的自由裁量权。因此,违法所得的认定标准亟待统一规范。

既然在法律法规层面没有规定,违法所得的认定标准散见于各部门的规章文件中,而执法部门可能出于各种考虑作出了不同甚至是有冲突的规定,但现实的执法需求又客观存在,那么,是否有可能在省级政府层面对"违法所得"的认定存在规范?笔者暂以浙江省为例探寻省级细化规定。

结果发现,浙江省食品药品监督管理局曾在2005年作出过《浙江省食品药品监督管理局关于"违法所得"含义的批复》(浙食药监法〔2005〕40号),该批复中明确"《药品管理法》《药品管理法实施条例》以及《医疗器械监督管理条例》中的'违法所得'按照违法活动的全部营业收入(包括成本和利润)计算"。

2016年,在全省规范自由裁量权行使的大浪潮下,浙江省食品药品

监督管理局又印发了《浙江省食品药品行政处罚自由裁量指导意见（试行）》（浙食药监规〔2016〕13号）（以下简称《裁量意见》），其中第八条、第十五条指出，法律法规规定的"违法所得"是指违法产品售出价格与购入价格的差价。

这与前文所述原国家工商行政管理总局在2009年实施的《工商行政管理机关行政处罚案件违法所得认定办法》中对违法所得的认定标准相一致，笔者认为，该规范性文件最大的贡献之一就是从省级层面细化统一了工商局与食药监局对"违法所得"的认定标准，即统一按照利润来计算。

但也有人持不同意见，认为浙江省食品药品监督管理局在《浙江省食品药品行政处罚自由裁量指导意见（试行）》中的第八条和第十五条具有适用的特定前提条件，其中对于违法所得的认定不具有普遍性和普适性，根据《药品管理法》《药品管理法实施条例》《医疗器械监督管理条例》进行处罚时仍然应当按营业收入计算违法所得。

笔者对此观点并不认同，由于篇幅所限，此处不再深入探讨。

四、结 语

没收违法所得的行政处罚具有直接改变财产所有权归属的法律效果，有关违法所得的确定更是执法部门适用该处罚的基础和前提。

违法所得的计算不仅影响被国家没收的财物数量，也决定着执法者具体执法过程中的处罚幅度。如果在一个行政机关市场监督管理局的皮囊下，却不使用统一适用的标准，或许工商局和食药监局这两个部门要"掐架"，所以应当明确一个统一的认定标准和计算方式。

在深化机构改革的大背景下，结合当下执法部门的执法倾向，笔者建议按照《裁量意见》的规定，统一认定为"收入扣除成本"。

当然，笔者的上述部分观点也不一定完全正确，仅为个人对"违法所得"这一不确定法律概念所作出的一些思考及部分评判。如有不妥当的地方，欢迎大家批评指正，也期待可以共同探讨。

涉动物类纠纷的行政责任汇总及律师提醒

一、宠物乱叫，产生的噪声扰民，或被罚

案例一： 2016年年3月，杭州市西湖区某小区有一户人家养了3只狗，狗吠影响邻居休息，遭人报警投诉。最终，办案民警联合街道办及居委会工作人员上门，先讲法律法规，再普及文明养狗理念，之后，该户人家加强了对家中犬只的管理，此后再未接到投诉。

附近小区有一户人家是"养狗发烧友"，除了在家里圈养了一只狗以外，还在家附近的小巷中散养了另一只狗。散养的犬只不分时段地吠叫影响邻居休息，还常随地便溺。对此，隔壁的住户在多次劝说无效的情况下，往"养狗发烧友"家里扔石头泄愤，将窗户砸坏了。报警后，民警赶到现场，对双方进行调解，在批评狗主人的同时，也教育其邻居不能用此手段报复。最终，"养狗发烧友"答应将散养的犬只送到朋友处，并管理好另一只狗，自己承担维修窗户的费用。

律师提醒：《治安管理处罚法》第七十五条规定，饲养动物，干扰他人正常生活的，处警告；警告后不改正的，或者放任动物恐吓他人的，可处二百元以上五百元以下罚款。其中，"干扰他人正常生活"，具体行为主要表现为家中饲养犬只吠叫扰民、随地便溺，影响他人正常生活的，在规定的非禁止遛犬区域遛犬，不主动控制动物，影响他人正常生活的，以及其他干扰他人生活等情形。此外，《治安管理处罚法》还规定，如果驱

使动物伤害他人的，可以处五日以上十日以下拘留，并处二百元以上五百元以下罚款；情节较轻的，则可处五日以下拘留或者五百元以下罚款。

在遇到这类纠纷时，应尽量引导双方进行换位思考，协商调解解决。此外，提醒狗主人平时多加注意、文明养犬，就可以避免绝大部分的纠纷发生，例如，遛狗时务必给犬只戴上牵引绳，家中也可适当进行隔音改装，以免噪声扰民等。同时，也提醒非养狗人士，遇到狗时要尽量避开，否则，如果被有主人的狗咬了，还可以找狗主人理论；如果被流浪狗咬了，那就只能自认倒霉，自己去接种疫苗了。根据《噪声污染防治法》第六十五条的规定，家庭及其成员应当培养形成减少噪声产生的良好习惯，乘坐公共交通工具、饲养宠物和其他日常活动尽量避免产生噪声对周围人员造成干扰，互谅互让解决噪声纠纷，共同维护声环境质量。该法第八十六条规定，受到噪声侵害的单位和个人，有权要求侵权人依法承担民事责任。

二、违规遛狗，被罚

案例二： 2021年11月9日，关于贾乃亮与狗狗撞衫的视频冲上了热搜，8日已有700多万人次围观，点赞量突破44万。后经杭州城管调查，发现视频中的遛狗行为确实未按照规定时间进行，根据规定，狗主人将面临200元罚款。

律师解读： 根据《杭州市限制养犬规定》第十一条，小型观赏犬被允许携带出户时间是19时到次日7时。根据该规定第十八条，如果违反规定携犬出户的，由城管暂扣犬只，对养犬人处以二百元以上一千元以下罚款，如果情节严重的（如未拴狗绳，结果造成伤人等情况），没收犬只，吊销《养犬许可证》。

法律规定： 《动物防疫法》第三十条规定，携带犬只出户的，应当按照规定佩戴犬牌并采取系犬绳等措施，防止犬只伤人、疫病传播。《杭州市限制养犬规定》第十一条规定，准许养犬的单位和个人，必须遵守下列事项：（1）根据犬类主管部门的通告或书面通知，按期携带牌证和犬只到指定地点接受验审、免疫接种；（2）在准养犬颈部系挂由犬类主管部门统一制作的犬牌；（3）小型观赏犬在允许出户时间内，必须束犬链，并由成年人牵领。大型犬必须圈（栓）养，不得出户；（4）不得携犬进入市场、商店、饭店、公园、公共绿地、学校、医院、展览馆、影剧院、体育场馆、游乐场、车站、航空港以及其他公共场所；（5）不得携犬乘坐公共交通工具（小型出租车除外）；（6）允许携带小型观赏犬出户的时间为19时至次日7时。犬在户外排泄粪便的，携犬人应当立即予以清除；（7）养犬不得侵扰他人的正常生活；（8）犬只宰杀、死亡、失踪的，应当向犬类主管部门办理注销手续，并按有关规定妥善处理；（9）不得私自繁衍犬只。

《杭州市限制养犬规定》第十八条规定，有下列行为之一的，由犬类主管部门暂扣犬只，对养犬人处以二百元以上一千元以下的罚款；情节严重的，没收犬只，吊销《养犬许可证》：（1）携犬进入公共场所或者乘坐公共交通工具的；（2）违反规定携犬出户的；（3）养犬侵扰他人正常生活经教育不改的；（4）不按期为犬注射预防狂犬病疫苗的；（5）不按期注册验审，或者私自繁衍犬只的；（6）不按规定办理注销手续的；（7）重点限养区内，养犬人对犬在户外排泄粪便未及时清除的。

三、未经批准养狗，被罚

案例三：袁某父母于2016年3月29日傍晚携犬出门，至19时许在杭州市西湖区某河道发生犬只伤人（受害人鲁女士）事件，双方现场均未报110和96310。后于3月29日21时许，双方因犬只伤人赔偿费用问题产生纠纷，犬主袁某向110报警，由狂犬疫苗注射地管辖区域的杭州市公安局下城分局朝晖路派出所出警。受害人鲁某于3月30日18时28分向城管96310热线反映"袁某无证养犬"的情况。执法人员当即赶赴当事人家中，未见到当事人及其所饲养的犬只，袁某同住父母表示家中确实养有一只泰迪犬，养犬许可证正在办理过程中，4月2日可得到审批回复，因材料在袁某处，现场无法查证。4月2日，执法队员收到袁某父亲提供的《杭州市养犬许可证》。经调查核实，该户犬只于2015年下半年开始饲养，该犬只的材料送审及办证时间均为2016年3月31日。

根据相关事实及证据，确认袁某于2016年3月30日前在未取得杭州市犬类主管部门审批手续的情况下存在擅自饲养犬只的行为，且该犬只于2016年3月29日有伤人情节。当事人擅自养犬，扰乱了城市养犬的管理秩序。当事人的行为违反了《杭州市限制养犬规定》第七条"严格实行养犬许可证制度。未经许可，任何单位和个人不得养犬"的规定，属于擅自养犬的行为。依据《杭州市限制养犬规定》第十七条的规定，未经批准擅自养犬的，由犬类主管部门没收或者捕杀犬只；对单位养犬的，处以五千元以上一万元以下的罚款；对个人养犬的，处以三千元以上五千元以下的罚款，结合《杭州市城市管理行政处罚自由裁量权实施办法》及《杭州市城市管理常见违法行为自由裁量基准表》第二十四条中擅自养犬且具有犬只伤人情形的具体处罚金额的规定，决定给予当事人袁某如下行政处罚：处以罚款人民币五千元的行政处罚。

之后，袁某不服该行政处罚，申请行政复议，杭州市城市管理行政执法局（以下简称"杭州市城管执法局"）于2017年1月6日作出行政复议决定，维持西湖区城管执法局作出的行政处罚决定。袁某又于2017年1月25日向人民法院提起诉讼，请求判决：（1）撤销杭州市城管执法局作出的行政复议决定；（2）撤销西湖区城管执法局作出的行政处罚决定。经一审、二审，驳回袁某诉讼请求。

裁判要旨：《杭州市限制养犬规定》所规定的行政处罚权划归城市管理行政执法局行使。案例3中，西湖区城管执法局作为杭州市西湖区人民政府设立的城市管理行政执法局，对违反《杭州市限制养犬规定》的行为具有行政处罚权。养犬人袁某在未取得养犬许可前饲养犬只，且存在犬只伤人的情形，西湖区城管执法局依据《杭州市限制养犬规定》《杭州市城市管理行政处罚自由权实施办法》及《杭州市城市管理常见违法行为自由基准表》关于擅自养犬违法行为的规定，对袁某处以罚款五千元的行政处罚，实体处理并无不当。

需要指出的是，被诉行政处罚决定载明依据"……《杭州市城市管理常见违法行为自由基准表》第二十四条中擅自养犬且具有犬只伤人情形的具体处罚金额的规定"，但西湖区城管执法局提供的《杭州市城市管理常见违法行为自由基准表》显示序号25，才对应擅自养犬且具有犬只伤人情形的相应规定。

处罚程序方面，西湖区城管执法局在送达《接受调查处理通知书》时，存在虽身着制服但未出示执法证件的瑕疵，复议机关已经在《复议决定书》中予以指正。

行政复议方面，杭州市城管执法局作为复议机关，受理复议申请后，经审理，作出行政复议决定，符合《行政复议法》和《行政复议法实施条例》的有关要求。综上，案涉行政处罚决定认定事实清楚，适用法律、法规正确，符合法定程序；行政复议决定程序合法，袁某的诉讼请求不予支持。

律师提醒：养犬的市民一定要严格按照相关规定，允许遛狗的时间为晚上7时到次日早上7时，禁止前往包括公园、广场在内的公共场所，一旦违反规定，城管部门将给予严厉的处罚。

根据《杭州市限制养犬管理规定》第十七条，未经批准擅自养犬的，由犬类主管部门没收或者捕杀犬只；对单位养犬的，处以五千元以上一万元以下的罚款；对个人养犬的，处以三千元以上五千元以下的罚款。上文提及的该《规定》第十八条也应当引起重视。

四、变更养狗种类后未及时办理手续，未在规定时间遛狗，被罚

案例四：2016年8月30日上午10时许，庄某女儿携带一条棕色犬只出门，在西湖区保俶路被西湖城管局执法队员拦下，三名执法队员身着制服，告知其在有犬证的前提下遛犬也是有时间规定的，庄某女儿称犬证是其父亲办理，系一年前买的犬，执法队员要求其配合调查，多次告知其叫父亲把犬证带过来，但庄某女儿拒绝配合并欲径自走离，西湖城管局执法队员进行语言劝导、拉住其背包制止其走离，后庄某女儿同意带着案涉犬只到西湖城管局处接受调查。西湖城管局执法队员进行了执法视频记录，制作了现场笔录并拍摄了现场照片。随后，庄某来到西湖城管局北山中队

接受调查。庄某出示了2009年6月办理的养犬许可证，该证编号为×××，其上所登记的犬只与案涉犬只的外观、品种等全然不同。西湖城管局执法队员指出案涉犬只不是该养犬许可证登记的犬只，庄某表示的确不同。西湖城管局执法队员进行了视频记录，制作了询问调查笔录。当日，西湖城管局向庄某作出责令立即改正违法行为通知书。

2016年10月13日，西湖城管局向庄某作出行政处罚听证告知，告知作出行政处罚决定的事实、理由及依据，告知当事人依法享有的权利，于次日送达给庄某。2016年10月21日，西湖城管局作出行政处罚决定，于2016年10月28日送达给庄某。庄某不服，诉至法院。后查明，庄某于2016年8月30日向杭州市西湖区城市管理局提出为案涉犬只办理养犬许可证的申请，于9月2日取得了编号为×××的养犬许可证。一审法院经审理，判决撤销杭州市西湖区城市管理行政执法局作出的行政处罚决定中"没收犬只"的处罚决定；驳回庄某其他诉讼请求。

裁判要旨：西湖城管局对违反《杭州市限制养犬规定》的行为具有行政处罚权。根据该规定第七条、第九条，庄某主张其已于2009年6月办理了养犬许可证，但2009年核发的该养犬许可证所登记的犬只与案涉犬只的外观、品种等全然不同，能够清楚识别出不是同一只犬。庄某女儿在被执法队员拦下调查时称案涉犬是一年前买的犬，庄某在西湖城管局处接受调查时也承认不是同一只犬。庄某在诉讼中主张存在"一犬两证""重复办证"情况，与事实不符。庄某当时饲养案涉犬只并未办理养犬许可证，西湖城管局认定庄某未经批准擅自养犬，依据《杭州市限制养犬规定》第十七条作出罚款3000元的处罚决定，具有事实和法律依据。西湖城管局对案件进行了调查，在作出处罚前对当事人进行了事先告知，程序合法。西湖城管局还作出了没收犬只的决定，但庄某于2016年9月2日为案涉犬只办理了编号为×××的养犬许可证，即庄某已于事后取得了案涉犬只的养犬许可，西湖城管局仍作出没收犬只的决定明显不当，该没收犬只的处罚决定应予撤销。综上，依照《行政诉讼法》第六十九条、第七十条第六项，《最高人民法院关于审理行政赔偿案件若干问题的规定》第三十三条的规定，判决撤销杭州市西湖区城市管理行政执法局作出的行政处罚决定中

"没收犬只"的处罚决定；驳回庄某的其他诉讼请求。

五、对饲养的犬只未按规定接种疫苗的，被罚

律师提醒： 当下社会，宠物多样化，不仅有狗，还有猫。除了饲养宠物外，还会饲养其他动物，如猪、鸡、鸭等。而对于饲养的动物，都应当按照规定履行动物疫病强制免疫义务。养育，也意味着一份责任，千万不能大意。否则，有可能面临处罚。

法律规定： 根据《动物防疫法》第三十条的规定，单位和个人饲养犬只，应当按照规定定期免疫接种狂犬病疫苗，凭动物诊疗机构出具的免疫证明向所在地养犬登记机关申请登记。《浙江省动物防疫条例》第九条规定，饲养动物的单位和个人应当履行动物疫病强制免疫义务，按照强制免疫计划和技术规范，对动物实施免疫接种。《动物防疫法》第九十二条规定，违反本法规定，对饲养的犬只未按照规定定期进行狂犬病免疫接种的，由县级以上地方人民政府农业农村主管部门责令限期改正，可以处一千元以下罚款；逾期不改正的，处一千元以上五千元以下罚款，由县级以上地方人民政府农业农村主管部门委托动物诊疗机构、无害化处理场所等代为处理，所需费用由违法行为人承担。《杭州市限制养犬规定》第十八条规定，不按期为犬注射预防狂犬病疫苗的，由犬类主管部门暂扣犬只，对养犬人处以二百元以上一千元以下的罚款；情节严重的，没收犬只，吊销《养犬许可证》。

六、乱丢死狗、死猫、死猪，被罚

案例五： 2019年2月19日22时，接群众举报，有人于龙潭路江边村垃圾池丢弃死猪。执法人员赶赴现场，看到位于××路××村路段旁的一个垃圾池附近停着一辆银灰色带后斗皮卡汽车，车牌为桂E，车尾后斗靠近垃圾池里侧，车头朝向公路，车尾后斗上载有五头死猪。当事人及其车辆已被当地群众拦截。执法人员依法对现场开展检查，进行了拍照取证并将当事

人曹×平带至附近的派出所询问。

经调查，当事人曹×平在××镇××村从事生猪养殖工作，其猪场没有无害化处理设施，周边也没有办法找到地方填埋死猪，平时路过见垃圾池有死猪，以为可以丢死猪，所以决定趁天黑将死猪运到垃圾池丢弃，这期间被当地群众拦截。

随后，执法人员赶到曹×平位于××镇××村的猪场，查看了猪场情况，指导做好消毒工作。2月20日3时，在执法人员监督下，当事人将死猪运至病死动物无害化处理场处理，并对车辆进行清洗消毒。当事人曹×平不按规定处置死因不明动物的行为违反了《动物防疫法》第二十一条第二款规定：染疫动物及其排泄物、染疫动物产品，病死或者死因不明的动物尸体，运载工具中的动物排泄物以及垫料、包装物、容器等污染物，应当按照国务院兽医主管部门的规定处理，不得随意处置。根据《动物防疫法》第七十五条的规定，不按照国务院兽医主管部门规定处置染疫动物及其排泄物，染疫动物产品，病死或者死因不明的动物尸体，运载工具中的动物排泄物以及垫料、包装物、容器等污染物以及其他经检疫不合格的动物、动物产品的，由动物卫生监督机构责令无害化处理，所需处理费用由违法行为人承担，可以处三千元以下罚款。由于当事人已认识到自己的违法行为，积极配合，及时按要求无害化处理病死猪，且违法行为未造成严重社会危害，按照处罚与教育相结合的原则，对当事人曹×平罚款一千元。

律师提醒： 动物死亡处理方式有两种。（1）自己处理。可以选择埋葬，严禁随意丢弃。（2）交给专门的机构。可以联系宠物医院，选择火化，也可以选择土葬（这种方式需要将宠物尸体经消毒处理后掩埋到地下1.5米或更深的地方，并避开水源、居民区和相关科研单位，同时要距离井、泉、河至少30米），火化后骨灰可以存放到专门的地方，土葬通常有墓地。建议根据动物的死亡原因来选择处理方式。如果动物死于传染病，鉴于病死动物身上的跳蚤、螨虫等寄生虫都会重新寻找"新寄主"，它身上的致病菌也可能渗透到土壤或水中，最好选择火化，交给专门焚烧病死动物的场所对动物尸体进行无害化处理。

按照农业农村部《病死动物无害化处理技术规范》的操作要求，选址时应选择地势高燥，处于下风向的地点；应远离动物饲养厂、屠宰加工场所、生活饮用水源地等场所；应远离城镇居民区、文教科研等区域、主要河流及公路、铁路等交通干线。工艺包括：（1）掩埋坑底应高出地下水位1.5米以上，要防渗、防漏；（2）坑底撒一层生石灰或漂白粉等消毒药；（3）将动物尸体及相关动物产品投入坑内，最上层距离地表1.5米以上；（4）尸体上用生石灰或漂白粉等消毒药消毒；（5）覆土厚度不少于1—1.2米。

法律规定： 根据《动物防疫法》第五十七条，从事动物饲养、屠宰、经营、隔离以及动物产品生产、经营、加工、贮藏等活动的单位和个人，应当按照国家有关规定做好病死动物、病害动物产品的无害化处理，或者委托动物和动物产品无害化处理场所处理。从事动物、动物产品运输的单位和个人，应当配合做好病死动物和病害动物产品的无害化处理，不得在途中擅自弃置和处理有关动物和动物产品。任何单位和个人不得买卖、加工、随意弃置病死动物和病害动物产品。该法第九十八条规定，违反本法规定，未按照规定处理或者随意弃置病死动物、病害动物产品的，由县级以上地方人民政府农业农村主管部门责令改正，处三千元以上三万元以下罚款；情节严重的，责令停业整顿，并处三万元以上十万元以下罚款。如果投放病死的动物尸体进入江中，导致传染疾病发生，可能会涉及《刑法》第一百一十四条的"投放危险物质罪"或"以危险方法危害公共安全罪"，尚未造成严重后果的，将被处三年以上十年以下有期徒刑。

附件　犬只领养条件及相关流程（杭州市适用）

一、犬只收容后的处理方式

对有主无证犬，按规范暂扣保存，犬主处罚办证后领回。对流浪犬、无证犬做好收容工作。对符合领养条件的犬种，推向社会公开领养。

二、领养条件

（一）个人领养应具备以下条件：

1.领养人符合杭州市个人养犬许可的相关法律法规规定；有本市常住或暂住户口，有固定住所且独户居住。

2.领养在本市市区范围内进行，一户只能认养一只，已经养有犬只者不得再领养。

3.领养人年龄在18周岁以上，具有饲养宠物的一定经济条件。

（二）单位领养应具备以下条件：

1.符合杭州市单位养犬许可的相关法律法规规定。

2.市区单位因护卫、科研等特殊需要的。

3.所在地公安部门审核同意。

4.能够独立承担法律责任；有看管犬只的专门人员；有犬笼（犬舍）和围墙等圈养设施。

5.单位所在地在写字楼、居民小区以外。

6.领养警卫犬种的单位，需具有500平方米以上的仓储或者办公空间。非独立的单元式或者写字楼式的单位谢绝领养警卫犬种。单位需领养2只护卫犬的，仓储空间需在3000平方米以上。

三、犬只领养程序

1.梳理犬只信息、审核后建立待领养犬只档案，将符合领养要求的犬只信息提供给杭州市犬业管理协会。

2.杭州市犬业管理协会发布可领养犬只信息。

3.领养人选定拟领养犬只，向杭州市犬业协会提交书面申请。

4.杭州市犬业管理协会根据领养人提供的资料进行审核，按申请顺序确定领养人。

5.领养者领取《个人养犬申请登记表（领养）》，报所在社区、街道审核同意；领养单位领取《单位养犬申请登记表（领养）》，报单位上级主管部门及所在地公安派出所审核同意。

6.领养人签订《犬只领养协议书》并办理相关手续。

7.领养人办理《养犬许可证（领养）》。

8.犬只领养交接。

四、办证管理费用

根据《杭州市限制养犬规定》第十条的规定，经批准养犬的单位和个人，必须缴纳管理服务费。管理服务费必须专款专用。重点限养区内每只犬第一年为1000元，以后每年度为500元；一般限制区内每只犬为600元，以后每年度为300元。一般限养区内若有犬只转移到重点限养区购养的，应当符合重点限养区的养犬条件，自转移之日起30日内办理变更登记，补交管理服务费差额。

另需特别注意：经批准个人养犬的，一户只准养一只。

电动自行车自燃事故的相关法律问题分析

　　近年来，电动自行车火灾事故频发。2021年7月18日，在西湖景区，一辆电动自行车在行驶过程中起火自燃，一对父女被严重烧伤。事故的后续牵动着人们敏感的神经，同时，电动自行车的安全问题也再一次摆在了公众面前。据调查，该电动车是由车主向上城区××车行购买的，由杭州××公司生产。从相关资料上来看，该电动车起火很有可能和锂电池有关，但电动车的使用说明书上写的是"铅酸电池"。涉事车辆是否进行过电池更换问题及电动车的自燃原因等仍在进一步核实中。那么，在这次自燃事故中，有哪些主体应对受伤者承担法律责任？

　　如果由于电动自行车自身缺陷引发此次自燃事故，那么，受伤者享有相关民事赔偿请求权。根据《民法典》第一千二百零三条的规定，产品存在缺陷造成他人损害的，既可以向产品的生产者请求赔偿，也可以向产品的销售者请求赔偿，若产品缺陷由生产者造成的，销售者赔偿后，有权向生产者追偿。因销售者的过错使产品存在缺陷的，生产者赔偿后，有权向销售者追偿。在本次事故中，若最终查明或有充分证据表明，生产者在生产时使用的是不会爆炸的铅酸电池，而销售者买来后对电动自行车改装了锂电池，那么，受伤者具有索赔的选择权，既可以向生产者索赔，也可以向销售者索赔，但最终的赔偿责任会由进行改装电动车的销售者承担。具体赔偿金额可以根据《民法典》第一千一百七十九条确定。

　　2018年5月15日，国家工业和信息化部发布了《电动自行车安全技术规范》（GB 17761—2018），该标准于2019年4月15日起执行，是一项有关电动自行车的国家标准。新标准对最高车速和蓄电池提出了防篡改（防改装）要求，进一步提升了整车的安全性能。为推进新标准实施，市场监管总局、工业和信息化部、公安部于2019年3月14日联合发布了《关于加强电动自行车国家标准实施监督的意见》（国市监标创〔2019〕53号），其中规定，新标准实施后，各地市场监管部门要加强电动自行车销售环节的监督检查，严厉查处违法销售不符合新标准、未获得CCC认证的电动自行车，以及非法改装、拼装、篡改电动自行车的行为。加强对电动自行车经销商销售充电器、锂离子电池行为的监管，严格依法查处非法拆解、改装和维修充电器、锂离子电池的行为。对销售违标车辆的，要依法责令停止销售，并予以罚款、没收违法所得；情节严重的，依法吊销营业执照；构成犯罪的，依法追究刑事责任。

为进一步加大对电动自行车的监管力度，2020年7月1日，《浙江省电动自行车管理条例》（以下简称《条例》）正式施行。其中第四条规定："市场监督管理部门负责电动自行车、充电器、蓄电池等产品生产、销售的监督管理和电动自行车的强制性产品认证的监督管理。"同时，《条例》第十八条第一款第二项规定，禁止改变电动机、蓄电池组等影响车辆安全性能的部件，根据《条例》第二十六条第二款，若违反前述第十八条第一款第二项规定，电动自行车销售者、维修者改装、拼装、加装已登记电动自行车的，由公安机关交通管理部门责令改正，没收违法所得，并处五千元以上五万元以下罚款。

笔者认为，《条例》第四条规定了市场监督管理部门负责电动自行车、充电器、蓄电池等产品生产、销售的监督管理，但在第二十六条又规定由公安机关交通管理部门对电动自行车销售者、维修者的违法行为进行处罚，可能在行政执法过程中存在执法协作或信息共享上的衔接及时性问题，但《条例》第二十一条明确规定了市场监督管理、公安机关交通管理、交通运输、综合行政执法、消防救援等各监管部门的联动机制和全过程动态监管目标以及相关违法信息公布制度，可见，电动自行车的监管需要建立跨部门联合工作机制，进一步保障广大消费者用车安全。

　　最后，再次提醒广大消费者，在购买电动自行车时，一定要仔细查看电动车是否符合强制性产品认证（CCC认证）管理规定，按照新国标的要求，未获得3C认证的电动自行车及非法改装、拼装、篡改的电动自行车都是违法的。如果发现，可以向市场监管部门投诉举报或通过信息化平台投诉举报。在使用电动车过程中，不要在非集中充电的室内场所给电动车充电，加强日常保养检修，尤其是蓄电池电气线路，防止因电气线路老化、短路等原因引发火灾事故。禁止擅自非法改装电池等影响安全性能的设备。充电时不要将电动车停放在单元门内、楼梯间、建筑物的疏散通道、安全出口等影响消防通道畅通的区域。从消费者的角度来说，购买电动车时要保留相应的购车凭证，车辆的使用说明书等最好不要扔掉，一旦发现车辆存在问题或安全隐患，最好及时到购车地点进行检修，切忌贸然驾驶上路，导致危险事故发生。

噪声污染防治法通过，为规范治"噪"
提供法律保障

2021年12月24日，全国人大常委会第三十二次会议审议通过了《中华人民共和国噪声污染防治法》（以下简称《噪声污染防治法》），自2022年6月5日起施行。该法针对近年来公众呼声较高的广场舞扰民、夜间施工扰民、机动车轰鸣"炸街"等问题作出回应，为改善噪声污染治理难题提供了法律依据。

一、广场舞噪声扰民问题

跳广场舞，可以锻炼身体，保持心情舒畅，是中老年人热爱的活动之一，但如果音响声音太大，则可能出现噪声扰民问题。生态环境部发布的《2021中国环境噪声污染防治报告》显示，全国受理环境噪声投诉高达约201.8万件，其中社会生活噪声投诉举报最多，占53.7%。虽然我国早在1997年便实施《环境噪声污染防治法》，但由于噪声污染转瞬即逝，导致取证难、投诉反馈成本高、基层执法难度大等，治"噪"效果甚微。

此次《噪声污染防治法》从法律层面对"广场舞"类社会生活噪声污染作出明确规定。该法第六十四条规定，在街道、广场、公园等公共场所组织或者开展娱乐、健身等活动，应当遵守公共场所管理者有关活动区域、时段、音量等规定，采取有效措施，防止噪声污染；不得违反规定使用音响器材产生过大音量。该法第八十二条规定，违反前述规定，在公共场所组织或者开展娱乐、健身等活动，未遵守公共场所管理者有关活动区域、时段、音量等规定，未采取有效措施造成噪声污染，或者违反规定使用音响器材产生过大音量的，由地方人民政府指定的部门说服教育，责令改正；拒不改正的，给予警告，对个人可以处二百元以上一千元以下的罚款，对单位可以处二千元以上二万元以下的罚款。从条文中可以看出，对违反规定的，首先是以说服教育为主，只有对拒不改正的情形，才处以罚款。可见，从立法角度来讲，该法规更多地体现出柔性执法的意味，罚款并非执法目的，噪声污染治理更多的应当是靠宣传引导。此外，该法条将"处罚主体"授权给"地方人民政府"来指定，也就是说，各地可能会因地方人民政府指定的部门不同而由不同的执法主体来作出处罚，故后续在实践中，各级地方政府还应当尽快出台相关规定，明确处罚主体，以便尽早落实该法的规定。

近年来，我国人口老龄化程度不断加深。跳广场舞有利于身体健康，本身是一件好事情，政府相关部门应当加强规范引导，该法第六十四条第三款还规定，公共场所管理者应当合理规定娱乐、健身等活动的区域、时段、音量，可以采取设置噪声自动监测和显示设施等措施加强管理。比如盘活社区场地资源，开设专门供中老年人活动的场所，定时段限音量，让他们可以文明有序地、依法依规地锻炼身体，同时，在公共场所，应当设置噪声监测设备和显示屏，让大家对"噪声"有明确的概念和界定标准，共同参与和监督噪声污染治理，促进公共场所的基层治理更加完善精准，携手创造一个安静舒适的生活环境。

二、夜间施工扰民问题

近年来，随着社会高速发展，很多工程在加班加点施工追赶进度。如果工地刚好在居民区附近，就会产生很多关于"夜间施工噪声大"的投诉。《2021中国环境噪声污染防治报告》显示，全国受理环境噪声投诉约201.8万件，其中建筑施工噪声占34.2%。虽然《环境噪声污染防治条例》

第二十一、二十四条规定了建筑施工单位向周围环境排放噪声需要满足相应条件，且禁止夜间产生噪声污染影响居民休息，但由于缺乏相应的罚则，行政监管部门治理难度较大。居民投诉处理收效不明显。

本次《噪声污染防治法》为相关问题的处理提供了明确的规定。从源头方面，该法第四十条规定，建设单位应当按照规定将噪声污染防治费用列入工程造价，在施工合同中明确施工单位的噪声污染防治责任。施工单位应当按照规定制订噪声污染防治实施方案，采取有效措施，减少震动、降低噪声。建设单位应当监督施工单位落实噪声污染防治实施方案。该条款溯源治理，从一开始的工程造价就必须将噪声污染防治费用列入，后续还明确了建设单位的监督实施责任，有利于进一步推动多方主体共同解决施工噪声难题。在施工过程方面，该法第四十二条规定，在噪声敏感建筑物集中区域施工作业，建设单位应当按照国家规定，设置噪声自动监测系统，与监督管理部门联网，保存原始监测记录，对监测数据的真实性和准确性负责。该条款明确建设单位的噪声监测主体责任，对施工全过程进行在线自动监测，并联网监管部门，从一定程度上解决了噪声取证较难的现实困境。在审批监管方面，《环境噪声污染防治条例》第二十四条规定："生产工艺上必须连续作业的或者因特殊需要必须连续作业的，须经县级以上人民政府环境保护部门批准。"《噪声污染防治法》第四十三条第二款规定："因特殊需要必须连续施工作业的，应当取得地方人民政府住房和城乡建设、生态环境主管部门或者地方人民政府指定的部门的证明，并在施工现场显著位置公示或者以其他方式公告附近居民。"这不仅对"需要连续施工作业"的情况提出了较高的要求，而且将相关信息公告居民，也有利于公众参与共同监督执行，使施工情况更加公开透明。该法第八十八条明确，夜间的概念，是指晚上十点至次日早晨六点之间的期间，设区的市级以上人民政府可以另行规定本行政区域夜间的起止时间，夜间时段长度为八小时。

对于相应的罚则，该法第七十七条规定，违反本法规定，建设单位、施工单位有下列行为之一，由工程所在地人民政府指定的部门责令改正，处一万元以上十万元以下的罚款；拒不改正的，可以责令暂停施工：

（一）超过噪声排放标准排放建筑施工噪声的；（二）未按照规定取得证明，在噪声敏感建筑物集中区域夜间进行产生噪声的建筑施工作业的。第七十八条规定，违反本法规定，有下列行为之一，由工程所在地人民政府指定的部门责令改正，处五千元以上五万元以下的罚款；拒不改正的，处五万元以上二十万元以下的罚款：（一）建设单位未按照规定将噪声污染防治费用列入工程造价的；（二）施工单位未按照规定制订噪声污染防治实施方案，或者未采取有效措施减少振动、降低噪声的；（三）在噪声敏感建筑物集中区域施工作业的建设单位未按照国家规定设置噪声自动监测系统，未与监督管理部门联网，或者未保存原始监测记录的；（四）因特殊需要必须连续施工作业，建设单位未按照规定公告附近居民的。在纠纷解决方案的处理上，该法第八十六条明确，国家鼓励排放噪声的单位、个人和公共场所管理者与受到噪声侵害的单位和个人友好协商，通过调整生产经营时间、施工作业时间，采取减少震动、降低噪声措施，支付补偿金、异地安置等方式，妥善解决噪声纠纷。

当下社会正处于高速发展时期，晚上的休息质量直接影响民众第二天上班的工作效率和工作成效。如果在夜深人静的晚上，机器轰鸣，势必严重影响居民的睡眠。《噪声污染防治法》的规定，更加富有可操作性，有助于进一步加强对噪声污染的监管力度。

三、机动车轰鸣"炸街"问题

机动车肆意鸣笛，导致轰鸣声不断，针对该问题，本法做了回应。该法第四十七条规定，机动车的消声器和喇叭应当符合国家规定。禁止驾驶拆除或者损坏消声器、加装排气管等擅自改装的机动车以轰鸣、疾驶等方式造成噪声污染。使用机动车音响器材，应当控制音量，防止噪声污染。第七十九条规定，驾驶拆除或者损坏消声器、加装排气管等擅自改装的机动车轰鸣、疾驶，机动车运行时未按照规定使用声响装置，或者违反禁止机动车行驶和使用声响装置的路段和时间规定的，由县级以上地方人民政府公安机关交通管理部门依照有关道路交通安全的法律法规处罚。该条款对于机动车鸣笛带来的噪声污染问题做了明确规定，加强了驾驶员的主体责任，如果发现擅自改装，应按道路交通安全法等进行处罚。这有助于避免现实生活中驾驶员根据个人喜好对车辆任意改装而产生的噪声问题。

同时，该法赋予地方人民政府相关职能部门划定禁止鸣笛路段的权利。该法第四十九条规定，地方人民政府生态环境主管部门会同公安机关根据声环境保护的需要，可以划定禁止机动车行驶和使用喇叭等声响装置的路段和时间，向社会公告，并由公安机关交通管理部门依法设置相关标志、标线。这也为相关考试期间考场附近不准鸣笛提供了法律依据。

四、结　语

对噪声污染的治理，应当坚持弘扬社会主义核心价值观，坚持公众参与、综合治理，引导全社会增强噪声污染防治意识，自觉减少社会生活噪声排放，积极开展噪声污染防治活动，形成人人有责、人人参与、人人受益的良好噪声污染防治氛围，共同维护生活环境和谐安宁；家庭及其成员应当培养、形成减少噪声产生的良好习惯，生活中尽量避免产生噪声对周围人员造成干扰，互谅互让解决噪声纠纷；对噪声敏感建筑物集中区域的社会生活噪声扰民行为，基层群众性自治组织、业主委员会、物业管理者应当及时劝阻、调解等。多方主体共同参与治理，才有可能携手共创和谐家园。

律师手把手教你申请行政复议

在行政法领域，行政复议、行政诉讼、行政赔偿统称为行政行为的三大救济途径，在监督行政机关依法行政和维护当事人自身合法权益方面发挥着重要作用。作为行政律师，每天要面对大量的行政事务咨询。如何从当事人所提供的海量信息中提取关键信息？如何在有限时间内让当事人感受到你的水平和能力？如何助力实质性化解行政争议？……这些问题都是新时代摆在我们律师面前急需解决的重大课题。笔者结合多年行政执业经验，从行政复议角度切入，以行政相对人为视角，将行政复议实务中的相关知识梳理出五大重点问题和六个特殊方面，供大家学习参考。

一、行政复议实务中的五大重点问题

行政复议领域的法律依据是《行政复议法》，该法于1999年4月29日通过，自1999年10月1日起施行，于2017年9月1日完成第二次修正。法规层面是以国务院令第499号的形式发布、2007年5月23日通过的、自2007年8月1日起施行的《行政复议法实施条例》。其他地方性法规、国务院部门规章及地方政府规章层面就比较多了，但基本都是围绕《行政复议法》和《行政复议法实施条例》的核心条文展开补充规定的。行政复议实务从大的方面来讲，归纳起来，主要包括以下五大问题。

1.能否提：受案范围

通常情况下，相对人来咨询律师，都是在行政机关已经作出了一个行政行为之后。当事人对这个行为不服，认为行政机关作出的该行政行为侵犯了其自身的合法权益，想要通过法律途径进行维权。所以，作为律师，首先需要关注的就是这个行为能不能提起行政复议，也就是我们通常所说的行政复议的受案范围问题。这是个非常复杂的问题，但又是提起复议的先决条件。

从正面来说，《行政复议法》第六条对于行政复议的受案范围作了"十"加"一"的列举式规定。前面十类主要是对行政处罚、行政强制措施、行政许可等决定不服的，对自然资源的所有权或使用权决定不服的，对侵犯合法的经营自主权不服的，对变更或者废止农业承包合同不服的，对颁发证照、审批登记等事项不服的，对未履行法定职责及未及时给予行政给付不服的，可以提起行政复议，还有第十一项是其他的兜底条款。

从反面来说，《行政复议法》第八条规定了两种不得提起行政复议的情形，包括对行政处分或人事处理决定不服的和对民事纠纷作出的调解或其他处理不服的，不能提起行政复议。

从实务层面来说，还需要注意两个问题，那就是行政机关层级监督和信访答复的行政复议问题。行政机关层级监督行为属于上级行政机关对下级机关行政行为是否合法的审查行为，该行为对申请人的权利义务不直接产生影响，因此不属于复议范围。信访答复也不属于行政复议范围，因为信访制度与行政司法制度属于两套并行的相互独立的制度体系，对信访答复不服，《信访条例》（国务院令第431号）（自2005年5月1日起施行）第三十四条规定，信访人对行政机关作出的信访事项处理意见不服的，可以自收到书面答复之日起30日内请求原办理行政机关的上一级行政机关复查。第三十五条规定，如果对复查意见不服的，可以自收到书面答复之日起30日内向复查机关的上一级行政机关请求复核。《浙江省信访条例》第二十四条沿用了此规定。所以对于信访答复已经有相应的救济途径的，不再纳入行政复议范围。但这里需要注意的是，有些事项虽然标题写的"信访答复"或以信访答复形式作出，但实际内容是对要求履行法定职责的回复，这种情况下，按照《行政复议法》第六条的规定，对其行为不服，就可以提起复议。

　　另外，需要正确处理复议与规定附带性审查问题。根据《行政复议法》第七条的规定，在对具体行政行为申请行政复议时，可以一并向行政复议机关提出对行政行为所依据的规定的审查申请。这些规定包括国务院部门的规定、县级以上地方各级人民政府及其工作部门的规定、乡镇人民政府的规定，不包括国务院部委规章和地方政府规章。根据该法第二十六条，复议机关在收到该审查申请后，如果有权处理，应当在三十日内依法处理；如果无权处理的，应当在七天内转送有权机关处理，有权机关应在六十日内依法处理。处理期间，中止对具体行政行为的审查。可见，复议提起的同时可以一并对行为所作出的规定提出审查申请。

　　此外，还需要正确处理复议与赔偿请求的问题。根据《行政复议法》第二十九条的规定，申请人在申请复议时可以一并提出行政赔偿请求，复议机关对符合规定的应当给予赔偿，在决定撤销、变更具体行政行为或确认具体行政行为违法时，应当同时决定给予赔偿。可见，在提出复议的同时可以一并提出行政赔偿请求。

　　2.何时提：申请时间

　　行政复议的提出是有严格时间限制的。根据《行政复议法》第九条的规定，公民法人或其他组织认为具体行政行为侵犯其合法权益的，可以自知道该具体行政行为之日起六十日内提出行政复议申请，但法律规定的申请期限超过六十日的除外。因不可抗力或者其他正当理由耽误法定申请期限的，申请期限自障碍消除之日起继续计算。同时，《行政复议法实施条例》第十五条对申请期限的起算日期进一步作出详细规定：（一）当场作出具体行政行为的，自具体行政行为作出之日起计算；（二）载明具体行政行为的法律文书直接送达的，自受送达人签收之日起计算；（三）载明具体行政行为的法律文书邮寄送达的，自受送达人在邮件签收单上签收之日起计算；没有邮件签收单的，自受送达人在送达回执上签名之日起计算；（四）具体行政行为依法通过公告形式告知受送达人的，自公告规定的期限届满之日起计算；（五）行政机关作出具体行政行为时未告知公民、法人或者其他组织，事后补充告知的，自该公民、法人或者其他组织收到行政机关补充告知的通知之日起计算；（六）被申请人能够证明公民、法人或者其他组织知道具体行政行为的，自证据材料证明其知道具体行政行为之日起计算。行政机关作出具体行政行为，依法应当向有关公民、法人或者其他组织送达法律文书而未送达的，视为该公民、法人或者其他组织不知道该具体行政行为。该条例第十六条对履行法定职责类的行政复议申请期限作了相关规定，有履行期限的按照履行期限届满之日计算，没有履行期限的，自行政机关收到申请满六十日计算，紧急情况下的履行法定职责不受前款限制。从以上规定可以看出，相关行政法律文书的送达，行政机关具有举证责任证明行政相对人知道该具体行政行为。

在实务中，需要注意两个问题：第一，行政机关未向申请人告知复议权利、复议机关和复议期限的，复议申请期限即将延长。具体可以参考《最高人民法院关于适用〈中华人民共和国行政诉讼法〉的解释》第六十四条的规定，将未告知诉权的起诉期限从公民、法人或者其他组织知道或者应当知道起诉期限之日起计算，但最长不超过一年。第二，新冠肺炎疫情期间，很多行政机关都发出通知，明确行政复议申请人因受疫情影响耽误法定申请期限的，申请期限自影响消除之日起继续计算。

3.谁来提：提出主体

根据《行政复议法》第十条的规定，申请行政复议的公民、法人或其他组织是申请人。同申请行政复议的具体行政行为有利害关系的其他公民法人或其他组织，可以作为第三人参加行政复议。《行政复议法实施条例》第二十八条规定，受理行政复议的条件之一就是申请人需要与具体行政行为具有利害关系。什么叫具有利害关系？如何判断？普遍来说，行政行为对行政相对人的权利义务直接产生影响，相对人与行政行为当然具有利害关系。具体可以参考《最高人民法院关于适用〈中华人民共和国行政诉讼法〉的解释》第十二条有关利害关系人的理解。

在实务中，需要重点把握有关"利害关系人"的理解。这里突出指的是"直接的利害关系"，如果是间接影响，则不算作具有行政法上的利害关系人。例如，固定资产投资的立项批复行为，是行政机关对投资项目的审批和核准，不直接涉及项目征地拆迁、安置补偿等与相对人具体权利义务相关的内容，当事人以项目建设影响其土地或房屋权益为由对项目立项行为提起行政复议，则不具有利害关系。

同时，还有一类常见的行政复议纠纷，属于工伤认定方面。劳动者所在单位对于认定工伤决定书不服，因为一旦认定工伤，其权利义务势必会受到影响，所以，受伤者所在单位是可以作为利害关系人提出行政复议申请的。

4.对谁提：被申请人

根据《行政复议法》第十一条、第十二条、第十三条的规定，谁作出具体行政行为，谁就是被申请人。如果是行政机关和授权组织以共同名义作出的行为，那两者就是共同被申请人。如果行政机关和其他组织以共同名义作出行为，那行政机关就是被申请人。如果是下级机关经上级批准作出的行为，那批准机关就是被申请人。该法第十四条规定，行政机关设立的派出机构、内设机构或者其他组织，未经法律、法规授权，对外以自己名义作出具体行政行为的，该行政机关为被申请人。在实务中，确定被申请人主要是看相关法律文书上的红色印章，红章上面是谁，这个行政机关就是被申请人。

5.向谁提：复议机关

根据《行政复议法》第十二条至第十五条的规定，如果被提起行政复议的行为是政府工作部门作出的，通常情况下复议机关是本级人民政府或上级主管部门，如果是政府作出的，那就是向上一级人民政府申请复议。派出机构作出的行政行为，如果不服，需要根据不同情况对待。

2017年6月27日浙江省政府印发《关于深化行政复议体制改革的意见》，明确对以市、县（市、区）政府工作部门及其依法设立的派出机构等为被申请人的，原则上由该部门的本级政府统一受理行政复议申请。在市、县（市、区）政府法制办公室或者政府办公室增挂政府行政复议局牌子。2017年12月13日，台州市行政复议局挂牌成立，成为浙江省首家挂牌运行的设区市行政复议局。2018年3月13日提请十三届全国人大一次会议审议的《国务院机构改革方案》明确：将司法部和国务院法制办公室的职责整合，重新组建司法部，作为国务院组成部门。不再保留国务院法制办公室。在机构职能改革后，各级政府的行政复议局归入司法局下。2019年6月，浙江省以设立"行政复议局"为抓手，在全国率先实现省市县三级行政复议局全覆盖并挂牌运行。

当然，复议机关最终作出的行政复议决定书，是以本级政府名义作出的，是加盖政府印章的。

二、行政复议实务中的六个特殊方面

与常见的民商事纠纷不同，行政复议具有较大的特殊性，也是行政管理体系下特有的内部监督机制。

1.复议期间不停止对行政行为的执行，但复议期间罚款不加处罚款

行政行为本身是基于行政管理需要而作出的，一经作出，即具有公定力、确定力和拘束力，非经法定程序不得撤销。法律赋予行政相对人救济的权利，但在救济期间，原行政行为继续得以执行。《行政复议法》第二十一条规定，存在下列四种情况，可以停止执行：（一）被申请人认为需要停止执行的；（二）行政复议机关认为需要停止执行的；（三）申请人申请停止执行，行政复议机关认为其要求合理，决定停止执行的；（四）法律规定停止执行的。

同时，根据《行政处罚法》第六十七条、第七十二条的规定，当事人自收到行政处罚决定书之日起十五日内，需要到指定银行或通过电子支付系统缴纳罚款，逾期未缴，每日按罚款数额的百分之三加处罚款，加处罚款数额不得超出罚款的数额。

此外，提起行政复议期间，加处罚款不予计算。《行政处罚法》第七十三条第三款规定，当事人申请行政复议或者提起行政诉讼的，加处罚款的数额在行政复议或者行政诉讼期间不予计算。也就是说，如果当事人在收到行政处罚决定书之日起的十五日内提起行政复议，可以暂时不缴纳罚款，也不需要计算加处罚款。

2.复议申请可以撤回，撤回后复议程序终止且不可逆

《行政复议法》第四十二条规定，行政复议期间，申请人要求撤回行政复议申请，行政复议机构准予撤回的，行政复议终止。《行政复议法实施条例》第三十八条规定，申请人在行政复议决定作出前自愿撤回行政

复议申请的，经行政复议机构同意，可以撤回。申请人撤回行政复议申请的，不得再以同一事实和理由提出行政复议申请。但是，申请人能够证明撤回行政复议申请违背其真实意思表示的除外。可见，通常情况下，如果行政机关作出的行政行为确实存在硬伤，那么行政机关会本着解决问题的目的，要求你撤回复议申请，在此种情况下，申请人必须明确撤回复议申请的法律后果，那就是复议申请撤回，复议机关准许，复议程序终止，且不可以再次以该事实与理由再次提起复议。

3.复议期间可以和解

复议期间，申请人与被申请人可以就行政机关行使自由裁量权作出的行政行为进行和解。《行政复议法》第四十条规定，申请人对行政机关行使法律、法规规定的自由裁量权作出的具体行政行为不服申请行政复议，申请人与被申请人在行政复议决定作出前可以自愿达成和解。如果是和解结案的，应当向行政复议机构提交书面和解协议；和解内容不损害社会公共利益和他人合法权益的，行政复议机构应当准许。可见，复议机关在复议过程中，也是可以对申请人和被申请人进行居中调解的。

据了解，浙江省在行政复议办案中创新行政复议调解方式方法，积极探索便民利民措施，借助行政争议调解中心开展复议调解工作。2020年，浙江省收到行政复议申请12338件，82%的案件在行政复议程序中"案结事了"，其中通过调解自愿撤回申请的占案件总数的40.7%。开辟复议全新格局。据浙江省统计，2020年全省行政复议案件审结率达97.6%，82%的行政复议案件在办结后未再被起诉，诉至法院的复议决定被确认合法有效的达96.5%，近60%的市县实现复议后"零败诉"。浙江省行政复议局发挥特有的"行政复议局+行政复议咨询委员会"办案模式，把非诉讼纠纷解决机制摆在前面，从成立全国首家行政争议调解中心，到省、市、县三级行政争议调解中心全覆盖，共同助力法治浙江、平安浙江建设。

4.复议中的时间规定

行政复议中有部分重要时间节点，需要清楚把握：第一，提起申请的时间是六十日，如前所述，法条依据是《行政复议法》第九条；第二，审查受理时间是五日，法条依据是《行政复议法》第十七条；第三，补正材料时间是五日，法条依据是《行政复议法实施条例》第二十九条；第四，转办时间是七日，法条依据是《行政复议法》第十八条；第五，协商承办是十日，法条依据是《行政复议法实施条例》第三十条；第六，送达副本时间是七日，法条依据是《行政复议法》第二十三条；第七，被申请人答辩期是十日，法条依据是《行政复议法》第二十三条；第八，复议后起诉时间是十五日，法条依据是《行政复议法》第十九条；第九，复议审理期限为六十日，法条依据是《行政复议法》第三十一条；第十，纠正上报时间是六十日，法条依据是《行政复议法》第五十七条。

此外，《行政复议法》第四十条规定，本法关于行政复议期间有关"五日""七日"的规定是指工作日，不含节假日。其他的时间都是按照自然日来进行计算的。一旦错过时间，那基本上都是不可逆转的。

5.复议申请的形式要求

对行政相对人而言，如果认为行政机关的具体行政行为侵犯了其合法权益，可以提出行政复议，复议申请可以书面形式向复议机关提出，也可以口头形式提出。如果是书面提出的，根据《行政复议法》第十九条的规定，需要在行政复议申请书中载明下列事项：（一）申请人的基本情况，包括公民的姓名、性别、年龄、身份证号码、工作单位、住所、邮政编码，法人或者其他组织的名称、住所、邮政编码和法定代表人或者主要负责人的姓名、职务；（二）被申请人的名称；（三）行政复议请求、申请行政复议的主要事实和理由；（四）申请人的签名或者盖章；（五）申请行政复议的日期。

对行政复议机关而言，对其接收到的行政复议申请予以受理需要满足以下条件。《行政复议法》第二十八条规定，行政复议申请符合下列规定的，应当予以受理：（一）有明确的申请人和符合规定的被申请人；（二）申请人与具体行政行为有利害关系；（三）有具体的行政复议请求和理由；（四）在法定申请期限内提出；（五）属于行政复议法规定的行政复议范围；（六）属于收到行政复议申请的行政复议机构的职责范围；（七）其他行政复议机关尚未受理同一行政复议申请，人民法院尚未受理同一主体就同一事实提起的行政诉讼。

　　律师作为具有专业知识和实务经验的群体，需要具体指导当事人填写行政复议申请书或接受其委托，代理行政复议阶段的事务处理。同时，律师需要告知当事人，在一般情况下，行政复议原则上进行的是书面审理。但是律师有一个优势就是可以在被申请人提交答辩状和证据之后进行查阅，再根据该部分内容提交复议阶段的补充代理法律意见书。所以，如果律师可以提前到行政复议阶段就介入相关纠纷的处理，通常有助于实质性化解行政争议。

　　6.复议申请的证据材料

　　申请人提起行政复议，在通常情况下，只需要说明是对哪个行政机关作出的具体行政行为不服而提出的复议申请就可以了，不需要提供过多的证据。行政机关在收到复议申请书副本后，会将作出相关具体行政行为的证据及依据提交复议机关审查。但有三种情况，需要申请人提供证明材料，根据《行政复议法》第二十一条的规定，这三种情况包括：（一）认为被申请人不履行法定职责的，提供曾经要求被申请人履行法定职责而被申请人未履行的证明材料；（二）申请行政复议时一并提出行政赔偿请求的，提供受具体行政行为侵害而造成损害的证明材料；（三）法律、法规规定需要申请人提供证据材料的其他情形。

　　三、结　语

　　总而言之，如果行政相对人来进行复议事务的相关咨询，作为律师，接待当事人通常需要做到"一看二问三告知"。"一看"，是指看文书，看时间，具体判断能不能提起行政复议，以及提起行政复议有没有超过法定时间；"二问"，是指问身份、问材料，具体判断提起复议的主体资格是否适格，以及询问是否有复议申请的书面材料，如果有可能，再问一下是否愿意接受行政调解；"三告知"，是指告知复议不停止执行，告知复议原则上书面审理，告知提起复议相关要求。当然，如果复议阶段委托律师来介入处理纠纷，那么，通常情况下，律师会为委托人评判把握法律方面的专业问题。

中　篇

民商事类

三起三落终过户　本诉被驳反诉胜

——历经"三年六诉一执行"的合同纠纷案代理纪实①

> 社会发展加速度，房价看涨坐不住。
>
> 收钱交房未过户，口头协议欲反悔。
>
> 十余年后诉腾退，一诉不成再三诉。
>
> 揭开面纱看本质，终被法官逐个破。
>
> ——题记

　　一起看似普通的合同纠纷案件，若深究细挖，关系错综复杂，内容异常丰富。单单从"合同履行十八年""诉讼历时三年余""六诉十审一执行"等标签中，便可窥一斑而见全豹，粗略感受到案件代理成功之不易。笔者回顾反思了整个案件代理始末，非常感谢委托人给予的无限信任，也感怀新时代下法官对法益衡平的精准把握，更感恩法院实质性化解纠纷的政策导向。现将部分心得体会归纳总结如下，分享给有需要的朋友。

---

①本文刊登于《浙江律师》2021年第5期。

一、案情简介

2002年前后，原告姜某某与被告端某交好，被告想要购买原告租住的一套位于杭州市下城区××巷1号8单元××室的公有住房（以下简称"案涉房屋"）。双方口头约定：端某向姜某某支付15万元，租住姜某某房屋，待姜某某通过房改政策获得该房屋产权后，以零对价形式转让给端某。2002年年初，姜某某将房屋交付端某居住。2002年1月至5月，端某陆续向姜某某支付10万元，姜某某向端某出具《收条》三份。2003年2月28日，姜某某通过房改购房获得案涉房屋所有权，房产登记在姜某某名下。姜某某将房产证原件交付端某。但由于当时过户税费较高，双方商议至2004年再办理过户手续。后续双方产生摩擦，房屋虽一直由端某占有使用，但始终未过户。2016年4月，原告姜某某将房产证挂失补办，并将房屋变更登记为姜某某、孙某两人共同共有。

2017年1月，时隔十五年，原告持补办的房产证要求被告腾退房屋，诉至杭州市下城区人民法院。同年5月，下城区人民法院判决驳回原告诉讼请求。2017年7月，原告不服上诉，经中院释明，撤回上诉。一审判决发生法律效力。2018年3月，原告第二次向下城区人民法院提起诉讼，案由为合同纠纷，要求确认房屋转让无效，返还房屋并支付房屋使用费。被告提起反诉。2018年9月，下城区人民法院作出民事判决，驳回原告诉讼请求，亦驳回被告的诉讼请求。2019年1月，杭州中院作出二审判决，驳回上诉，维持原判。但在二审判决理由中，主要提出"房款的剩余部分未支付，故无权要求办理过户"。2019年6月，原告第三次向下城区人民法院提起诉讼，要求解除与被告之间的预约转让协议，同时向原告支付房屋占有使用费。被告再次反诉，要求原告配合办理房屋过户手续。2019年12月，下城区人民法院驳回原告诉求，支持反诉被告诉求，要求姜某某、孙某于本判决生效之日起十日内协助反诉原告端某办理案涉房屋过户手续。2020年2月，原告不服上诉。2020年5月，杭州中院驳回上诉，维持原判。2020年7月，端某申请强制执行。2020年8月19日，强制执行完毕，本案维权彻底终结。

二、案涉裁判规则归纳总结

不畏浮云遮望眼，只缘身在此山中。本案因口头协议履行不彻底引发合同纠纷，但透过合同，看到的是双方履约诚信问题，通过案件的代理，感受到的是法律的变迁、时代的发展、审判理念的革新。法官裁判的过程就是法益的衡平过程，即法官在法律保护的合法权益存在冲突的情况下如何平衡诉讼双方的利益的过程。所以，本案难判，在于没有十足的书面材料来支撑法官自由心证；本案易判，在于实质是卖了房子，房价涨了想反悔，不过户反而来收房。历经十次庭审，六次诉讼，争议焦点各不相同。现主要就分歧较大的代表性的焦点列举剖析，并将其形成的裁判规则归纳总结。

（一）口头协议的认定及履行应以事实为依据，结合诚实信用原则综合判定

一审法院认为，法律规定房屋买卖合同应当采用书面形式，二审法院则认为，虽然法律规定房屋买卖合同应当采用书面形式，但双方事实上已经履行买卖协议多年，姜某某、孙某仅以书面买卖合同这一形式要件来否定客观事实是已经存在并履行主要内容的合同效力，明显欠妥。

这一焦点问题从一审到二审，体现了截然相反的司法态度，体现了对历史遗留问题处理的法官智慧，体现了不同时期、不同阶段法律对公民合法权益保护的不同理念，在对法律保护的法益存在冲突时的取舍和衡平方面具有典型意义和示范效应。美国法学家霍姆斯曾表示，法律的生命在于经验。法律条文是死板的，靠每一位具体审判个案的法官将其鲜活呈现。但在呈现过程中，审判理念的变迁起着至关重要的作用。本案就是一个典型案例。在面对"有法律规定买卖合同应当采用书面方式"和"合同双方买卖房屋仅有口头约定，但实际上已经现实履行多年"这两种情形时，保护哪方、如何平衡、保护方式等诸多问题有待审判者考量。虽然对法官来说，这仅是很普通的一个个案裁判，但由于房屋牵涉重大切身利益，实际上就是在裁判诉讼两边当事人的财产利益。如何践行习近平总书记2020年11月在中央全面依法治国工作会议上提出的"努力让人民群众在每一个司法案件中感受到公平正义"的新要求，是每一位裁判者应当思考的问题。案件事实扑朔迷离。但审

判者不能拒绝裁判，面对新问题，应当对个案中的利益衡量产生新的思考和新的智慧。这就是新时代对司法工作人员提出的最显著的新要求。本案这一点点细微理念的变化，让案件的处理更公平、更合理，最终让当事人感受到了司法的温度。

（二）夫妻一方出售共有房产且第三方已支付合理对价善意购买，另一方不得在事发十多年后声称不知情要求返还

本案原告孙某以姜某某在处分案涉房屋时未征得共有权人孙某同意、侵犯其对夫妻共同财产的平等处置权为由主张案涉买卖关系无效。被告认为，当时姜某某通过房改购房获得的房产证上只有姜某某一个人的名字，且端某向姜某某支付了约定的对价，之后端某就一直占有使用房屋至今。根据原《婚姻法》第十七条、原《最高人民法院关于适用〈中华人民共和国婚姻法〉若干问题的解释（一）》第十七条、原《最高人民法院关于适用〈中华人民共和国婚姻法〉若干问题的解释（三）》第十一条的规定，端某作为第三人，有理由相信出售房屋的决定系其夫妻二人共同意思表示，属于善意第三人，孙某在时隔十五年之后又提出异议，有违常理且不合乎逻辑。

一审、二审法官均采信端某说法，认定案涉房屋已交付端某占有使用至今长达十余年，孙某对此如果不知情，但又长期未提出主张，不符合常理。

（三）涉案房屋购房款的支付时间未约定清楚，可以要求买受人随时履行

被告（我方）认为，双方之间已经达成附条件的买卖合同，在姜某某拿到房屋所有权证时，就意味着合同所附条件达成，合同依法成立。根据《合同法》第八条、第六十条的规定，为了实现合同订立的目的，姜某某应配合办理房屋过户手续。而原告认为，双方之间仅为购房意向的磋商阶段，尚未订立正式购房合同，也没有履行过合同内容，且原告认可未就购房款支付时间进行过约定。

一审法院未就购房款支付问题进行实质性审理，直接判决驳回。而二审法院却发现，购房款最后一笔五万元是否支付完成与本案最终处理有着直接且密切的关系。于是，二审法院点明被告在未提供足够证据来证明已支付全额购房款的情况下，直接要求原告配合过户，依据不足。换言之，二审法院已对一审判驳理由做了变更。这是本案的一大亮点，有助于本案争议实质化解，达到定分止争、案结事了的目的。不仅保障了请求人及时实现权利，而且避免程序空转对权利保护不充分带来的诉累，实现了法律效果和社会效果的全面有效统一。

三、结　语

本案维权历时三年有余，历经六次诉讼、十次庭审、三个阶段、一次执行。可谓"一波三折""三起三落"。最终，案件以反诉被支持而告终，有效规范了个别"坐地起价"的不良社会现象，是民事交易中诚实信用的个案呈现，体现了司法对公民朴素价值观和公平正义观的尊重，弘扬了社会主义核心价值观，也昭示着新时期下"司法为民""以人民为中心"审判理念的革新和我国全面推进依法治国的理念和决心。

社保新规背景下的企业合规建议

2022年3月18日，《社会保险基金行政监督办法》（以下简称《监督办法》）施行。该部门规章直面现实社保基金管理中的难点、痛点，对各类违法行为明确了法律责任；同时，《监督办法》与时俱进，明确信息化时代背景下对先进科学技术运用的监管赋能，扩大监管，将与社保资金收支管理直接相关的其他单位也纳入监管范围。研读具体条文可知，今后社保部门将严厉打击欺诈骗保、套保或挪用贪占社保基金的违法行为，相关企业应当从行政合规角度，加大对企业社保的把控力度，强化行政合规建设。

一、挂靠社保，面临重罚

近年来，随着"挂靠社保"市场需求的日益增加，提供社保代缴、异地缴纳等中介服务机构迅速发展，一些企业在与员工没有建立真实劳动关系的情况下，虚构劳动关系，缴纳社保；同时，中介机构收取一定的服务费，以此作为"敛财"工具。他们打着"降本增效""减少用工成本"等名义从事违法代缴社保的行为，偏离了社保"委托代征"的初衷，甚至还引发了骗保、虚开增值税发票等违法犯罪情况。

国家正在严肃查处社保领域内违法行为，尤其是3月18日社保新规施行以来，若被社保监督部门查出挂靠社保，后果很严重。《监督办法》第三十二条明确规定，通过虚构个人信息、劳动关系，使用伪造、变造或者盗用他人用于证明身份的证件，提供虚假证明材料等手段虚构社会保险参保条件、违规补缴，骗取社会保险待遇的，由社会保险行政部门责令退回骗取的社会保险金，处骗取金额二倍以上五倍以下的罚款。

在社保领域，2022年起，实施养老保险全国统筹，已经有很多省市将本地区的养老保险接入了全国社保网络。而在全国联网、全国统筹的布局下，虚构劳动关系缴纳社保很容易就被查出来，挂靠社保将无处遁形。如果数额巨大，相关人员还可能承担刑事责任。全国人大常委会关于《中华人民共和国刑法》第二百六十六条的解释（2014年4月24日第十二届全国人民代表大会常务委员会第八次会议通过）中明确规定："以欺诈、伪造证明材料或者其他手段骗取养老、医疗、工伤、失业、生育等社会保险金或者其他社会保障待遇的，属于刑法第二百六十六条规定的诈骗公私财物的行为。"

司法实践中，也出现了一些虚构劳动关系参保骗取社保待遇而被行政处罚甚至被追究刑事责任的案例。例如2022年1月初，广东多家人力资源公司因"用人单位存在以欺诈、伪造证明材料或者其他手段（接受其他单位委托）为与用人单位不存在劳动关系的人员办理养老保险参保手续、失业保险参保手续的行为"被罚款1.2万元至4.8万元不等。早在2021年10月，深圳社保局就处罚了某公司91.2万元。例如2021年7月14日，北京市朝阳区人民法院就宣判了一起案件，北京某企业管理有限公司法定代表人宋某及员工共计8人，采取虚构劳动关系的方式为他人缴纳社保，骗取生育津贴人民币98万余元，被判九个月到三年六个月不等的刑罚，并处相应罚金。

律师建议：对于用人单位，从合规建设角度来讲，委托第三方代缴社保，其实增加了多种经营风险，如工伤保险不能理赔的风险。举个例子，上海某公司在北京委托第三方代缴社保，代缴人发生了工伤。在认定工伤时，因为实际用人单位并没有缴纳社保，而缴纳社保的单位又不是用人单位，有些地方就会导致工伤保险基金拒付社保待遇，如此一来，工伤费用还是得由真正的用人单位承担。再比如，连带赔偿风险。举个例子，某公司委托的第三方机构代缴社保，若三方之间存在争议，致使未及时办理退休手续导致员工未能享受退休待遇的，用人单位需要承担连带责任。再比如，资金被挪用、被冻结、被卷走的风险。这种风险主要出现在不规范或者实力较小的代缴机构。用人单位如期将资金打入代缴机构账户，代缴机构没有为员工缴纳社会保险，导致一系列纠纷，或出现用人单位将资金打入代缴机构账户，结果代缴机构的银行账户被司法机构冻结，更有甚者，还可能出现用人单位将资金打入代缴机构账户，结果代缴机构跑路了等情况。所以，建议用人单位在正式用工之前做好缴纳社保的相关准备工作，自用工之日起就按时、足额为建立真实劳动关系的员工缴纳社保，方为长久的生存之道。

二、科技赋能，社保查处将以大数据为基础

时代在发展，技术在进步。在人工智能时代，数据资产的地位日益与"土地""劳动力"这样的基本要素持平，为国家治理带来了较大的便捷，其重要性不言而喻。同时，对个体而言，在信息时代，每个人都在裸奔。心存侥幸，最终可能会身败名裂。

《监督办法》第八条[1]规定，人社部门应加强与公安、民政、财政、税务等部门的协同配合，加强信息共享、分析，加大协同查处力度。人社部社会保险基金监管局局长汤晓莉将该条解读为："汇聚监督合力，构建以各级人社部门为主体，公安、司法行政、财政等部门协同配合，社会各方积极参与的监督体系。"确实，信息共享、协同查处，是行政主管部门长期以来非常渴望达到的目标。但对于个人或企业等其他市场主体而言，信息共享意味着很多之前认为可行的"规避"手段可能会被监管部门一览无余，现行情形下，这是一个非常头痛又非常棘手的问题。这不仅是某一个行业存在的问题，也是各行各业都普遍存在的问题，很可能还

---

[1]《监督办法》第八条：人力资源社会保障行政部门应当加强与公安、民政、司法行政、财政、卫生健康、人民银行、审计、税务、医疗保障等部门的协同配合，加强信息共享、分析，加大协同查处力度，共同维护社会保险基金安全。

是一个大问题。

再加上《监督办法》第十七条①和第十八条对利用信息手段和大数据查找问题的明确，意味着今后监管会日趋严格。其他先不说，"邓伦偷逃税被罚"事件，税务局就是"通过大数据发现"的。这是一个信号，不仅是税务的信号，也是社保等执法部门的信号。2022年上半年结束的全国"两会"及省级"两会"上，在检察院的工作报告中，部分犯罪线索来自"从大数据分析发现"。这些细节都在向每个人展示着大数据的力量。

律师建议： 法治时代，用人单位要想长足发展，遵纪守法是前提，合规经营是王道。对于违法行为，《行政处罚法》规定，除金融安全、生命健康安全方面，行政违法行为追溯时效是两年，法律另有规定的除外。《税收征收管理法》第八十六条规定，违反税收法律、行政法规应当给予行政处罚的行为，在五年内未被发现的，不再给予行政处罚。可见，税收违法行为追溯时效是五年。社保违法行为的追溯时效是两年，所以，对于企业之前的行为，尽早自查自纠，能补救的尽量采取补救措施。今后，一定要严格按照规定来处理，绝不要心存侥幸。

三、扩大骗保惩治范围，列举骗保各类手段，明确各种骗保后果

社保基金是老百姓的"养老钱""救命钱"，具有专款专用的性质，欺诈骗保性质恶劣，最终损害的是每一个参保人的切身利益。所以《监督办法》对于各主体骗保违法行为予以严惩。

（一）骗保主体是社保服务机构

---

① 《监督办法》第十七条：人力资源社会保障行政部门应当充分利用信息化技术手段查找问题，加强社会保险基金监管信息系统应用。第十八条　信息化综合管理机构应当根据监督工作需要，向社会保险基金行政监督工作人员开放社会保险经办系统等信息系统的查询权限，提供有关信息数据。

　　《监督办法》第三十一条[1]和《社会保险法》第八十七条[2]规定，对于社会保险经办机构以及医疗机构、药品经营单位等社会保险服务机构，若存在骗保行为，会面临被责令退回骗取的社会保险金，处骗取金额二倍以上五倍以下的罚款；属于社会保险服务机构的，解除服务协议；直接负责的主管人员和其他直接责任人员有执业资格的，依法吊销其执业资格。同时，《监督办法》第四十条明确，本办法所称的社会保险服务机构，包括工伤保险协议医疗机构、工伤康复协议机构、工伤保险辅助器具配置协议机构、工伤预防项目实施单位、享受失业保险培训补贴的培训机构、承办社会保险经办业务的商业保险机构等。

　　（二）骗保主体是"用人单位、个人"

　　《监督办法》第三十二条[3]和《社会保险法》第八十八条[4]规定，如果

---

[1]《监督办法》第三十一条：社会保险服务机构有下列行为之一，以欺诈、伪造证明材料或者其他手段骗取社会保险基金支出的，按照《中华人民共和国社会保险法》第八十七条的规定处理：（一）工伤保险协议医疗机构、工伤康复协议机构、工伤保险辅助器具配置协议机构、工伤预防项目实施单位等通过提供虚假证明材料及相关报销票据等手段，骗取工伤保险基金支出的；（二）培训机构通过提供虚假培训材料等手段，骗取失业保险培训补贴的；（三）其他以欺诈、伪造证明材料等手段骗取社会保险基金支出的行为。

[2]《社会保险法》第八十七条：社会保险经办机构以及医疗机构、药品经营单位等社会保险服务机构以欺诈、伪造证明材料或者其他手段骗取社会保险基金支出的，由社会保险行政部门责令退回骗取的社会保险金，处骗取金额二倍以上五倍以下的罚款；属于社会保险服务机构的，解除服务协议；直接负责的主管人员和其他直接责任人员有执业资格的，依法吊销其执业资格。

[3]《监督办法》第三十二条：用人单位、个人有下列行为之一，以欺诈、伪造证明材料或者其他手段骗取社会保险待遇的，按照《中华人民共和国社会保险法》第八十八条的规定处理：（一）通过虚构个人信息、劳动关系，使用伪造、变造或者盗用他人可用于证明身份的证件，提供虚假证明材料等手段虚构社会保险参保条件、违规补缴，骗取社会保险待遇的；（二）通过虚假待遇资格认证等方式，骗取社会保险待遇的；（三）通过伪造或者变造个人档案、劳动能力鉴定结论等手段违规办理退休，违规增加视同缴费年限，骗取基本养老保险待遇的；（四）通过谎报工伤事故、伪造或者变造证明材料等进行工伤认定或者劳动能力鉴定，或者提供虚假工伤认定结论、劳动能力鉴定结论，骗取工伤保险待遇的；（五）通过伪造或者变造就医资料、票据等，或者冒用工伤人员身份就医、配置辅助器具，骗取工伤保险待遇的；（六）其他以欺诈、伪造证明材料等手段骗取社会保险待遇的。

[4]《社会保险法》第八十八条：以欺诈、伪造证明材料或者其他手段骗取社会保险待遇的，由社会保险行政部门责令退回骗取的社会保险金，处骗取金额二倍以上五倍以下的罚款。

是用人单位或者个人，以欺诈、伪造证明材料或者其他手段骗取社会保险待遇的，由社会保险行政部门责令退回骗取的社会保险金，处骗取金额二倍以上五倍以下的罚款。同时，《社会保险领域严重失信人名单管理暂行办法》（人社部规〔2019〕2号）第五条①规定，用人单位、社会保险服务机构及其有关人员、参保及待遇领取人员等，若存在八种法定骗保情形之一的，县级以上地方人力资源社会保障部门将其列入社会保险严重失信人名单。

案例：某员工于2020年10月8日在工作期间于工地搬运玻璃时割伤手腕，并于当日首次就诊，事故发生时未参加社会保险。企业于2020年10月9日为该受伤员工参保后，员工于2020年10月10日第二次就诊，通过向医生谎称自己于2020年10月10日发生工伤的方式取得虚假诊断证明。2020年10月15日，企业向社保经办部门申请工伤认定，申请工伤认定时通过谎报工伤事故发生于2020年10月10日，隐匿该员工的首次就诊病例，向社保经办部门提供虚假诊断证明等方式，骗取工伤保险待遇合计148316元。后经他人举报，社保经办部门通过调查发现，该员工通过提交虚假诊断证明的方式，骗取社保基金148316元。社保部门查实后依法作出待遇追回决定书和行政处罚决定书，责令该员工将骗取的工伤保险基金待遇148316元退还至市社保基金管理局，并处骗取金额3倍的罚款（罚款金额为444948元），并

---

① 《社会保险领域严重失信人名单管理暂行办法》（人社部规〔2019〕2号）第五条：用人单位、社会保险服务机构及其有关人员、参保及待遇领取人员等，有下列情形之一的，县级以上地方人力资源社会保障部门将其列入社会保险严重失信人名单：（一）用人单位不依法办理社会保险登记，经行政处罚后，仍不改正的；（二）以欺诈、伪造证明材料或者其他手段违规参加社会保险，违规办理社会保险业务超过20人次或从中牟利超过2万元的；（三）以欺诈、伪造证明材料或者其他手段骗取社会保险待遇或社会保险基金支出，数额超过1万元，或虽未达到1万元但经责令退回仍拒不退回的；（四）社会保险待遇领取人丧失待遇领取资格后，本人或他人冒领、多领社会保险待遇超过6个月或者数额超过1万元，经责令退回仍拒不退回，或签订还款协议后未按时履约的；（五）恶意将社会保险个人权益记录用于与社会保险经办机构约定以外用途，或者造成社会保险个人权益信息泄露的；（六）社会保险服务机构不按服务协议提供服务，造成基金损失超过10万元的；（七）用人单位及其法定代表人或第三人依法应偿还社会保险基金已先行支付的工伤保险待遇，有能力偿还而拒不偿还、超过1万元的；（八）法律、法规、规章规定的其他情形。

将案件移送公安机关处理。

（三）骗保主体为"社保工作人员"

《监督办法》第三十三条①规定，若人社部门工作人员弄虚作假，将不符合条件的人员认定为工伤职工或者批准提前退休，给社会保险基金造成损失的，依法给予处分。若从事劳动能力鉴定的组织或者个人提供虚假鉴定意见、诊断证明，给社会保险基金造成损失的，由社会保险行政部门责令改正，处二千元以上一万元以下的罚款；情节严重，构成犯罪的，依法追究刑事责任。

律师建议：企业在日常经营过程中，应当严格规范用工，提醒员工若需要申请社保基金应依法依规申请，企业依法严格审批审核。不应当协助员工骗保，也不应该和其他人员一起骗保。另外，律师在为企业提供法律服务过程中，也要对当事人提供的各项证据加大审查力度，加强甄别能力，避免执业风险。曾有律师因帮助当事人伪造劳动合同、居住证明被判刑一年。此案中，法院按审理查明的事实认为："被告人刘某帮助当事人黄某杰伪造证明，骗取法院民事裁判，多骗取保险赔偿金额429260元的事实清楚，证据确实、充分，被告人的行为已构成帮助伪造证据罪。作出（2020）豫1721刑初53号刑事判决：被告人刘某犯帮助伪造证据罪，判处有期徒刑一年。"

---

① 《监督办法》第三十三条：人力资源社会保障行政部门工作人员弄虚作假将不符合条件的人员认定为工伤职工或者批准提前退休，给社会保险基金造成损失的，依法给予处分。从事劳动能力鉴定的组织或者个人提供虚假鉴定意见、诊断证明，给社会保险基金造成损失的，按照《工伤保险条例》第六十一条的规定处理。

从排污许可执法典型案例反观环保企业合规建设

　　《排污许可管理条例》（以下简称《条例》）于2021年3月1日起施行。该《条例》根据污染物产生量、排放量和对环境的影响程度，对排污单位实行分类管理，逐步实现了固定污染源全覆盖。据统计，2020年我国实行登记管理的排污单位有236万家，占固定污染源总数的86.5%。同时，将水、大气、土壤和固体废弃物及噪声等污染要素纳入许可管理，逐步实现环境要素全覆盖。此外，还加强了排污单位的环境信用监管，相关处罚决定纳入国家有关信用信息系统并向社会公布。近年来，西安市、临汾市发生的空气质量监测数据造假案件让人们对环境监测数据质量更为关注。对此，《条例》回应社会关切，明确规定了排污单位依法开展自行监测的法定义务，且要求原始监测记录保存期限不得少于五年。排污单位应当对自行监测数据的真实性、准确性负责，不得篡改、伪造。对于篡改、伪造监测数据的行为，除予以处罚外，还要求移送公安机关实施行政拘留，甚至追究刑事责任。

一、典型案例介绍

　　我们先从浙江省近期公布的一起排污许可相关的典型执法案例展开。
　　2021年6月9日晚，台州市生态环境局仙居分局执法人员接信访举报，称"仙居县白塔工业区某企业非法排污"，执法人员立即赶往现场核查，该公司正在作业，主要进行铝、钢、铁铸件的生产。

　　该公司铝铸造间两侧均建有一套废气处理设施，均未搭建采样平台，检查时两套环保处理设施均已损坏，无法正常运行，但对应的熔铝炉均在运行，废气未按规定收集处理，直接排放。车间内有一台炒灰机正在运行，配套废气收集管道断开，废气无组织排放；钢铁铸造车间内两个中频炉均在运行，配套集气罩未使用，有大量白烟无组织排放，配套处理设施未运行。经查阅该企业排污许可证，该公司在生产期间产生二噁英、氟化物、氯化氢等有毒有害气体，应当正常运行脉冲布袋除尘、脱硫脱硝装置等污染防治设施，废气经收集处理后有组织排放。

　　该公司的行为违反了《条例》第十七条第二款"排污单位应当遵守排污许可证规定，按照生态环境管理要求运行和维护污染防治设施，建立环境管理制度，严格控制污染物排放"的规定。

　　《条例》第三十四条第二项规定："排污单位通过暗管、渗井、渗坑、灌注或者篡改、伪造监测数据，或者不正常运行污染防治设施等逃避监管的方式违法排放污染物，由生态环境主管部门责令改正或者限制生产、停产整治，处二十万元以上一百万元以下的罚款；情节严重的，吊销排污许可证，报经有批准权的人民政府批准，责令停业、关闭。"

　　《条例》第四十四条第二项规定："排污单位通过暗管、渗井、渗坑、灌注或者篡改、伪造监测数据，或者不正常运行污染防治设施等逃避监管的方式违法排放污染物，尚不构成犯罪的，除依照本条例规定予以处罚外，对其直接负责的主管人员和其他直接责任人员，依照《中华人民共和国环境保护法》的规定处以拘留。"

　　《环境保护法》第六十三条第三项规定："企业事业单位和其他生产经营者通过暗管、渗井、渗坑、灌注或者篡改、伪造监测数据，或者不正常运行防治污染设施等逃避监管的方式违法排放污染物的，尚不构成犯罪的，除依照有关法律法规规定予以处罚外，由县级以上人民政府环境保护主管部门或者其他有关部门将案件移送公安机关，对其直接负责的主管人员和其他直接责任人员，处十日以上十五日以下拘留；情节较轻的，处五日以上十日以下拘留。"

　　台州市生态环境局对该公司通过不正常运行污染防治设施的逃避监管

方式排放二噁英、氟化物等大气污染物的行为给予罚款人民币49万元的行政处罚，将直接负责的主管人员和其他直接责任人员移送公安机关行政拘留。同时，依据《条例》第三十四条，责令该公司停产整治。

但是，执法人员多次督察后发现，该公司未履行停产整治决定，拒不改正违法排污行为，也未将整改方案报备台州市生态环境局仙居分局，根据《条例》第三十四条"违反本条例规定，排污单位有下列行为之一的，由生态环境主管部门责令改正或者限制生产、停产整治，处20万元以上100万元以下的罚款；情节严重的，吊销排污许可证，报经有批准权的人民政府批准，责令停业、关闭"的规定，以及《环境保护主管部门实施限制生产、停产整治办法》第八条第二项的规定"排污者被责令停产整治后拒不停产或者擅自恢复生产的，由环境保护主管部门报经有批准权的人民政府责令停业、关闭"，台州市生态环境局依法报请仙居县政府对该企业实施关停。2021年9月30日，该企业被实施停电，厂房已被拆除。

二、典型案例剖析

台州市仙居县某铝业铸造公司未按照排污许可证规定不正常运行污染防治设施违法排放污染物案，是一起充分运用《条例》相关规定对企业进行处罚直至关停的典型案例。

该案例中，主要的违法行为就是，在排放污染物的过程中，该企业的相关污染防治设施损坏且未开启，导致无法对污染物进行及时防治，所以被执法部门定性为不正常运行污染防治设施，而且该企业故意挑选在晚上进行生产作业，存在主观故意，想要逃避执法部门监管，最终经举报，被执法机关查获。该企业被处以罚款49万元的行政处罚，同时，相关负责人被移送公安机关处理。

本应吸取教训，但该企业仍铤而走险。在环保执法部门多次下达整改命令后，在后督察过程中，该企业不仅没有及时改正，甚至拒不改正，考虑到性质恶劣，主观故意明显，环保部门在报请当地政府审批后，对该企业实施了关停。

最终，该企业厂房被拆除。

三、企业合规建设提醒

1.提高合法合规经营意识

对于排污企业而言，想要长久地可持续发展，必须先要重视对相关法律规定的学习。应当指派专门人员负责环保合规建设，落实环保责任人。尤其加强对环保领域的新法研读，如果有条件的话，可以聘请专业律师或者法律顾问为企业解读最新规定，审查并提供专门的环保合规方案。之前曾经被处罚过的企业，更加应该对此引起重视。关于对通过不正常运行污染防治设施逃避监管违法排放污染物行为的处罚，《条例》第三十四条第二项精准对接了《环境保护法》第六十三条第三项，对于此类违法行为的处罚更加详细，更加精确，更有力度。

本案中，生态环境部门依照《条例》相关规定，对涉事企业处以高额罚金并责令停产整治，同时对相关负责人进行了行政拘留。针对企业被责令停产整治后拒不停产的恶劣行为，依法报请县政府关停。一系列措施充分展示了《条例》对于此类违法行为在监管力度上的加强及惩处措施的进一步完善，凸显了以排污许可规范企业排污行为的导向。

2.及时落实整改方案，并上报相关执法机关

若被执法部门查到，环保方面存在问题，相关企业需要立即落实整改措施，将整改方案上报执法部门，积极主动沟通联系具体整改要求，减少危害后果，争取在处罚作出之前，申请从轻减轻处罚。如果对部分事实存在异议，可以向执法机关申请听证，通过听证方式进行陈述、申辩，如果没有被采纳，还可以在收到处罚决定的六十日内对处罚决定提起行政复议或者在收到处罚决定六个月内向法院提起行政诉讼。无论行政复议还是行政诉讼，执法机关都不会对企业加重处罚。但如果有异议而不申请，那就视为放弃权利。

3.随时填报真实数据，切勿隐瞒干扰在线监测设备

目前排污单位施行的是自行监测的方式，《条例》也注重和强调排污单位自行监测，但如果虚假监测数据，排污单位将受到严厉处罚。《条例》第三十六条明确规定，排污单位有下列行为之一的，由生态环境主管部门责令改正，处二万元以上二十万元以下的罚款；拒不改正的，责令停产整治：污染物排放口位置或者数量不符合排污许可证规定；污染物排放方式或者排放去向不符合排污许可证规定；损毁或者擅自移动、改变污染物排放自动监测设备；未按照排污许可证规定安装、使用污染物排放自动监测设备并与生态环境主管部门的监控设备联网，或者未保证污染物排放自动监测设备正常运行；未按照排污许可证规定制定自行监测方案并开展自行监测；未按照排污许可证规定保存原始监测记录；未按照排污许可证规定公开或者不如实公开污染物排放信息；发现污染物排放自动监测设备传输数据异常或者污染物排放超过污染物排放标准等异常情况不报告；违反法律法规规定的其他控制污染物排放要求的行为。第三十八条规定，排污单位违反本条例规定排放污染物，受到罚款处罚，被责令改正的，生态环境主管部门应当组织复查，发现其继续实施该违法行为或者拒绝、阻挠复查的，依照《环境保护法》的规定按日连续处罚。此外，对于篡改、伪造监测数据的行为，除予以处罚外，还要移送公安机关实施行政拘留，甚至追究刑事责任。

　　生态环境部相关工作人员明确表示，对发现造假行为、监测数据不实的，发现一起，处理一起，绝不手软，依法依规执行。下一步，环保督察的重点是进一步加大对监测数据弄虚作假行为的打击力度，确保监测数据真实有效，充分发挥监测数据在日常监管和执法监督中的重要作用。

预付式消费维权难，律师支招来破解

2021年10月下旬，"洗多郎"洗衣连锁店关闭多家线下门店；同年11月底，静园瑜伽馆关门失联……近年来，很多商家通过各种优惠活动及促销手段吸引消费者办理预付卡，即预存一定额度消费金额，通过类似整存零取的方式享受服务，消费者有时还可以获得商家承诺的额外优惠。预付式消费逐渐成为一种新型消费模式。但在社会信用体系尚未健全的当下，商家与消费者之间存在信息壁垒，商家是关闭门店、携款跑路，还是经营调整、并购重组，消费者根本无从知晓。但不管哪种方式，都会导致消费者陷入退费难、维权难的窘境。健身房、理发店、美容院是"办卡容易退卡难"的三大高发地，被网友戏称为"人生二大陷阱"。在这种情况下，如何避免入坑？且听律师支招。

一、消费者维权路径指引

1.协商解决

2014年3月15日施行的《消费者权益保障法》第三十九条①规定，消费者和经营者发生消费者权益争议的，可以通过"和解—协商—投诉—仲裁—

---

① 《消费者权益保障法》第三十九条：消费者和经营者发生消费者权益争议的，可以通过下列途径解决：（一）与经营者协商和解；（二）请求消费者协会或者依法成立的其他调解组织调解；（三）向有关行政部门投诉；（四）根据与经营者达成的仲裁协议提请仲裁机构仲裁；（五）向人民法院提起诉讼。

诉讼"五种途径解决。消费属于市场行为，在哪家店消费、进行什么样的消费、消费多少金额是每个消费者的自主选择。如果消费者与商家发生纠纷，优先选择的是和解或调解方式，尤其在涉及金额不大的情况下，协商解决速度快、效率高又便捷且成本低。如果商家跑路或失联，也可以向消费者协会反映情况，比如拨打全国消费者维权热线12315进行维权投诉，或者通过登录各地消费者维权协会官网进行投诉。如果还是无法解决，也可以向商家的行政主管部门进行投诉。2011年5月中国人民银行、监察部等七部委联合下发《关于规范商业预付卡管理的意见》，将预付卡根据用途区分为单用途预付卡和多用途预付卡，并明确单用途预付卡由商务部监管。所谓的单用途预付卡，即只能在特定场所消费的预付卡，如在某连锁品牌超市办的预付卡，就只能在该品牌旗下超市使用。消费者针对单用途预付卡违规发放行为，可以向商务局投诉，根据《浙江省实施〈中华人民共和国消费者权益保护法〉办法》（以下简称《实施办法》）第十一条[①]和第三十八条[②]的规定，商家可能面临行政处罚。针对消费过程中出现的问题，也可以向商家注册地的市场监管部门投诉。国家市场监督管理总局曾于2020年10月23日修订后实施的《侵害消费者权益行为处罚办法》第十条[③]的规定进行处理。因此，在消费者进行投诉后，相关行政主管部门会依法依规对商家的违法行为进行处理，为消费者合法权益提供保障。

[①]《实施办法》第十一条：经营者终止经营活动的，应当提前三十日以电话、短信、电子邮件、告示等形式告知消费者，消费者有权要求退还预付款余额。经营者终止经营活动后，承受其权利义务的经营者应当继续向持有预付凭证的消费者提供商品或者服务，不得对消费者增设新的条件或者减损消费者的权利。消费者要求退还预付款余额的，经营者应当自消费者要求退款之日起五日内予以退还。

[②]《实施办法》第三十八条：经营者有违反本办法第十一条规定行为的，由商务主管部门责令改正；经营者拒不改正的，处一万元以上十万元以下的罚款。

[③]《侵害消费者权益行为处罚办法》第十条：经营者以预收款方式提供商品或者服务，应当与消费者明确约定商品或者服务的数量和质量、价款或者费用、履行期限和方式、安全注意事项和风险警示、售后服务、民事责任等内容。未按约定提供商品或者服务的，应当按照消费者的要求履行约定或者退回预付款，并应当承担预付款的利息、消费者必须支付的合理费用。对退款无约定的，按照有利于消费者的计算方式折算退款金额。经营者对消费者提出的合理退款要求，明确表示不予退款，或者自约定期满之日起、无约定期限的自消费者提出退款要求之日起超过十五日未退款的，视为故意拖延或者无理拒绝。

2.提起民事诉讼

司法是最后一道防线。预付卡消费主要集中在私教健身、美容院、理发店、培训机构、洗衣店等领域，储值金额少的只有几百元，通过预付方式吸引消费者进行储值消费的企业，往往是中小企业，尤其以小微企业为主。如果线下门店关门倒闭，消费者想要找到负责人非常困难。有些消费者甚至在网上购卡参与活动，然后线下找门店进行消费，费用直接转到私人账户或支付宝、微信账户，有的消费者连商家完整的全称都不清楚。一旦出现问题，寻找负责人根本无从下手。就算拿到了相关起诉材料，为了几百元钱去诉讼，打官司所花费的时间、精力、金钱将远远超出几百元。维权成本高，导致很多消费者往往自认倒霉，却从另一方面助长了商家的这类圈钱跑路的恶劣行径。退一万步讲，就算有的消费者不在乎成本，愿意通过法律途径维权，但笔者检索相关预付类消费合同纠纷案例发现，很多被告存在送达难情形，法院缺席判决的很多。即便是公告送达，消费者获得胜诉判决，后续的执行也异常艰难。从某种程度上说，形成了恶性循环。有网友戏称，这就是"为了追回一只鸡，杀了一头牛"，这恐怕道出了很多预付卡消费者的心声。

在现实生活中，也有地方先行先试，通过消费者协会代表不特定公众消费者向发放预付卡的商家提起公益诉讼，待胜诉后，再由消费者个体凭借购卡凭证及支付凭证进行领款，这样从一定程度上降低了单个个体的维权成本。

3.寻求检察公益诉讼帮助

如果预付卡消费涉及食品药品安全领域，还可以寻求当地人民检察院的帮助。根据2020年12月29日施行的《最高人民法院、最高人民检察院关于检察公益诉讼案件适用法律若干问题的解释》第十三条①的规定，人民检察院对食品药品安全领域侵害众多消费者合法权益的行为，可以提起

---

① 《最高人民法院、最高人民检察院关于检察公益诉讼案件适用法律若干问题的解释》第十三条：人民检察院在履行职责中发现破坏生态环境和资源保护，食品药品安全领域侵害众多消费者合法权益，侵害英雄烈士等的姓名、肖像、名誉、荣誉等损害社会公共利益的行为，拟提起公益诉讼的，应当依法公告，公告期间为三十日。

公益诉讼。《人民检察院办理公益诉讼办案规则》（2021年7月1日施行）第四条规定，人民检察院通过提出检察建议、提起诉讼和支持起诉等方式履行公益诉讼检察职责。该《规则》第二十四条规定："公益诉讼案件线索的来源包括：（一）自然人、法人和非法人组织向人民检察院控告、举报的；（二）人民检察院在办案中发现的；（三）行政执法信息共享平台上发现的；（四）国家机关、社会团体和人大代表、政协委员等转交的；（五）新闻媒体、社会舆论等反映的；（六）其他在履行职责中发现的。"所以，涉及食品药品安全领域的预付卡消费问题，商家如果侵害众多消费者合法权益，消费者还可以寻求当地检察机关的帮助，采取公益诉讼等举措，降低消费者维权成本。

二、律师提醒

今后，如果再遇到商家推销预付卡储值情形，律师提醒，可以按以下步骤进行判断鉴别，谨慎消费，以防后期出现维权困境。

一看：是否有发卡资质及备案证件

根据《单用途商业预付卡管理办法（试行）》第二条、第七条的规定，发行预付卡的经营者必须具备两个条件：一是发卡企业必须为企业法人，个体工商户、合伙等非企业法人不能适用；二是发卡企业具备法人条件的，应在办理预付卡业务之日起30日内到工商部门备案。2012年12月12日施行的《浙江省商务厅关于加强单用途商业预付卡备案管理的通知》（浙商务秩发〔2012〕409号）规定，各类发卡企业备案后由商务主管部门发放备案登记证。消费者在商家推荐预付卡时，可以询问或查看其是否具有发行预付卡的企业资质及备案证书。

《浙江省实施〈消费者权益保障法〉办法》第十条规定，经营者自营业执照核准登记之日起六个月后，方可发放单用途商业预付凭证。消费者可以查看商家的营业执照，借此来判断其是否具有发放预付卡的资格。

二补：预存优惠及预付资金存放平台

《实施办法》第十一条规定，经营者应当在发放预付凭证的合同中明确下列事项：（一）企业经营者的名称、住所地、联系人及联系方式，个体工商户经营者的姓名及身份证明、住址和联系方式；（二）提供商品或者服务的名称、价格、地点、期限等；（三）预付款缴存方式、金额、优惠措施；有第三方支付平台的，应当明确第三方支付平台的单位及联系人、扣付方式、退款条件等。因此，为了避免发生纠纷后，商家与消费者之间存在推诿扯皮的现象，消费者在预存消费额度时，应当仔细查看合同，并就不清楚的优惠措施可以要求在合同中以特别约定方式进一步予以补充确定。同时，《实施办法》第十条规定，企业法人提供的单张记名预付凭证金额不得超过五千元，单张不记名预付凭证金额不得超过一千元；其他经营者对同一消费者提供的记名预付凭证金额不得超过两千元，单张不记名预付凭证金额不得超过五百元。但是，预付款存入第三方支付平台并且凭消费者指令支付的除外。预付凭证金额超过前款规定的最高限额的，消费者有权要求退还超过限额部分的款额，经营者不得因此减少或者取消已经承诺的优惠。因此，在消费者预存费用之初，应当对预存资金的储存地点进行询问和补充明确，针对不同的存放地点进行不同的监管方式。另外，对于格式合同中的霸王条款也可以进行修改或者补充约定。

三告知：提供真实合法有效的营业执照及正式发票

《消费者权益保障法》第二十一条规定，经营者应当标明其真实名称和标记。租赁他人柜台或者场地的经营者，应当标明其真实名称和标记。第二十二条规定，经营者提供商品或者服务，应当按照国家有关规定或者商业惯例向消费者出具发票等购货凭证或者服务单据；消费者索要发票等购货凭证或者服务单据的，经营者必须出具。为了避免后期出现纠纷时消费者处于被动局面，在储值消费之初，消费者应当要求商家提供真实合法有效的营业执照副本复印件，消费者保留备份。在储值后，及时向商家索要正规的增值税发票。鉴于现实生活中，很多商家提出将费用缴纳至某个人的微信或者支付宝账户，在此特别提醒消费者，为了保险起见，一定要坚持缴纳至对方商家的对公账户，如果一定无法对公转账的，必须要求商家及时提供发票。

三孩政策背景下妇女权益保障实务问题研究

为积极应对人口老龄化问题，中共中央政治局召开会议，决定实施三孩生育政策及配套支持措施。随后，国家卫生健康委员会相关司局表示，在2021年5月31日之后，均可以生育三孩。2021年8月20日，修改后的《中华人民共和国人口与计划生育法》审议通过，其中第十八条规定"一对夫妻可以生育三个子女"。随着三孩生育政策的放开，妇女权益保障问题面临着巨大的挑战。2021年12月20日，《妇女权益保障法（修订草案）》首次提请十三届全国人大常委会第三十二次会议审议，力争在解决妇女权益保障领域存在的突出问题上有所突破。

一、妇女权益保障的现状及问题

实施三孩政策，意味着国家鼓励适龄女性生育，而生育是一项复杂的系统性工程，生育之后所带来的哺乳、养育、教育等一系列事项都离不开女性。产假、育儿假、独生子女陪伴假等各类假期是保障女性生育权益保障的重要体现。但一天只有24小时，每个人的时间总量都是一样的，为家庭承担了较多的责任势必意味着在工作就业方面需要做出一定的牺牲。实践中，妇女职场权益保障存在以下三方面突出问题：

（一）产假延长或激增就业歧视

随着三孩政策的放开及人口与计划生育法的修改，全国各地为落实相关规定，对妇女产假相应延长，比如浙江省规定生育二孩、三孩产假均为

188天，重庆产假178天，但期满后经单位批准还可休育儿假至子女一周岁止，同时还规定假期薪资由用人单位发放。新规引发大众热议。增加假期，是引导、鼓励、支持女性员工生育的方式之一，但对用人单位而言，无疑增加了用工成本，尤其在女性休产假期间，必然会增加空岗、任务移交、新人培养等诸多成本，这给企业日常经营带来很大的不确定性。因此，企业可能在实践中会变相歧视、排斥、辞退女职工，以致部分女职工产生"恐婚恐育"心理。可见，女性生育权和就业权正面临残酷博弈。同时，企业可能在招聘之初更倾向于男性，增加就业歧视，加剧女性就业难问题。长此以往，或将出现企业为节省成本通过各种隐性手段只招男性员工，最终压缩女性职业选择范围的状况。

（二）侵权形式隐蔽或加大维权成本

网络信息时代，女性在现实生活和网络空间中的合法权益受侵害现象时有发生，但手段形式更加隐蔽。例如，女性被网络诽谤、女员工遭受职场性骚扰、知名演员在网络上发布歧视女性广告软文……作为弱势群体，女性在很多情况下很难发觉自身合法权益受到侵犯，就算发现，其个案维权成本也非常高，这会降低女性的维权意愿，而想要维权者也苦于不知维权路径。长期发展下去，将助长侵权者的违法犯罪行为，变相放纵违法犯罪发生，可能会形成恶性循环，不利于社会和谐稳定。

（三）补偿失衡或扩大再就业鸿沟

虽然《民法典》第一千零八十八条将离婚家务劳动经济补偿权扩展适用于通常意义上财产共同共有的夫妻，但在司法实践中，从已有判例来看，不同法院判决的补偿金额差异较大，从1万元到55万元不等。从北京市房山区人民法院审结的"首例家务劳动补偿获赔案"结果来看，女性家务补偿款为5万元。该案的主审法官曾通过媒体表示，对于具体补偿金额的确定，主要由法官合理、合情、合法地行使自由裁量权。囿于现行规定对补偿标准未明确，排除个案因素，承办法官享有较大自由裁量权。若基于各种各样的因素导致补偿失衡，那么，女性在婚内的付出无法得到有效弥补，而女性离婚后再就业成本增加、难度增大，进入社会竞争力明显不足，再就业鸿沟进一步扩大。

二、地方立法中对妇女权益保障的探索及启示

理论源于实践，实践反哺理论。在妇女权益保障领域，部分地方立法中已经有很多有益经验可以吸收借鉴，如以河北、江苏、天津、宁夏、陕西、辽宁等地为代表的新时期地方妇女权益保障立法，为妇女权益保障提供研究了样本和立法素材。

（一）为妇女生育子女提供保障

从地方立法经验来看，《宁夏回族自治区妇女保障条例》第二十八条规定，"鼓励用人单位对符合法律法规规定生育子女的夫妻，在子女零至三周岁期间，每年给予夫妻双方各十天共同育儿假"，同时还鼓励和支持用人单位在工作场所为职工提供婴幼儿照护服务。《江苏省妇女权益保障条例》第二十六条规定，"在女方产假期间，鼓励男方所在用人单位安排男方享受不少于五天的共同育儿假"，同时也鼓励用人单位为本单位职工提供婴幼儿托管服务。《天津市妇女权益保障条例》第二十八条规定，"女职工生育假（产假）期满后，因抚育婴儿确有困难的，经本人申请，用人单位同意，可以休不超过六个月的哺乳假。哺乳假期间的工资，双方有约定的，按照约定计发；无约定的，按照本人基本工资的百分之八十计发。女职工休哺乳假，不影响本人的晋级、工资调整和工龄连续计算"。可见，为了更好地保护未成年人婴幼儿时期的健康成长和科学教养，部分地方立法均采取鼓励方式提倡设立"育儿假"及"婴幼儿托管服务"。天津还规定了六个月的哺乳假及假期工资标准。

（二）为妇女财产权益方面提供保障

《河北省妇女权益保障条例》第四十一条规定，"夫妻一方有权向工商行政、不动产登记、车辆登记等部门查询登记在另一方名下的股权、不动产、车辆等夫妻共同所有的财产状况，有关部门应当按照有关规定予以查询并提供书面查询结果"。《宁夏回族自治区妇女权益保障条例》第三十五条规定，"妇女平等享有对夫妻共同财产或者家庭共有财产的知情权和处理权。妇女为行使合法财产权利需要查询相关财产信息的，登记机构以及有关部门应当依法提供相关信息"。《江苏省妇女权益保障条例》第

三十二、三十三条规定，"夫妻一方查询夫妻关系存续期间登记在另一方名下财产状况的，有关登记机构、管理部门应当依法提供相关信息""夫妻对共有的不动产以及可以联名登记的动产申请联名登记的，有关机构应当按照其申请依法办理登记手续"。从前述规定可以看出，地方层面对女性财产权益的知情权、查询权的保障力度较大。而在妇女家务劳动补偿方面，河北省有作粗略规定。《河北省妇女权益保障条例》第四十三条规定，"婚姻关系存续期间，女方因抚育子女、照料老人、协助男方工作等承担较多义务的，离婚时可以依法要求男方给予补偿"。

（三）为妇女职场性骚扰方面提供保障

《天津市妇女权益保障条例》第四十条规定，"禁止对妇女实施性骚扰。受到性骚扰的妇女有权向用人单位、公安机关投诉。受理投诉的单位和部门应当做出处理"。《宁夏回族自治区妇女权益保障条例》第四十三条规定，"禁止以与性有关的语言、文字、图像、肢体动作等方式对妇女实施性骚扰。用人单位应当采取有效措施，预防和制止工作人员或者其他人员利用职权、从属关系和其他便利条件对妇女实施性骚扰"。《辽宁省实施妇女权益保障法规定》第十九条规定，"违背妇女意愿，以言语、文字、图像、肢体行为等方式对妇女实施性骚扰的，受害人有权依法请求行为人承担民事责任。受到性骚扰的妇女有权向当事人所在单位和公安机关投诉；向当事人所在单位投诉的，单位应当及时干预、制止；向公安机关投诉的，公安机关应当及时受理并依法处理"。《江苏省妇女权益保障条例》第四十三条规定，"禁止以具有性内容或者与性有关的语言、文字、图像、声音、肢体动作等形式对妇女实施性骚扰。学校、用人单位和公共场所管理单位等应当通过建立适当的环境、制定必要的调查投诉制度等措施，预防和制止对妇女的性骚扰。受害妇女有权向学校、用人单位、公共场所管理单位和有关部门投诉或者向人民法院起诉"。《河北省妇女权益保障条例》第三十八条就"公共服务场所内性骚扰"作出规定，"公共服务场所的管理者和经营者应当采取措施防止对妇女的性骚扰。在公共服务场所发生性骚扰时，受害妇女有权向公共服务场所的管理者或经营者求助，公共服务场所的管理者和经营者应当立即采取措施，保护受害妇女，保存相关证据，并向公安机关报警"。由此可见，地方层面对性骚扰都作了不同程度的规定，但有些地方对实施性骚扰的救济途径作了明确，有些则略显概括。此外，《江苏省妇女权益保障条例》第四十二条还规定了"禁止利用教养、照管关系对女性未成年人实施性侵"，与《刑法》的相关规定做了一定程度的衔接。

三、三孩背景下妇女权益保障的对策及完善建议

地方性法规文本的一些共性问题，可以反映出妇女权益保障在地方实践上的新发展和新趋势，在三孩政策的新时代背景下，应当予以重点关注和仔细斟酌。结合当下《妇女权益保障法》修订，顶层制度的完善有助于地方实践的突破。因此，为总结实践经验，完善制度设计，保障妇女权益，提出如下具体建议。

（一）尽快出台配套措施，落实假期保障生育

真正提高女性生育意愿，将各类假期落到实处，还需后续出台相关辅助性措施或配套政策。比如国家可以通过建立健全完善的托幼服务体系来树立生育信心、给予企业女性用工经济补贴、增加税收减免优惠等非现金方式或者通过统筹设立生育基金、不定期返还稳岗补贴等多种方式分担企业的生育成本，缓解用工压力。政策请客，企业买单，最终的结果可能就是企业不愿意或没有动力去落实相关制度，只有切实减轻企业负担，引导企业保障女职工利益，才能提高女性的生育意愿。

（二）适当拓宽公益诉讼范围，引入妇女权益公益诉讼维权机制

检察机关作为公共利益维护机关，具有监督职能。2021年施行的《未成年人保护法》第一百零六条已经将公益诉讼范围延伸到未成年人权益保护领域，妇女作为社会生活中的弱势群体，也应当借鉴引入公益诉讼机制。对于侵害妇女权益的现象，赋予其直接介入支持、督促相关职能部门介入或提起公益诉讼的方式介入，可以有效降低妇女个案维权成本，有利于妇女权益的整体维护和保障。

（三）加快制定相关司法解释等文件，细化家务劳动补偿的衡量标准

离婚经济补偿请求以负担了较多家庭义务为前提，主要表现为家务劳

动。家务劳动是指为自己和家人最终消费所进行的准备食物、清理住所环境、整理衣物、购物等无酬劳家务劳动以及对家庭成员和家庭以外人员提供的无酬照料与帮助活动。人民法院在确定离婚经济补偿数额时，必须要全面综合考察，尽量使经济补偿数额与负担较多一方付出的劳动、产出的价值得以匹配。具体可以考量以下因素：（1）家务劳动时间。包括日常投入在家务劳动上的时间，婚姻关系存续时间的长短等。（2）投入家务劳动的精力。比如洗衣做饭、照顾老人和子女，从事劳动强度大、复杂性高的家务劳动。（3）家务劳动的效益。包括直接效益和间接效益。比如良好和谐的家庭生活环境，如因此带来的家庭积极财产的增多或消极财产的减少。比如，现实生活中，一方如果与另一方经常吵架，另一方可能会心情抑郁，工作效率低，上班工作出错，收入减少。反之，一方将老人孩子照料妥帖，和另一半相处愉悦，另一半工作效益必然会在无形中增加。（4）负担较多义务一方的信赖利益或机会成本。婚姻中，夫妻俩往往难以在家庭生活中付出同等时间精力，必然会出现相对来说付出多或者少的一方。一方出于对婚姻前景的信赖，自愿放弃或压缩自我发展的一部分空间，换取更多时间和精力来照料家庭，比如个人工作选择、收入能力、出国深造等方面的机会成本。而另一方会因此获得有形财产利益、无形财产利益及可期待的财产利益，如一方在婚姻期间获得的学历学位、工作前景、专业职称、知识产权等，均应当纳入经济补偿数额的计算范畴。

四、结 语

三孩政策背景下，妇女权益保障存在多个薄弱环节，希望可以在促进男女平等的宏观框架下，着力推动性别平等评估机制建立，避免就业歧视，在妇女生理弱势地位上进行保护保障，基于妇女母职身份所处的社会弱势地位进行扶助和分担。将《妇女权益保障法》作为妇女权益保障专门法的基本定位，配合三孩政策及部分省市在妇女生育假期等方面作出的调整，共同为妇女编织出一张权益保障网，为女性合法权益提供法治保障。

大数据下的离婚损害赔偿问题研究①

　　随着我国经济的飞速发展和社会的日益进步，人们的思想日益开放，婚姻自主意识也不断增强，每个人的个性特点也日渐明显。以前，在家庭生活中，夫妻间摩擦矛盾再大，也基本会内部化解或交给时间来解决，鲜有离婚之例，但现在，"离婚"已经不再是一个让人谈虎色变的名词了，人们对待婚姻的态度从原来的谨慎慎重变得越来越随意率性，甚至很多年轻人都在"闪婚""闪离"。

　　据民政部数据显示，2016年第二季度全国办理离婚登记的人有168.31万对，结婚登记的人有604.34万对，离结婚率达27.8%。就在浙江，2016年第二季度结婚登记191185对，离婚登记59889对，离结率已达31.3%。

　　在离婚原因中，有配偶者与他人同居是常见理由之一。根据原《婚姻法》第三十二条和第四十六条的规定，在这种情况下，调解无效的，应当准予离婚。在离婚同时，无过错方可以向另一方主张离婚损害赔偿。那么，到底该如何收集证据？如何提出主张？又能赔偿多少金额？下面仅以男方与第三者同居，女方作为原告要求离婚并提出离婚损害赔偿为例进行说明。

一、离婚损害赔偿需要收集的证据

　　根据《民事诉讼法》第六十四条及《最高人民法院关于适用〈中华

――――――――――
①本文成文于2017年8月，文中相关规定以当时有效的规定为准。

人民共和国民事诉讼法〉的解释》第九十条、第九十一条及第一百零八条的规定，民事诉讼证据的举证责任是"谁主张谁举证"；民事诉讼证据的采信标准为"高度盖然性"证据原则。众所周知，法院打官司说到底就是"拼证据"。哪一方的证据充分，哪一方就会获得法院的支持。根据原《最高人民法院关于适用〈中华人民共和国婚姻法〉若干问题的解释（一）》第二条的规定，"有配偶者与他人同居"的情形，是指有配偶者与婚外异性，不以夫妻名义，持续、稳定地共同居住。在设定情境中，女方想要让法院认定男方的行为是"有配偶者与他人同居"，具体该收集哪些方面的证据？

1.当事人的陈述

在婚姻家庭类案件里，夫妻双方就该问题进行交涉时，如果有关于男方自己对与第三者关系的陈述或在男方认错时的陈述，又或者是第三者对自己与男方关系的陈述，都可以作为认定双方同居关系证据的一个有利方面。

2.书证

家庭生活中，男方的出轨行为被突然曝光后，在其主观意识还想维持婚姻的情况下，有可能碍于情面或表示后悔恳求原谅，写下《忏悔书》《保证书》《认错书》《协议书》等各式各样的文字材料，一般情况下这类证据可以视为男方对之前行为的总结和承认，具有一定的证明力，可以与其他方面的证据相互印证，形成证据链，进而达到证明目的。

3.物证

男方与第三者之间有拥抱、接吻或每天固定时间进出房间等行为的照片或录像，或者女方把男方与第三者捉奸在床的照片或录像，这类证据一般收集起来难度较大，但相对来说，证明力较高。

尤其需要说明的一点是，这里会涉及偷拍偷录证据的合法性问题，根据《最高人民法院关于适用〈中华人民共和国民事诉讼法〉的解释》第一百零六条的规定："对以严重侵害他人合法权益、违反法律禁止性规定或者严重违背公序良俗的方法形成或者获取的证据，不得作为认定案件事实的根据。"可见，证据到底是否合法主要看取证时是否侵犯了他人合法权益或是否违反法律的禁止性规定。

比如为了取证侵入他人住宅，这就是明显的违法行为，但如果是在自己家里取证，就不存在这个问题。录音录像设备如果放置在第三者家里或办公室里就有问题，但如果放在自己家里就具有合法性。另外，在公共场所拍摄的两人拥抱接吻照片也是合法的，但如果通过法律禁止出售的窃听设备取证就违法。所以，证据的收集建议最好聘请专业法律人士进行，避免无效劳动。

4.视听资料

在婚姻案件中，男方与女方交涉时主动承认自己存在错误的录音录像、男方与第三者经常出入地方的录像或男方频繁进出第三者住所的录像，这类证据往往具有一定的可信度，容易与其他证据形成证据链，达到证明目的。

5.电子证据

电子证据是指与案件事实有关的电子邮件、网上聊天记录、电子签名、网络访问记录等电子形式的证据。在离婚类案件中，可以收集男方与第三者之间往来的短信、微信、朋友圈、QQ聊天记录、电子邮件、微博等记录。如果在条件允许的情况下，应当委托公证部门对此类证据进行固定。即便条件不允许，也要尽量固定保存起来，手机短信、微信记录可以连着手机一起用数码相机拍下来，电脑网络资料可以截取全屏保存。如果实在不行的话，可以直接把手机收好。

6.证人证言

证人证言是指证人以口头或书面方式向人民法院所作的对案件事实的陈述，如左邻右舍等知情人提供的有关其非法同居的书面材料。在（2006）朝民初字第16569号案例中，女方提供了男方与他人同居地的物业公司工作人员、门卫、邻居等不同身份、不同职责的三位证人证言和视听资料、照片，法院对男方与他人同居的事实予以认定。

7.鉴定意见

鉴定意见是具有鉴定资格的鉴定人运用自己的专业知识，根据当事人提交的证据材料，针对专门问题进行分析、鉴定后所出具的意见。婚姻案件中，常用到的鉴定意见主要是伤残鉴定、医院诊断证明、精神状况鉴定、亲子鉴定和房屋价格评估鉴定等。其中，伤残鉴定主要用于有家庭暴力存在的离婚诉讼中，精神状况鉴定主要出现在婚姻一方是不具备完全民事行为能力或限制民事行为能力人的情形中，亲子鉴定主要出现在一方对于孩子与自己的血缘关系产生怀疑的情况下，由法院委托或单方委托鉴定机构进行鉴定。这类证据证明力较高，法院基本都予以采信。

8.勘验笔录

勘验笔录是指人民法院对能够证明案件事实的现场或者不能、不便拿到人民法院的物证，就地进行分析、检验、勘查后作出的记录。它是客观事物的书面反映，是保全原始证据的一种证据形式。在婚姻关系中，如果男方有嫖娼淫乱、开房约会、非法同居等行为，可以收集警方介入处理形成的笔录材料，这类证据的证明力较强，法院一般会予以采信。

二、离婚损害赔偿主张的提出

在设定情境下，女方可以向男方户籍所在地或经常居住地人民法院提起离婚诉讼，同时，提出离婚损害赔偿的诉讼请求。

女方的离婚损害赔偿应当包括两部分：第一部分是物质损害赔偿，如男方利用或转移大额的夫妻关系存续期间的夫妻共同财产来帮助或赠予第三者进而给女方带来的物质财产损失；第二部分是精神损害赔偿，根据《最高人民法院关于确定民事侵权精神损害赔偿责任若干问题的解释》的规定，女方想要获得更高的精神损害赔偿，需要尽可能多地收集证据用来证明男方的过错程度和具体侵害手段、行为方式等情节。

另外，有配偶者与他人同居行为有以下几个特点：一是当事人有较固定的住所；二是保持较稳定的性关系；三是断续或较长时间在一起共同生活；四是双方不以夫妻名义共同生活。可见，有配偶者与他人同居必须达到一定程度才能支持受害方的离婚损害赔偿请求。具体到什么程度？法条上用来表述的两个词语是"持续、稳定"，但多久算持续稳定并未言明，这就需要各地法院在日常实践中进行具体判断。

比如广东高院曾出台《关于审理婚姻案件若干问题的指导意见》，第十七条规定了婚外同居时间的认定标准，"若有配偶者与婚外异性共同生活，关系相对稳定，且共同生活的时间达到三个月以上"，应达到原《婚姻法》所说的有配偶者与他人同居的情况。司法实践中对这点的认定把握得较为严格。

只有达到法律意义上的这个程度，受害方提出的损害赔偿才有可能获得支持，如果只是偶然的与婚外异性保持暧昧关系如一起到酒店开房但无实质性证据证明其与婚外异性同居，那么精神损害赔偿请求一般难以得到支持。

三、司法实践中，离婚损害赔偿数额的确定

在无讼案例数据库中输入"离婚损害赔偿纠纷""浙江省""判决"三个关键词，可以得到近期有关离婚损害赔偿纠纷的 27 个相关裁判文书。其中，有 14 个是基于原告诉称的与他人同居导致婚姻关系破裂所作出的判决，有 7 个是基于原告诉称的家庭暴力导致婚姻关系破裂所作出的判决，有 6 个是基于原告诉称的抚养非亲生子女导致离婚损害赔偿。而在因婚内出轨所产生的损害赔偿中，数额集中在 5000 元至 50000 元之间（见图 1 和表 1 ）。

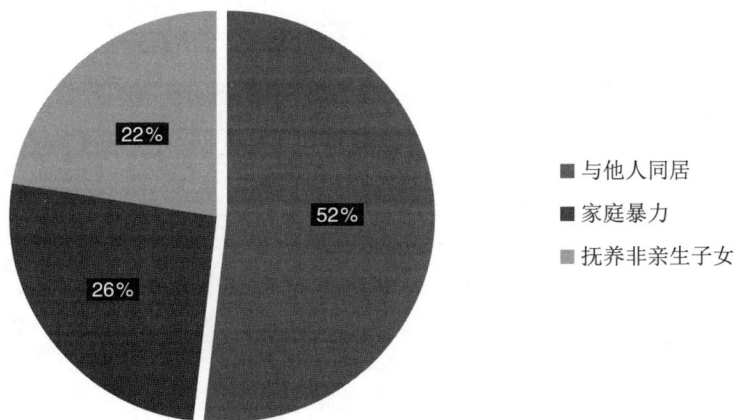

图 1 离婚损害赔偿纠纷发生原因

表1　离婚损害赔偿数额统计表

序号	当事人信息	审理法院	案号	判决结果
1	王×与江×	台州市椒江区人民法院	（2016）浙1002民初236号	因被出轨索赔300万元，法院判决酌定4万元
2	吕×与卞×	金华市中级人民法院	（2015）浙金民终字第1617号	因被出轨索赔精神损失1.5万元、物质损失3.3万元，法院判决证据不足被驳回
3	李×与徐×甲	缙云县人民法院	（2014）丽缙民初字第528号	因被出轨索赔3万元，有协议，法院判决获赔3万元
4	孟×与潘×	绍兴市中级人民法院	（2012）浙绍民终字第702号	配偶重婚，索赔8万元，法院判决超过一年时效被驳回
5	庞×与汪×	杭州市余杭区人民法院	（2017）浙0110民初4878号	因被出轨索赔10万元，法院判决未证明损害程度获赔2.5万元
6	田××与周××	长兴县人民法院	（2016）浙0522民初3455号	因被出轨索赔10万元，法院判决获赔2.5万元
7	吴×与余×	富阳市人民法院	（2017）浙0111民初2698号	因被出轨索赔10万元，法院判决同居获赔1万元
8	张×与黄×	温岭市人民法院	（2015）台温民初字第1961号	因被出轨索赔10万元，法院判决超过时效被驳回
9	郑×甲与葛×	杭州市余杭区人民法院	（2011）杭余瓶民初字第235号	因被出轨索赔5万元，法院判决获赔5000元
10	周×甲与王×	嘉兴市中级人民法院	（2015）浙嘉民终字第74号	因被出轨索赔60万元，法院判决证据不足被驳回
11	周×与高×甲	杭州市滨江区人民法院	（2011）杭滨民初字第914号	因被出轨索赔10万元，法院判决证据不足被驳回
12	陈×与陆×甲	杭州市滨江区人民法院	（2013）杭滨民初字第1290号	因被出轨索赔5万元，法院判决赔偿2.5万元
13	刘×甲与陈×	温岭市人民法院	（2015）台温民初字第1523号	因被出轨索赔5万元，法院判决赔偿1万元
14	李×与宋×甲	宁波市中级人民法院	（2015）浙甬民一二终字第906号	因被出轨，已离婚，索赔5万元，法院判决证据不足被驳回

从这14个判决案例中，可以分析出因男方出轨引发的离婚损害赔偿纠纷诉讼中的特点（见图2）。

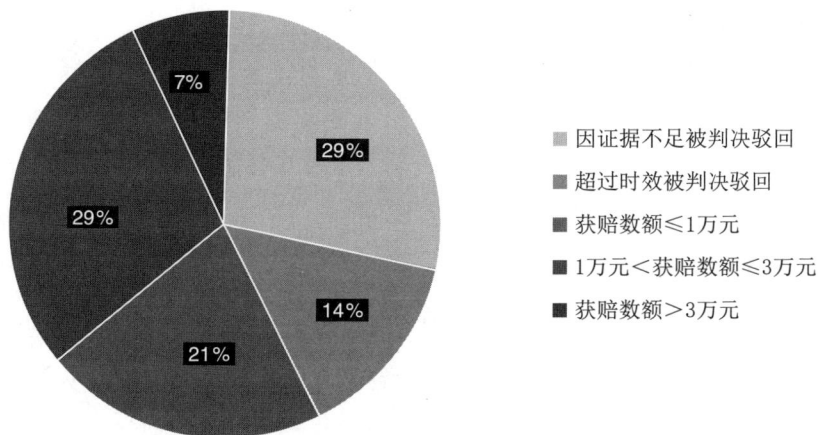

图 2 离婚损害赔偿纠纷判决结果

第一，有4个案例因证据不足被判决驳回。在证据方面，如前所述，在民事诉讼规定的7类证据中，女方应尽可能多地收集客观、无法否认的证据，仅有偶然的几次开房记录无法达到认定"同居"的时间标准；仅有购买日常生活用品的记录或微信、QQ聊天记录，也无法达到认定"同居"的程度标准；仅有数量不多的几次同进同出第三者住所，也无法达到认定"同居"的数量标准。从司法实践看，被支持获赔的离婚损害赔偿可以是男方与第三者之间同居并生育私生子，可以是男方出轨后所作出的承诺或达成的协议，也可以是男方被追究重婚的刑事责任。

第二，有2个案例因超过一年的时效被判决驳回。根据原《最高人民法院关于适用〈中华人民共和国婚姻法〉若干问题的解释（一）》第三十条的规定：

人民法院受理离婚案件时，应当将婚姻法第四十六条等规定中当事人的有关权利义务，书面告知当事人。在适用婚姻法第四十六条时，应当区分以下不同情况：

（一）符合婚姻法第四十六条规定的无过错方作为原告基于该条规定向人民法院提起损害赔偿请求的，必须在离婚诉讼的同时提出。

（二）符合婚姻法第四十六条规定的无过错方作为被告的离婚诉讼案件，如果被告不同意离婚也不基于该条规定提起损害赔偿请求的，可以在离婚后一年内就此单独提起诉讼。

（三）无过错方作为被告的离婚诉讼案件，一审时被告未基于婚姻法第四十六条规定提出损害赔偿请求，二审期间提出的，人民法院应当进行调解，调解不成的，告知当事人在离婚后一年内另行起诉。

所以，女方如果作为原告提起离婚诉讼，就必须在离婚的同时提出离婚诉讼赔偿；如果是作为被告，一审审理过程中，在既不同意离婚又没有提出离婚损害赔偿的情况下，必须在离婚后一年内单独提出离婚损害赔偿诉讼。如果在一审时被告未提出离婚损害赔偿，二审期间提出，法院应当调解，调解不成的，应当在离婚后一年内另行起诉。

第三，法院最终判决离婚损害赔偿额都与原告的诉讼请求具有较大差距。在14个案例中，有4个原告诉称索赔精神损害抚慰金5万元，但最终获赔5000元、1万元、2.5万元，还有1个被驳回。有5个原告诉称索赔精神损害抚慰金10万元，但最终获赔1万元、2.5万元、2.5万元，还有2个被驳回。有2个原告诉称索赔精神损害抚慰金10万元以上的，但最终1个获赔4万元，另1个被驳回。有1个原告因提供被告之前达成的协议，最终获赔精神损害抚慰金3万元。有1个原告在法院认定被告构成重婚罪之后提出离婚损害赔偿，最终导致刑事案件中精神损害抚慰金无法获得支持。

第四，因同居而起诉的离婚损害赔偿案件，被驳回可能性大，获赔率低。只有8个原告被法院认定被告存在"同居"行为，获得部分赔偿。

综上所述，离婚损害赔偿纠纷必须重证据、重时效，如果有双方之前达成的协议，获得支持的可能性较大。而同居的认定必须达到一定的时间标准、数量标准和程度标准，最好可以提供男方具体的过错程度和具体情节的证据，这样被法院支持的概率更高。针对具体精神损害抚慰金的金额，法院大概会把标准控制在5万元以下。俗话说"百年修得同船渡，千年修得共枕眠"，每段婚姻都来之不易，夫妻双方都应当且行且珍惜。

家庭暴力的预防及维权路径指引

"天下之本在国，国之本在家。"家庭是社会的细胞，是整个社会安定与和谐的根基。2016年3月1日，《反家庭暴力法》正式实施，至今已整整六年。六年来，通过社会各界的努力，更多的妇女同胞意识到家庭暴力不再是夫妻之间的家务事，更多的妇女儿童甚至老人敢于站出来对家庭暴力说"不"，各方力量可以提前介入预防和发现家庭暴力并采取措施有效制止，取得的成就有目共睹。2021年1月1日实施的《民法典》第一千零四十二条也明确规定"禁止家庭暴力"。家庭暴力只有零次和无数次，对家暴"零容忍"已成为社会各界的共识。

一、家庭暴力的预防

家庭暴力是指家庭成员之间以殴打、捆绑、残害、限制人身自由以及经常性谩骂、恐吓等方式实施的身体、精神等侵害行为。它通常发生于家庭成员之间或者除家庭成员以外的具有监护、扶养、寄养、同居等关系的共同生活人员之间。家暴不再成为不可外扬的家丑，而是需要社会各界共同努力来解决的社会问题。据研究显示，从2016年3月1日至2019年12月31日，有报道的涉家暴命案至少942起。可见，有效预防家庭暴力已经成为一项重要课题。具体而言，可以从以下四个方面着手：

第一，鼓励受害人讲出来。

家庭暴力不是隐私，而是严重侵害家庭成员人身权利的违法甚至犯罪行为，是法律所禁止的。这是我们必须帮妇女同胞树立的一个基本观念。在此基础上，要鼓励受害者勇敢地站出来、讲出来，这是第一步。只有让大家知道，才有可能提前介入、有效保护。

第二，落实强制报告义务。

有关单位、组织及人员如果发现存在或疑似存在家暴情形，有强制报告的义务。居民委员会、村民委员会、医院、妇幼保健院、急救中心、诊所等医疗机构、社会工作服务机构等，如果在工作中发现遭受或疑似遭受不法侵害以及面临不法侵害危险的情况，具有向公安机关强制报告的义务。尤其是医疗机构，应当做好家庭暴力受害人的诊疗记录。

第三，加强反家暴宣传教育。

反家暴以预防为主，辅之以教育、矫治与惩处相结合的原则。国家、工会、共青团、妇联、残联、广播、电视、报刊、网络、学校、幼儿园应该进行家庭美德和反家庭暴力宣传教育。县级以上人民政府有关部门、司法机关、妇女联合会应当将预防和制止家庭暴力纳入业务培训和统计工作。乡镇人民政府、街道办事处应当组织开展家庭暴力预防工作，居民委员会、村民委员会、社会工作服务机构应当予以配合协助。反家暴宣传应当更加关注农村妇女及留守儿童。

在"八五"普法时期，举全社会之力，从上到下、从里到外为未成年人编织起一张反家暴法治之网，让施暴者不能、不敢、不想再实施家暴，让未成年人正确认识家庭暴力，了解多种维权途径，相信终有一天，家庭暴力会无处遁形乃至消失殆尽。

第四，充分借助社会组织的力量。

各级人民政府应当支持社会工作服务机构等社会组织开展心理健康咨询、家庭关系指导、家庭暴力预防知识教育等服务。在推进国家治理体系和治理能力现代化的进程中，全民共建共享需要充分发挥社会组织的力量，如妇联、社工、公益组织等。2019年8月，最高人民法院和全国妇联下发的《关于进一步加强合作建立健全妇女儿童权益保护工作机制的通知》就突出了妇联组织在依法保障妇女儿童合法权益中的重要作用。引入社会工作专业力量对妇女进行特殊保护，也为社会力量参与反家暴工作提供了规范依据。

二、家暴受害者的维权路径

家庭暴力是一种严重侵害妇女人格尊严和生命安全的违法甚至犯罪行为。轻则造成抑郁、焦虑、恐惧等情绪问题，带来较大的心理创伤，重则可能会使其行为具有攻击性，再严重的甚至会使被害人产生自杀或自伤倾向。那么，面对家暴，受害人该怎么办？

第一，拨打110报警并及时就医。

妇女同胞一旦遭遇家暴，先要及时拨打110向公安机关报警，还要尽早到医院就医，固定好病历、诊疗记录等能够证明被家暴的相应证据。报警后公安机关也会协助就医、鉴定伤情。

第二，暂到临时庇护场所躲避危险。

因家暴身体受到严重伤害、面临人身安全威胁等危险状态的，公安机关应当通知并协助民政部门将其安置到临时庇护场所、救助管理机构或者福利机构。临时庇护场所需要为其提供临时生活帮助。

第三，向相关组织、单位寻求帮助。

受害人可以向加害人所在单位、居民委员会、村民委员会、妇女联合会等单位寻求帮助。其中，各级妇联组织在接到家庭暴力投诉反映或者求助后，应当及时给予家庭暴力受害人帮助，并对加害人进行法治教育，必要时可以引入专业力量对加害人、受害人进行心理辅导。

第四，情节较轻的，由公安机关出具《家庭暴力告诫书》。

家庭暴力情节较轻，依法不给予治安管理处罚，由公安机关对加害人进行批评教育或者出具告诫书。根据2017年1月13日浙江省公安厅、省高院、省民政厅、省妇联联合印发的《浙江省家庭暴力告诫制度实施办法》（浙公通字〔2017〕3号）第五条的规定，对情节较轻，依法不给予治安管理处罚的家庭暴力行为，可以启动告诫程序；对情节轻微或受害人不要求出具告诫书的，公安机关对加害人给予批评教育。告诫书应当包括加害人的身份信息、家庭暴力的事实陈述、禁止加害人实施家庭暴力等内容，并将其送交加害人、受害人，通知居民委员会、村民委员会对该人员予以重点关注、随时查访，监督加害人不再实施家庭暴力。

第五，向法院申请人身安全保护令。

妇女同胞因受到强制、威吓等原因，无法申请人身安全保护令的，公安机关、妇联、居民委员会、村民委员会可以依法向人民法院代为申请人身安全保护令。人身安全保护令包括以下措施：（一）禁止被申请人实施家庭暴力；（二）禁止被申请人骚扰、跟踪、接触申请人及其相关近亲属；（三）责令被申请人迁出申请人住所；（四）保护申请人人身安全的其他措施。人民法院受理申请后，会在七十二小时内作出人身安全保护令或者驳回申请；情况紧急的，应当在二十四小时内作出。它的有效期是自作出之日起六个月，在失效前可以申请撤销、变更或者延长。被申请人若违反人身安全保护令，构成犯罪的，依法追究刑事责任；尚不构成犯罪的，人民法院应当给予训诫，可以根据情节轻重处以一千元以下罚款、十五日以下拘留。

"结婚一小时就闹离婚"，法律有话说

2021年9月6日，云南一对小夫妻"刚领证一小时就闹离婚"的消息，冲上热搜第一，引发大众热议。

据了解，男方项某，1995年出生，就读于昆明某职业学院，女方陈某，1997年出生，是昆明某口腔医院的护士。男方父亲在护理牙齿时认识了陈某，介绍给儿子。双方认识后，互生好感，确立恋爱关系，谈了几个月后，一起到民政局办理了结婚登记。但办理完登记一个小时后，项某就提出离婚，陈某不同意，项某诉至法院请求解除婚姻关系。在整个事件中，涉及多个法律问题。

一、项某是在校大学生，能结婚吗？

《民法典》第一千零四十七条规定，结婚年龄，男不得早于二十二周岁，女不得早于二十周岁。第一千零四十六条规定，结婚应当男女双方完全自愿，禁止任何一方对另一方加以强迫，禁止任何组织或者个人加以干涉。

在前述案例中，项某虽是在校大学生，但已达到法定婚龄，在项某和陈某均自愿结婚的情况下，是可以去民政局领证结婚的。

二、陈某认为项某故意骗婚，能撤销婚姻吗？

根据《民法典》第一千零五十二条、第一千零五十三条、第一千零五十四条的规定，撤销婚姻存在两种法定情形：第一种是因胁迫结婚的，受胁迫一方有权自胁迫行为终止之日起一年内提出；第二种是一方患有重大疾病的，在结婚登记前未如实告知另一方，另一方可自知道或者应当知道撤销事由之日起一年内提出。况且，对于被撤销的婚姻，无过错方有权请求损害赔偿。

从媒体报道的信息看，故意骗婚行为或者说受欺诈而结婚的行为，并不属于前述撤销婚姻的法定事由，男方项某提出的撤销婚姻请求，无法得到法院支持。

那如果确属骗婚，如何救济？根据《刑法》第二百六十六条的规定，一方以非法占有为目的，通过虚构事实、隐瞒真相的方式来骗取另一方较大数额的财产，涉嫌构成诈骗罪。可以向公安机关报案，通过刑事手段来制裁犯罪行为。

如果只是为了报复或发泄情绪或赌气，单方主观认为骗婚，那根据《民法典》第十七条、第十八条的规定，已满十八周岁的成年人属于完全民事行为能力人，可以独立实施民事法律行为，也应当对自己的行为负责。登记结婚是一个民事法律行为，一旦生效就受到法律保护，不得随意撤销。因此，婚姻大事是终身大事，应当深思熟虑慎重决定，决定之后就要依法履行夫妻之间的权利义务关系，就要承担相应的法律后果，不得随意反悔、撤销。

三、项某和陈某的婚姻，能离得了吗？

根据《民法典》第一千零七十六条、第一千零七十九条的规定，离婚包括两种途径，即协议离婚和诉讼离婚。协议离婚，需要双方自愿离婚且对子女、财产、债务等事项协商一致，还需要经过离婚冷静期三十天。如果是诉讼离婚，需要先调解，如果感情确已破裂，调解无效的，应当准予离婚。感情是否确已破裂，主要需要双方举证证明是否存在《民法典》第一千零七十九条第三款所规定的四种情形，包括重婚或者与他人同居、实施家庭暴力或者虐待、遗弃家庭成员、有赌博、吸毒等恶习屡教不改、因感情不和分居满两年及其他导致夫妻感情破裂的情形。

本案例中，项某与陈某在婚前经过一段时间的了解、接触，之后决定去登记结婚，理应存在一定感情基础，在没有其他进一步证据的情况下，法院通常会判决不准予离婚，给予双方感情一定的缓冲期和磨合期，之后如果双方仍然无法调和再次起诉离婚，或者一方举证证明法院判不离后分居满一年，仍坚持要离婚的，法院会准予离婚。

法院对离婚的评判标准就是"夫妻感情是否确已破裂且无和好可能性"。判断夫妻感情是否确已破裂，可以从婚姻基础、婚后感情、离婚原因、夫妻关系的现状和有无和好的可能等方面综合分析。这个问题上法院拥有一定的自由裁量权。

四、律师提醒

近年来，随着多元文化的冲击和对婚姻家庭伦理观念的开放，以"80后""90后"为代表的新生代群体已经成为社会中的一股活跃力量，快节奏的现代生活对于年轻人的择偶观念也产生了一定的影响。现实生活中，"90后""闪婚""闪离"的真实案例频现。从公开报道的可查询数据来看，2016年上半年，一个中部省会城市就有近5000名"90后"离婚，占全市总离婚人数的21.12%。电影《失恋33天》中用"东西坏了不想修总想换"来总结现代年轻人的婚恋观。

"闪离"这一社会现象，因涉及离婚后的子女、财产等问题，尤其是考虑到家庭对未成年人的巨大影响，已经引起国家有关部门重视。在2021年1月1日施行的《民法典》中第一千零七十七条特别增加了"离婚冷静期"的制度设计，就是为了防止某些年轻人冲动草率、赌气报复作出离婚决定，虽然该制度目前只适用于协议离婚，但有关诉讼离婚冷静期制度也有四川等多地进行探索。至于"闪婚"情形，如果是符合法律规定且系双方共同决定的事项，也无可厚非，但总会经常有冲动结婚或草率结婚等其他的情况出现，结婚后短时间内又反悔，一言不合就要一拍两散，对于这一问题，已经有部分社会组织与民政部门合作，对前来登记结婚的新人进行婚前指导，帮助他们认识、了解自己的行为及其意义，尽量避免轻率决定。

借此机会，律师提醒所有尚未结婚的适婚青年：登记结婚是一个民事法律行为，一旦作出就发生法律效力，未经法定事由，非经法定程序，不得反悔，不得随意撤销。登记前，考虑清楚，慎重决定；登记后，依法履行，勇于担责。组建一个家庭是非常严肃的事情，除了你侬我侬的甜蜜，更多的是柴米油盐的琐碎，需要双方风雨共舟，共同承担家庭的种种事务，两个人只有同心协力，才能携手迈向新生活。

妇女权益保障法修订，为妇女从事家务劳动补偿提供法律保障

2021年12月20日，十三届全国人大常委会第三十二次会议在北京举行，《妇女权益保障法（修订草案）》提请审议。随着社会飞速发展，越来越多的女性在工作和生活中起到了举足轻重的作用。妇女权益的保障直接关系着妇女的切身利益和亿万家庭的幸福美满，影响社会和谐稳定。前不久，国家开放了三孩政策，调整了妇女生育假等假期，引发一轮热议。自《民法典》实施以来，有关妇女从事家务劳动价值方面的讨论一直不断。本次妇女权益保障法的修订，也关注到了这一现实问题，并作出了相应的规定。

1.从事家务劳动为什么要补偿？补偿标准是什么？怎么计算？

从各地法院判决来看，对于家务劳动进行补偿是共识。《民法典》第一千零八十八条修改了原《婚姻法》第四十条的规定，取消了离婚经济补偿只在约定财产制下适用的限制，将经济补偿范围扩大到法定财产制和约定财产制同样适用，体现了对家务劳动价值的认可，也赋予家庭中"全职太太"的离婚经济补偿权。

离婚经济补偿请求以负担了较多家庭义务为前提。虽在法条上只列举了"抚育子女""照料老年人""协助另一方工作"这三种表现行为，但后面还有一个"等"字，这使该条文适用情形不限于这三个方面。为家庭利益而负担的义务均在此列，主要表现为家务劳动。具体可以考量以下几个因素：

（1）家务劳动时间。包括日常投入在家务劳动上的时间，婚姻关系存续时间的长短等。

（2）投入家务劳动的精力。

（3）家务劳动的效益。包括直接效益和间接效益。

（4）负担较多义务一方的信赖利益或机会成本。比如个人工作选择、收入能力、出国深造等方面的机会成本。

2.司法实务中，对于家务劳动价值认定争议较大，从举证角度来看，需要提供什么样的证据？

对于家务劳动补偿金额裁判尺度不一。笔者认为最主要是因为个案具体情况不一样，个案当事人举证能力不一致，当然，也有可能当事人对家庭贡献客观上存在差异，使法院在个案裁判中表现出了不同的裁量权。为了最大限度地实现同案同判，建议通过制定相关司法解释或者规范性文件等方式，对家务劳动产生的价值罗列出一些衡量标准，细化家务补偿制度。

根据"谁主张谁举证"的原则，提出离婚经济补偿的一方需要举证证明其在抚育子女、照料老年人、协助另一方工作等方面负担了较多义务。但由于家务劳动多为家庭生活内部事务，很难直接提供证据予以证明，举证较难。

审判实践中，当事人可尝试通过以下几种方式进行举证：可通过共同生活的家庭成员的证人证言、邻居的证人证言以及居委会等基层组织出具的证人证言来证明；可通过提交相关门诊、住院病历等材料作为照料老人、抚育子女义务负担较多的证明；可提交与孩子老师、培训机构等的微信聊天记录等证据对抚育子女义务负担较多的证明。

3.新修订的妇女权益保障法草案所作的规定，有什么现实意义？

《民法典》第一千零八十八条规定，夫妻一方因抚育子女、照料老年人、协助另一方工作等负担较多义务的，离婚时有权向另一方请求补偿，另一方应当给予补偿。具体办法由双方协议；协议不成的，由人民法院判决。从媒体对有关妇女权益保障法修订草案的报道来看，是从主体方面对《民法典》第一千零八十八条的规定进行了明确，回应了现实生活中抚育子女、照料老人、协助工作等家庭事务做出贡献较多的多为妇女同胞这一现状。同时，主体的变动体现出《妇女权益保障法》作为妇女权益保障领域专门法的基本定位，配合国家出台的相关三孩政策以及前段时间部分省市对妇女生育假期等方面作出的调整，共同为妇女同志编制出一张权益保障网，为妇女同胞从事家庭事务的价值提供法治保障。

罪错分级，预防犯罪，守护未成年人

——解读《预防未成年人犯罪法》三大特色

《中华人民共和国预防未成年人犯罪法》（以下简称《预防法》）共七章，六十八条，于2021年6月1日起施行。该法侧重对未成年人的教育挽救，通过采取各种措施尽可能地帮助有不良行为和严重不良行为的未成年人顺利地回归社会，成为合格的人才。具体而言，修订后，该法主要有以下三个方面的特色制度，共同为未成年人编织法治之网，以法之名，守护未成年人健康成长。

一、重教育挽救，落实未成年人的罪错分级处遇制度

2018年12月，一位12岁的湖南男孩在与母亲发生争执后，连捅母亲20多刀，致其当场身亡。而他被捕3天后获释，家人希望他能回校上课。2019年10月，大连13岁男孩蔡某某将一位10岁女孩性侵未遂后杀害。他的同学说，蔡某某喜欢惹事、不守纪律，班上三分之二的纠纷都跟他有关。同小区的年轻女性发声，曾被蔡某某搭讪、尾随。然而，在他杀人之前，这些行为都未得到及时干预。

现实生活中发生的大量案件表明，未成年人实施犯罪行为之前，多有不良行为或违法行为，且其早期尚未得到及时有效的干预。针对这一问题，新修订的《预防法》根据未成年人违法犯罪行为的发生规律、行为性

质和危险程度,将未成年人的偏常行为,从轻到重,依次分为不良行为、严重不良行为、犯罪行为这三个等级,明确规定各自涵盖的行为种类及所采取的分级预防、干预和矫治措施,充分体现罪错分级处遇的理念、举措和制度,增加法律的可操作性。

具体而言,分级预防分为一般预防、临界预防和再犯预防三级。

一般预防是预防未成年人犯罪的基础性工作。新修订的《预防法》整合旧法第二章"预防未成年人犯罪的教育"、第五章"未成年人对犯罪的自我防范"及其他章的相关内容,在厘清与未成年人保护法相关规定关系的基础上,构成一般预防,在未成年人没有出现任何问题的时候,从加强法治教育和正面积极引导、及时消除影响未成年人健康成长的不良因素正反两方面入手,规定了未成年人及其家庭、学校、政府、司法机关、社区等各自的预防职责。

对于已经出现了不良行为和严重不良行为的未成年人,主要进行的是临界预防,防止发展为犯罪。其基本特点是未成年人自我危害,尚未开始危害他人和社会,但如果不予以干预会日益严重。新修订的《预防法》第二十八条明确规定了九类不良行为种类,将旧法中明显已经构成治安违法的行为移入严重不良行为,增加了实践中未成年人容易和经常发生的其他不良行为,如吸烟、饮酒、沉迷网络,与社会上具有不良习性的人交往等,并从及早干预、防止其进一步滑向违法犯罪的角度出发,规定了学校、家庭、所在社区等各责任主体应当采取的具体干预措施。新修订的《预防法》第三十八条对九类严重不良行为进行了重新界定,主要结合现行《治安管理处罚法》和《刑法》的有关规定以及未成年人容易和经常发生的严重危害社会的违法行为来进行列举,便于在实践中能准确识别并采取有针对性的矫治措施。为解决未成年人严重不良行为因年龄原因不予相应的治安管理处罚,同时又缺乏跟进的矫治措施,导致很多未成年人一犯再犯直至走上犯罪道路的问题,该法在充分吸收国内外有效经验的基础上,在第四十一条规定了公安机关可以采取的八项过渡性教育矫治措施。同时,新修订的《预防法》第四十四条明确,对严重不良行为情节恶劣或造成严重后果、多次实施,以及拒不配合、接受教育矫治措施的未成年人，教育行政部门和公安机关可以决定送专门学校进行矫治教育。

对于已经犯罪的未成年人，主要进行教育矫治，防止再犯。新修订的《预防法》第五章重新犯罪的预防，主要包括三部分内容：一是诉讼中的预防；二是刑罚执行中的预防；三是刑罚执行完毕后的预防。新修订的《预防法》统筹考虑与监狱法、刑事诉讼法以及社区矫正法有关规定的衔接关系，丰富了诉讼中的教育、程序分流后的矫治、社区矫正期满和刑满释放后的安置帮教等措施，进一步完善了对未成年犯的教育矫治和跟踪帮教措施。

二、专门矫治教育，加强未成年人专门学校及配套制度完善

从制度渊源来看，收容教养、工读教育曾是广泛运用于触法未成年人的处遇制度，但收容教养制度继2013年《中共中央关于全面深化改革若干重大问题的决定》提出废止劳动教养制度后也逐渐退出历史舞台，鲜少适用，工读教育作为之前对未成年人刑罚启动之前的非刑事化临界预防措施，由于司法属性不明导致运行困难，而在现实生活中，罪错未成年人普遍存在家庭监护和教育不良、亲情缺失、管教不住等多重问题，以及部分因不满法定刑事责任年龄不予刑事处罚的低龄未成年人犯罪，对这部分群体的教育矫治一直以来都是一大难题，新修订的《预防法》回应社会关切，在第六条明确规定，国家加强专门学校建设，对有严重不良行为的未成年人进行专门教育矫治，第四十三条、第四十四条和第四十五条规定了未成年人送入专门学校进行矫治教育的具体情形，在立法上明确了决定机关及适用对象等内容，尤其明确省级层面至少确定一所专门学校设置专门场所、进行闭环管理，对未成年人进行专门矫治教育工作，县级以上地方人民政府成立专门教育指导委员会，根据需要合理设置专门学校，具有较大的进步意义。中共中央办公厅和国务院办公厅于2019年发布的《关于加强专门学校建设和专门教育工作的意见》明确了专门学校和专门教育的发展方向，实际上确立了专门学校和专门教育在预防和矫治未成年人违法犯罪中的核心枢纽地位。但仍需要在入学标准、入学年龄、管理体制等配套

制度上加以构建和完善。

三、引社会力量，构建家庭、学校、政府、司法、社会等大综合治理格局

据不完全统计，涉法未成年人人数基本是涉罪未成年人人数的两倍多，且涉法未成年人往往存在家庭教育缺失、认知错误、行为偏差、情绪控制能力缺乏等和涉罪未成年人高度相似的问题。但由于实践中对未成年人初次违法一般不实施行政拘留，同时又缺乏专业矫治力量的介入，导致其违法因素较难消除，存在再犯风险。针对这类问题，新修订的《预防法》第九条明确规定，国家鼓励、支持和指导社会工作服务机构等社会组织参与预防未成年人犯罪相关工作，同时，第二十五条、第四十二条、第五十一条、第五十二条等规定，均为引入社会力量参与未成年人教育矫治工作提供了法律依据。尤其是第五十一条，提出社会组织进行的社会调查、心理测评的相关报告可以作为办理未成年人刑事案件和教育未成年人的参考，同时还规定了社会组织提供"合适成年人"和"社会观护"服务等内容，推动专业化和社会化的有效衔接，鼓励支持学校聘请社工进驻学校，充分体现了未成年人与成年人区分处理的主导思想，运用适合未成年人身心健康的方式，教育、感化、帮扶、挽救未成年人，通过强化家庭监护责任，充实学校管教责任，夯实国家机关保护责任，推动社会广泛参与，积极正面引导，消除滋生未成年人违法犯罪行为的各种消极因素，共同构建家庭、学校、社会、政府、司法等多维度、全方位的保护体系，形成综合治理大格局，共同保护未成年人健康成长，最大限度地防止未成年人滑向违法犯罪。

律师教你选购儿童化妆品

当下社会，很多孩子都有上台演出的机会，家长也希望通过化妆品的加持，让孩子看上去更漂亮可爱。据跨境电商考拉海购发布的数据，2020年国内儿童彩妆消费同比增长300%，儿童护肤类消费同比增长了250%。可见，"85后""90后"父母已成为儿童化妆品市场的主力军。面对市面上琳琅满目的儿童化妆品，家长们对其使用的安全性备感担忧。

一、儿童化妆品具有自身的特殊性

有研究表明，儿童与成人在皮肤组织和生理功能上存在较大区别。儿童皮肤的主要特点表现为：婴幼儿的皮肤角质层比成年人薄约30%，毛发较少，水分容易流失，皮肤屏障功能尚未完善，对外来刺激的易感性较强，容易产生由失水、外界环境刺激等引发的皮肤干燥、泛红、瘙痒等问题。儿童的皮肤较为敏感脆弱，在生长发育的同时，皮肤结构和功能在逐渐接近成人，但均不同于成人。因此，儿童皮肤护理要根据其生理特点和可能的应用场景，遵循科学性、必要性的原则研制，更注重产品的温和性和保湿性，帮助巩固皮肤屏障。

根据《化妆品监督管理条例》和《儿童化妆品监督管理规定》，儿童化妆品的安全性评价不仅包括成人化妆品所要求的安全评估，还包括必要的毒理学实验评价，目的就是为了确保儿童使用化妆品的安全性。此处的儿童特指年龄在12岁以下（含12岁）的儿童。《化妆品安全技术规范》（2015版）明确规定其用于驻留型化妆品时"不得用于三岁以下儿童使用的产品中、禁用于唇部用产品、禁用于体霜和体乳"。

二、儿童化妆品的相关法律法规规定

2021年1月初，福建欧爱婴童健康护理用品有限公司生产的"益芙灵多效特护抑菌霜"涉嫌违法添加激素，"大头娃娃"事件一度引起关注。经福建省药品监督管理部门查处，罚没款总计500余万元，相关责任人员被处以终身禁止从事化妆品生产经营活动的行政处罚。该案作为《化妆品监督管理条例》正式实施以来国内首个对化妆品从业人员处以终身禁业处罚的案件，引起了广泛关注。2021年上半年，全国各地陆续开展婴幼儿、儿童化妆品专项检查行动，发现多项产品不符合规定。例如，浙江省湖州市长兴县市场监督管理局在2021年1月的专项检查中，共检查婴幼儿化妆品经营单位56家，责令整改6起。

在立法方面，针对儿童化妆品的生产经营活动的监督管理体系也在逐步构建当中。《化妆品监督管理条例》已于2021年1月1日起开始实施。国家药品监督管理局于2021年6月18日发布了《儿童化妆品监督管理规定（征求意见稿）》；2021年8月发布的《化妆品生产经营监督管理办法》，首次把儿童化妆品作为化妆品的一个单独类别，明确提出儿童化妆品要有专用标识，涉及儿童化妆品的违法行为要从严从重处罚。2021年9月30日，《儿童化妆品监督管理规定》正式发布，自2022年1月1日起施行，该规定从产品全生命周期维度专门规范儿童化妆品的注册备案和生产经营监管，为儿童化妆品监管筑牢法治基础。2021年11月29日，国家药监局推出儿童化妆品"小金盾"标志。而关于儿童化妆品的标签，《儿童化妆品监督管理规定》与《化妆品标签管理办法》的实施保持一致，即"自2022年5月1日起，申请注册或者进行备案的儿童化妆品，必须按照《规定》进行标签标识；此前申请注册或者进行备案的儿童化妆品，未按照《规定》进行标签标识的，化妆品注册人、备案人应当在2023年5月1日前完成产品标签的更新，使其符合《规定》"。

针对当下很多商家将儿童化妆品藏在儿童玩具中出售以逃避监管问题，2021年12月3日，国家药监局综合司进一步发布了针对山东省药品监督管理局发出的《关于对"儿童彩妆"产品定性问题的请示》的复函（药监综妆函〔2021〕713号）。复函明确提到，如果产品的标签、说明书、外观形态等表明该产品符合化妆品定义，无论其单独销售还是与玩具等其他产品一并销售，该产品都属于化妆品，依法应当按照化妆品进行管理。复函还明确，请示中涉及的产品符合化妆品的定义，故该产品应当按照化妆品管理。生产经营未经注册或者备案的化妆品、未经许可从事化妆品生产活动的，负责药品监督管理的部门应当依据《化妆品监督管理条例》的规定予以查处。该文件为今后药品监督管理部门监察儿童玩具中的符合化妆品定义的儿童化妆品提供了依据，也意味着儿童化妆品进入强监管时代。

三、律师支招：家长如何选择儿童化妆品

随着三孩政策的放开，今后会有越来越多的孩子，孩子的健康成长事关每个家庭的幸福，家长对儿童的护理也越来越重视。那么在日常护理过程中，如何为孩子选择护肤品或化妆品？律师支招，应当做到以下几点：

第一点，首选保湿类护肤品。

儿童的皮肤非常娇嫩，生长发育迅速，修复能力强，日常护理只需要做好保湿就可以了，并不需要额外的功效成分。如前所述，国家对于儿童化妆品的成分，有着严格的规定。家长在对儿童进行日常护理时，主要以基础保湿、清洁为目的。非必要不选购儿童彩妆化妆品。

对于防晒类产品，6月龄以下婴儿皮肤娇嫩，体表面积与体重的比值较高，涂抹防晒产品更容易发生不良反应，因此，不宜使用防晒产品，应当避免日光直射期（每日上午10点至下午2点）外出。需要外出的话，尽量以戴帽子、打伞、穿着浅色纯棉衣物等物理遮盖的方式防晒。对于6月龄以上至2岁的婴幼儿，仍然以衣物遮盖防晒为主，也可以使用SPF10/PA+以内的物理性防晒产品，以霜剂产品为宜。

对于沐浴和护肤产品，婴幼儿皮肤表面的pH值为4.0—5.9，现有研究表明，维持皮肤的弱酸性环境对于皮肤屏障的发育很重要，因此婴幼儿适宜选择弱酸性的洗护产品。婴幼儿沐浴的频率和时间应根据个体需要，结合不同的季节、环境来确定，通常每天或隔日沐浴一次即可，并选择刺激性小、温和的沐浴及洗发产品。沐浴后5分钟内，应使用婴幼儿皮肤护理产品涂抹全身，每12个小时使用一次或按需使用，并根据婴幼儿皮肤干燥程度、季节、环境等选择不同的润肤产品。

第二点，核查儿童化妆品的必要信息。

根据《儿童化妆品监督管理规定》第十四条、第十五条的规定，家长在为儿童选购化妆品时，最好先进行核查，主要查看经营者是否具有经营主体资质及儿童化妆品标志"小金盾"；其次在手机App"化妆品监管"上查看产品注册或者备案信息，若发现违法违规化妆品经营行为，可以拨打12345投诉举报；最后查看化妆品标签、使用期限、供货者名称、地址、联系方式等内容。正规的产品包装上应注明生产企业的名称、地址、电话。还要注意包装上是否注明产品的名称及所执行的标准、生产日期、有效期、适用肤质、适用年龄段及使用说明等。护肤产品都会在产品包装上标注全成分表，消费者在使用护肤品前一定要留意成分标注，避免接触已经明确知道自身过敏的物质。

第三点，特别提醒家长注意。

首先，在使用任何一种新的化妆品前，最好先做个"小测试"。操作方法是，在儿童手腕内侧中下部涂抹一些所试产品，若是沐浴露，则需要稀释后再涂抹，每天涂一次，连续3—4天，如未出现红疹等过敏现象再扩大使用范围。其次，儿童护肤品或者化妆品的牌子不宜经常更换，方便增强皮肤的适应性。最后，一定要让儿童远离成人化妆品，更不得随意使用，因为成人化妆品中所添加的部分功能性成分，如美白、抗衰老等，会对儿童娇嫩的肌肤产生较大的刺激甚至是不可逆的伤害。

明星离婚事件背后的未成年子女法律问题分析

2021年4月23日，赵丽颖与冯绍峰官宣离婚，称"已决定和平分手结束婚姻关系，并已于近日办理相关手续，未来将共同抚养陪伴孩子成长"。消息一发布就冲上热搜，引发网友的一番讨论。

回顾双方婚姻历程：2017年4月，两人因合作拍摄《西游记之女儿国》结缘；2017年6月，两人在《知否知否应是绿肥红瘦》再度合作；2018年10月16日，在赵丽颖生日当天，两人直接晒出结婚证官宣结婚；2019年3月8日，冯绍峰宣布赵丽颖生产，母子平安；2021年2月23日，冯绍峰赵丽颖同游三亚；2021年4月23日，赵丽颖冯绍峰宣布离婚。冯绍峰发微博称"日子很长，过去很好，愿未来更好"。金童玉女的结合，本以为是娱乐圈的一对模范夫妻，但没想到，经历了两年多的婚姻，拥有了一个两岁多的儿子，最终仍然走到了离婚的地步。从官宣内容来看，双方选择的是协议离婚。《民法典》第一千零七十六条规定，夫妻双方自愿离婚的，应当签订书面离婚协议，并亲自到婚姻登记机关申请离婚登记。离婚协议应当载明双方自愿离婚的意思表示和对子女抚养、财产以及债务处理等事项协商一致的意见。所以，协议离婚中必然会涉及未成年子女事项，具体涉及哪些法律问题？有哪些注意事项？律师特提出五点建议。

一、有关抚养权的归属问题

根据《民法典》第一千零八十四条的规定，父母离婚后，仍然对未成年子女有抚养、教育、保护的权利和义务。如果是不满两周岁的子女，以由母亲直接抚养为原则。已满两周岁的子女，父母双方对抚养问题协议不成的，由人民法院根据双方的具体情况，按照最有利于未成年子女的原则判决。

截至2021年4月23日，赵丽颖和冯绍峰的儿子已两周岁有余，双方可以协议约定对儿子的抚养权归属，如果协议不成，法院会按照最有利于未成年子女的原则进行判决。

根据《最高人民法院关于适用〈中华人民共和国民法典〉婚姻家庭编的解释（一）》（以下简称《司法解释（一）》）第四十六条的规定，对已满两周岁的未成年子女，父母均要求直接抚养，一方有下列情形之一的，可予以优先考虑：（一）已做绝育手术或者因其他原因丧失生育能力；（二）子女随其生活时间较长，改变生活环境对子女健康成长明显不利；（三）无其他子女，而另一方有其他子女；（四）子女随其生活，对子女成长有利，而另一方患有久治不愈的传染性疾病或者其他严重疾病或者有其他不利于子女身心健康的情形，不宜与子女共同生活。《司法解释（一）》第四十七条规定，父母抚养子女的条件基本相同，双方均要求直接抚养子女，但子女单独随祖父母或者外祖父母共同生活多年，且祖父母或者外祖父母要求并且有能力帮助子女照顾孙子女或者外孙子女的，可以作为父或母直接抚养子女的优先条件予以考虑。

从双方对外公布的离婚原因"聚少离多"来看，赵丽颖和冯绍峰都是一线明星，接戏肯定少不了，虽然片酬较高，但估计接了一部戏后有可能几个月都看不到人，儿子很有可能由家人或雇佣专人代为照看。所以，抚养权的归属或许要考虑哪一方陪伴孩子时间较多、哪一方父母帮忙照顾较多以及孩子出生后的居住生活环境等多重因素。不过，根据《司法解释（一）》第四十八条、第五十七条的规定，在有利于保护子女利益的前提下，父母双方还可以协议轮流直接抚养或者协议变更抚养关系。不论采取何种抚养方式，如果父母一方存在下列情形之一，另一方协议不成还可以向法院起诉要求变更抚养关系：（一）与子女共同生活的一方因患严重疾病或者因伤残无力继续抚养子女；（二）与子女共同生活的一方不尽抚养义务或有虐待子女行为，或其与子女共同生活对子女身心健康确有不利影响；（三）已满八周岁的子女，愿随另一方生活，该方又有抚养能力；（四）有其他正当理由需要变更。

建议双方在离婚协议书中，根据具体情况，对未成年人的抚养权归属及后续抚养方式进行明确约定。比如离婚后，婚生子某某某的抚养权归某一方享有，待其年满八周岁后，根据其自身意愿来决定跟随父或母共同生活。

二、有关抚养费的负担问题

《民法典》第一千零八十五条规定，离婚后，如果未成年子女由一方直接抚养，那么另一方应当负担部分或者全部抚养费。负担费用的多少和期限的长短，由双方协议，协议不成的，由人民法院判决。这里的"抚养费"包括子女生活费、教育费、医疗费等费用。根据《司法解释（一）》第四十九条的规定，抚养费的数额可以根据子女的实际需要、父母双方的负担能力和当地的实际生活水平确定。有固定收入的，抚养费一般可以按其月总收入的百分之二十至三十的比例给付。无固定收入的，可以依据当年总收入或者同行业平均收入，参照上述比例确定。定期给付或者一次性给付或者用财物折抵等方式都可以。通常情况下，抚养费给付的期限是到子女十八周岁为止。

无论是协议还是判决，子女在必要时都可以向父母任何一方提出超过协议或者判决原定数额的合理要求。根据《司法解释（一）》第五十八条的规定，可要求增加抚养费的情形包括：（一）原定抚养费数额不足以维持当地实际生活水平；（二）因子女患病、上学，实际需要已超过原定数额；（三）有其他正当理由应当增加。

建议在离婚协议中对抚养费的支付方式约定为按月支付，且以某约定比例逐年递增，如果涉及教育、医疗和大额开支（如未成年人对第三方造成的损失赔偿等），按照实际支出金额由双方平均分担。

三、有关探望权的行使

《民法典》第一千零八十六条规定，离婚后，不直接抚养子女的父或者母，有探望子女的权利，另一方有协助的义务。行使探望权利的方式、时间由当事人协议；协议不成的，由人民法院判决。父或者母探望子女，不利于子女身心健康的，可以由未成年子女、直接抚养子女的父或者母以及其他对未成年子女负担抚养、教育、保护义务的法定监护人向人民法院提出依法中止探望；中止的事由消失后，应当恢复探望。探望权问题，如果在离婚时没有涉及，可以单独向法院起诉。

建议在离婚协议中对未成年子女的探望权的行使方式、时间作出具体约定。比如双方可以协议，离婚后，未直接抚养的一方可以每周探望两次，探望时间可以从早九点到晚六点。若上学后，则探望权的行使以不影响正常教学内容为原则。

四、有关户口迁移问题

《户口登记条例》第七条规定，婴儿出生后一个月以内，由户主、亲属、抚养人或者邻居向婴儿常住地户口登记机关申报出生登记。

可见，未成年人在出生一个月内就会随父或随母进行落户，但离婚后，可能会涉及户口迁移问题，根据《户口登记条例》第十条的规定，公民迁出本户口管辖区，由本人或者户主在迁出前向户口登记机关申报迁出登记，领取迁移证件，注销户口。根据前述条例第十三条，公民迁移，从到达迁入地的时候起，城市在三日以内，农村在十日以内，由本人或者户主持迁移证件向户口登记机关申报迁入登记，缴销迁移证件。如果就离婚中的户口迁移问题发生纠纷，不属于法院的处理范围之内。

建议在离婚协议中写明户口迁出的具体时间及逾期迁出产生的违约责任，对双方权利义务有一个相对比较清楚的界定。

五、有关变更姓氏问题

《司法解释（一）》第五十九条规定，父母不得因子女变更姓氏而拒付子女抚育费。父或母一方擅自将子女姓氏改为继母或继父姓氏而引起纠纷的，法院应责令恢复原姓氏。

如果想要在离婚后变更姓氏，那么，最好在离婚协议中进行相应的约定并同时约定违约责任。离婚后，除非双方协商一致，否则不得单方擅自变更孩子的姓氏。

一段婚姻的结束，其实受伤害最大的是未成年人。所以，我国《民法典》明确规定处理离婚纠纷过程中需遵循"最有利于未成年人"原则。虽然，与诉讼离婚相比，协议离婚是结束婚姻关系的一种较为平稳的过渡方式，且只要不违反法律强制性规定，相关事项均以双方在离婚协议中的约定为准，司法也对离婚事务私权意思自治给予了充分尊重，但仍然会在一段时间内造成未成年人生活缺少父爱或母爱，所以离婚时要充分注重对未成年人利益最大化的保护。在离婚后，希望父母双方都可以主动承担起相应的抚养、教育和保护未成年人的责任和义务。即便不在一起了，也可以给予孩子足够的父爱和母爱，共同陪伴孩子健康成长。

"直播带货"业态下消费者应注意的六大问题

提起消费，我们就不得不提到2020年最热的网红经济。不平凡的2020年，一场突如其来的新冠肺炎疫情使直播带货这一新兴网络消费方式成为经济增长新亮点。但直播带货翻车事件却频频被媒体曝出。网红主播李佳琦因售卖大闸蟹被指虚假宣传，主持人汪涵因退货集中被疑虚假交易，快手头部主播辛巴更是因把"糖水"当"燕窝"销售而引发网民声讨……这些乱象无疑为整个直播行业敲响了警钟。据中国消费者协会发布的《直播电商购物消费者满意度在线调查报告》显示，从直播电商购物流程中的宣传、直播、商品、支付方式、物流、售后等各节点满意度来看，消费者满意程度最低的是宣传环节，为64.7分。受访消费者对主播夸大和虚假宣传、发布不能说明商品特性的链接在直播间售卖及售后服务不佳等问题意见较多。

直播电商的本质是依托平台社交属性积累的流量和社交关系的价值挖掘，借助网络红人的号召力和影响力，将在社交平台积累的粉丝转化为产品消费者，将其对自身的信任转化为消费力，是一种电商与直播、短视频深度融合的营销创新方式。网络直播电商主要有商家、直播平台、网络主播、MCN机构等主体，直播带货模式包括宣传推广型（不直接设置购物链接）、商家销售型、主播销售型等。直播平台主要有以淘宝、京东、拼多多为代表的电商直播平台和以抖音、快手为代表的社交主播平台。网络主播既包括网红主播，也包括明星等。经营模式的多样性导致责任主体承担的复杂性。商家与主播之间的责任界定不清、主播带货质量无保障、售后制度不健全等因素直接制约着消费者在发生纠纷后的责任主张及索赔。那么，在平台经济这样的新形势下，作为消费者，应该注意些什么？

第一，查看直播时平台展示的商家信息，重点关注商家的《营业执照》。《电子商务法》第十五条规定，电子商务经营者应当在其首页显著位置，持续公示营业执照信息、与其经营业务有关的行政许可等信息，或者上述信息的链接标识。如果有营业执照公示信息，消费者可以采用截图、拍照等方式保存下来。如果商家没有营业执照，尽量不要购买其商品或服务。《电子商务法》第十条规定，个人销售自产农副产品、家庭手工业产品，个人利用自己的技能从事依法无须取得许可的便民劳务活动和零星小额交易活动不需要进行工商登记。

第二，直播购物时，要仔细辨别商品的品牌、品名、产地、规格等关键信息。很多消费者的直播购物是一种冲动型消费，冲着"低价""赠品""便宜"等信息下单购物，而收到货后才发现并非主播所描述的那样。所以，这就提醒我们消费者，在主播进行直播时，要仔细辨别清楚，商品的关键信息，尤其是品牌、品名、产地、规格等细节，必要时予以拍照或截图保留证据。不要盲目轻信主播的口头介绍推介，更不要轻易相信一些超低价承诺，倡导理性消费、合理消费。

第三，直播时不清楚的地方或主播未介绍但又很重要的一些细节，需要和平台客服或商家客服联系，询问清楚，并保留聊天记录。如果主播在介绍时故意避实就虚、避重就轻，对部分产品细节不予以介绍，那么在这种情况下，最好提前和商家客服或平台客服或者直接在刷礼物的同时进行询问。这样方便了解清楚之后再下单，以便保证收到货物的品质。

第四，对于直播视频、交易记录、聊天记录及支付凭证等应当妥善保存。直播购物，如果不发生纠纷，又能买到物美价廉、性价比高的产品，那自然是非常好的，但有时顾客收到的货物与心目中的产品形象相去甚远，这时如果再遇上"主播—平台—商家"互相踢皮球的情况，货款迟迟不肯退，那就是一次非常糟糕的购物体验。所以，为了防患于未然，我们最好能未雨绸缪，提前将证据固定好，以便在今后纠纷发生后，消费者维权时处于主动地位。

第五，直播购物的签收最好当面拆封，仔细核对，如发现问题及时拍照留证。在直播购物的签收环节，最好当面拆封签收，仔细核对品牌、数量、规格等信息，如发现与主播当时陈述的货物不符，及时拍照留证，联系商家和平台解决问题，以维护自身合法权益。

第六，发生纠纷三步走，先协商，再投诉，最后诉讼。

消费者选择直播带货方式购物后引发纠纷，应当及时联系商家和平台协商解决；无法有效联系或各方主体就产品及服务问题协商不成的，消费者既可以向当地消费者协会投诉，也可以向该商家注册地所在的市场监管局投诉，如果仍然无法解决纠纷，再通过前述收集的证据，向法院提起诉讼，如向杭州互联网法院起诉。

如果是产品质量问题，可以依据《产品质量法》第二十二条、第二十三条向法院起诉，对因产品质量造成损害的消费者可以向法院提起民事诉讼主张各项赔偿；如果是经营者存在欺诈、误导消费者的行为，可以依据《消费者权益保护法》第五十五条的规定，主张购买商品价款费用的三倍的惩罚性赔偿，增加赔偿金额不足五百元的，按五百元计算；如果购买的是食品，可以根据《食品安全法》第一百四十八条的规定，除赔偿损失外，还可以向生产者或经营者要求支付价款十倍或损失三倍的赔偿金，增加的金额不足一千元的按一千元进行赔偿。如果是虚假广告，可以根据《广告法》第五十六条的规定，发布虚假广告，欺诈误导消费者，使购买商品或接受服务的消费者权益受损，由广告主承担赔偿责任，关系消费者生命健康的商品或服务的虚假广告，造成消费者损害的，其广告经营者与广告主承担连带责任。情节严重的，根据《刑法》第二百二十二条，涉嫌虚假广告罪，面临两年以下有期徒刑或者拘役，并处或单处罚金的刑事处罚。

直播带货并非法外之地。2020年7月1日，首个对直播电商中的商家、主播、直播平台、MCN机构等主体的行为作了全面定义和规范的《网络直播营销行为规范》开始实施。2020年11月6日，市场监管总局发布《关于加强网络直播营销活动监管的指导意见》，压实了网络平台、商品经营者、网络直播者等有关主体的法律责任，并列举了八大重点违法行为，明确相应的法律查处；2020年11月13日，国家互联网信息办公室发布了《互联网直播营销信息内容服务管理规定（征求意见稿）》，规定直播营销平台应当记录、保存直播内容，保存时间不少于六十日，并提供直播内容回看功能；直播营销人员或者直播机房经营者为自然人的，应当年满十六周岁。2020年11月23日，国家广电总局下发了《国家广播电视总局关于加强网络秀场直播和电商直播管理的通知》，在电商直播方面主要在视听内容服务、商家和个人资质等方面作了相关规定。开办网络秀场直播或电商直播的平台要落实管建同步的原则，遵循平台管理力量与直播间开办能力相匹配的要求。社会知名人士及境外人员开设直播间，平台应提前向广播电视主管部门报备。平台须对相关信息的真实性定期进行复核，发现问题及时纠正。要对头部直播间、头部主播及账号、高流量或高成交的直播带货活动进行重点管理，加强合规性检查。

综上所述，如果消费者在直播购物时，发现自身合法权益被侵害，可以通过多种途径来依法维护自己的合法权益。

恶意诽谤奥运选手的法律责任分析

第32届夏季奥林匹克运动会于2021年7月23日在东京拉开序幕，截至2021年7月27日，短短四天的时间，中国代表团第一波奥运金牌"九宫格"已经集齐。决战东京，国人为中国奥运健儿加油。在祝贺中国代表团的同时，却总有一些不和谐的音符。

2021年7月24日，东京奥运会女子十米气步枪资格赛，中国选手王璐瑶未能晋级决赛，赛后发微博："各位抱歉，我承认我怂了，三年后再见吧。"王璐瑶随即遭受网络暴力，直至删除微博，各大媒体对此纷纷发声。

参赛的中国代表团的每位选手都是一流的。虽然获得金牌是每个奥运健儿的目标和追求，甚至有可能是其一生的高光时刻，但对于那些没有获得奥运金牌的选手，更加应该鼓励其尽早走出来，给予其家人般的温暖，使其越战越勇，越勇越战，而不是一味地指责埋怨，甚至进行侮辱诽谤、恶意诋毁等人身攻击。

一、侵权人的法律责任

网络并非法外之地。恶意抹黑、侮辱诽谤、言语攻击奥运健儿的行为，已经构成侵权，除了违反了《民法典》等民事法律之外，根据具体侵权情节轻重，还有可能触犯《治安管理处罚法》等行政法律，甚至落入《刑法》的规制范畴。总之，实施侵权行为的侵权人应当承担相应的法律责任。

1.民事责任

《民法典》第一千零二十四条规定，民事主体享有名誉权，任何组织或个人不得以侮辱、诽谤等方式侵害他人的名誉权。所谓的名誉权是对民事主体的品德、声望、才能、信用等的社会评价。根据《民法典》第一千零二十五条的规定，行为人为公共利益实施新闻报道、舆论监督等行为，影响他人名誉的，不承担民事责任，但是有下列情形之一的除外，其中包括捏造、歪曲事实，或使用侮辱性言辞等贬损他人名誉。因此，代表中国参加东京奥运会的所有奥运健儿，其名誉权受到法律保护。任何对奥运健儿进行不当人身攻击的行为都可能侵犯其名誉权，属于侵权行为，根据《民法典》第一千一百九十五条的规定，侵权人有权要求网络服务提供者采取删除、屏蔽、断开链接等必要措施，还有权根据具体情况及侵权的实际情节来要求侵权行为实施者承担停止侵害、消除影响、恢复名誉、赔礼道歉等民事责任。在司法实务中，有关对网络服务提供者适用"通知—删除"规则时的主要事项，可以从广州互联网法院于2021年6月1日公布的八起互联网内容平台典型案例中的案例一"郑某某诉北京百度网讯科技有限公司侵害作品信息网络传播权案"了解一二。对网络服务提供者适用"通知—删除"规则时，首先要排除网络服务提供者具有明知或者应知侵权事实的情形，其次要考量权利人发出的通知是否合格，最后要看网络服务提供者是否及时采取了与其管理能力相匹配的制止侵权的措施。该案对于平衡权利人、网络服务提供者和网络用户的利益具有积极作用和典型参考意义。

2.行政责任

对于情节较轻的侵权者，《计算机信息网络国际联网安全保护管理办法》（2011年1月8日施行，国务院令第588号）第二十条规定，对网上恶意抹黑、言语攻击他人的侵权者，由公安机关给予警告，有违法所得的，没收违法所得，对个人可以并处5000元以下的罚款，对单位可以并处1.5万元以下的罚款；情节严重的，并可以给予6个月以内停止联网、停机整顿的处罚，必要时可以建议原发证、审批机构吊销经营许可证或者取消联网资格。

对于情节较重，构成违反治安管理行为的，《治安管理处罚法》第四十二条第一款规定，"公然侮辱他人或捏造事实诽谤他人的，处五日以下拘留或者五百元以下罚款，情节较重的，处五日以上十日以下拘留，可以并处五百元以下罚款"，侵权者有可能面临罚款甚至拘留的行政处罚。

3.刑事责任

对于情节恶劣，已经触犯刑法相关规定的，《根据最高人民法院、最高人民检察院关于办理利用信息网络实施诽谤等刑事案件适用法律若干问题的解释》（2013年9月10日施行）第五条，利用信息网络辱骂、恐吓他人，情节恶劣，破坏社会秩序的，依照刑法第二百九十三条第一款第二项的规定，以寻衅滋事罪定罪处罚。但从本届奥运会发现的情况来看，尚未达到追究刑事责任的程度。

二、网络平台的法律责任

随着平台经济的发展，"流量为王"逐渐成为大家的共识，网络信息内容的丰富程度影响着平台间的发展与竞争，很多网络平台通过各种方式进行引流，个别平台可能会通过别出心裁的内容来吸引大众的眼球，其中有些内容就构成了侵权，要承担相应的法律责任。

2019年12月15日国家网信办发布的《网络信息内容生态治理规定》第四条明确规定，"网络信息内容生产者应当遵守法律法规，遵循公序良俗，不得损害国家利益、公共利益和他人合法权益"。该《规定》第六条进一步规定，"网络信息内容生产者不得制作、复制、发布含有侮辱或者诽谤他人，侵害他人名誉、隐私和其他合法权益的信息"。第十条规定，网络信息内容服务平台不得传播本规定第六条规定的信息。《网络安全法》第四十七条规定，"网络运营者应当加强对其用户发布的信息的管理，发现法律、行政法规禁止发布或者传输的信息的，应当立即停止传输该信息，采取消除等处置措施，防止信息扩散，保存有关记录，并向有关主管部门报告"。第六十八条规定，"网络运营者违反本法第四十七条规定，对法律、行政法规禁止发布或者传输的信息未停止传输、采取消除等处置措施、保存有关记录的，由有关主管部门责令改正，给予警告，没收违法所得；拒不改正或者情节严重的，处十万元以上五十万元以下罚款，并可以责令暂停相关业务、停业整顿、关闭网站、吊销相关业务许可证或者吊销营业执照，对直接负责的主管人员和其他直接责任人员处一万元以上十万元以下罚款。电子信息发送服务提供者、应用软件下载服务提供者，不履行本法第四十八条第二款规定的安全管理义务的，依照前款规定处罚"。可见，网络平台应当对网络信息发布者发布的信息内容进行相应的审查和监管，如若违反，可能会面临行政处罚。

三、律师提醒

无规矩不成方圆。在人人都可以发声的网络时代，每个人都应当遵守相应的规则，否则有可能下一个受到侵害的就是你自己。而对于发挥失利的奥运健儿，不论是王璐瑶，还是芦玉菲，抑或是其他选手，我们都应当具有一定的包容心，他们每个人能够代表国家参战奥运，都是非常优秀的，不应当求全责备，更不应当让其遭受无谓的网络暴力。

为EDG战队欢呼的同时，这些法律问题仍应重申

2021年11月6日，一场全球2亿多人在线观看的LOL全球总决赛以EDG战队夺冠而落下帷幕。一时间，朋友圈、微博、抖音等各年龄段的粉丝都在为其欢呼呐喊，并在同一时间表示祝贺。战队的比赛惊心动魄，有人在观战的同时立下小目标，还有人直接在评论区留言EDG赢了就发红包。这是不是意味着玩游戏也可以出人头地？是不是给很多人找到了沉迷游戏的正当理由？在为EDG夺冠叫好的同时，这些法律问题仍然应当予以了解、澄清。

一、未成年人沉迷网络游戏，家长要管吗？

网络游戏因其强大的互动性、娱乐性，天然对未成年人具有强大的吸引力，而未成年人的自控能力较弱，很容易过度沉迷网络游戏，致使身心健康受到伤害。《未成年人保护法》第十七条规定，未成年人的父母或者其他监护人不得放任未成年人沉迷网络。2022年1月1日施行的《家庭教育促进法》第二十二条规定，未成年人的父母或者其他监护人应当合理安排未成年人学习、休息、娱乐和体育锻炼的时间，避免加重未成年人学习负担，预防未成年人沉迷网络。2021年8月30日国家新闻出版署下发《关于进一步严格管理切实防止未成年人沉迷网络游戏的通知》（国新出发〔2021〕14号），要求积极引导家庭、学校等社会各方面营造有利于未成年人健康成长的良好环境，依法履行未成年人监护职责。可见，家长应当依法履行预防未

成年人沉迷网络游戏的监护职责。沉迷网络游戏不仅耽误学业，影响其日后发展，而且对其身心健康也具有巨大危害。

长期沉迷在网络游戏之中，对视力会造成严重的不可逆的损害。有媒体报道，前不久，一位年仅9岁的小电竞粉丝睿睿整个暑假都在打游戏，虽然段位不断提升，但视力却直线下降，到医院眼科就诊验光后发现已有150度真性近视。电子产品的频闪会加重眼睛的疲劳，长时间近距离地注视，很容易在不经意间造成近视度数的增长。未成年人应当严格控制使用电子产品的时间，身为父母，更要以身作则，跟孩子相处时远离电子产品。否则，长此以往，有可能连看书、上下楼梯等简单活动对他们来说都变成"难事"，遑论从事体育活动、竞技比赛了。所以，对孩子玩游戏一事，一定要严格控制时间，绝不能听之任之，放任不管。

二、向未成年人提供网络游戏，有什么限制吗？

保护未成年人身心健康、促进未成年人健康成长是社会各界共同的责任。《未成年人保护法》第七十四条规定，网络游戏、网络直播等网络服务提供者应当针对未成年人使用其服务设置相应的时间管理、权限管理、消费管理等功能。第七十五条规定，网络游戏经依法审批后方可运营。网络游戏服务提供者应当要求未成年人以真实身份信息注册并登录网络游戏。网络游戏服务提供者应当按照国家有关规定和标准，对游戏产品进行分类，作出适龄提示，并采取技术措施，不得让未成年人接触不适宜的游戏或者游戏功能。网络游戏服务提供者不得在每日22时至次日8时向未成年人提供网络游戏服务。此外，根据《关于进一步严格管理切实防止未成年人沉迷网络游戏的通知》的要求，严格限制向未成年人提供网络游戏服务的时间，所有网络游戏企业仅可在周五、周六、周日和法定节假日每日20时至21时向未成年人提供一小时服务，其他时间均不得以任何形式向未成年人提供网络游戏服务；不得以任何形式向未实名注册和登录的用户提供游戏服务。据悉，针对最新出台的网络游戏新规，已陆续有15家企业火速回应，将着手进行合规工作。

三、电竞比赛，对参赛选手的年龄有限制吗？

电竞比赛对选手的反应敏捷程度、操作灵活程度等多方面能力要求较高，所以，参赛选手的黄金时间是18—22周岁，一般在25岁左右会退役。在电竞选手这个职业内，年龄就是最大的优势。根据《未成年人保护法》第六十一条的规定，任何组织或者个人不得招用未满十六周岁未成年人，国家另有规定的除外。任何组织或者个人不得组织未成年人进行危害其身心健康的表演等活动。经未成年人的父母或者其他监护人同意，未成年人参与演出、节目制作等活动，活动组织方应当根据国家有关规定，保障未成年人合法权益。

在国家新闻出版署下发《关于进一步严格管理切实防止未成年人沉迷网络游戏的通知》后，部分电竞赛事已着手对参赛选手年龄进行限制。其中，PEL和平精英职业联赛公告称，将对参赛选手年龄展开合规工作；9月1日，KPL王者荣耀职业联盟赛事委员会公布了对KPL和K甲联赛选手年龄限制的调整通知，其中要求KPL和K甲选手必须年满18周岁方可参赛。此前曾规定年满16周岁即可参赛。

刷单炒信？网络水军？法律为何严惩刷单行为[①]

2017年11月，阿里巴巴起诉杭州简世网络科技有限公司（以下简称"简世公司"）一案在杭州西湖区人民法院作出一审判决，判决简世公司赔偿阿里巴巴经济损失20.2万元，该判决已经生效。该案件成为"电商平台起诉刷单平台获赔第一案"。

早在2017年6月，杭州市余杭区法院对刷单炒信组织者李某作出有期徒刑5年9个月的一审刑事判决，这也是全国首例刷单炒信入刑案。就在现实问题急需法律规制的档口上，2017年11月4日，十二届全国人大常委会第三十次会议表决通过新修订的《反不正当竞争法》，对"网络水军"等不法经营者作出了民事、行政等多方制约措施的规定，这标志着国家已经初步形成治理刷单炒信行为的法律治理体系。

一、从民事赔偿角度看

从民事赔偿角度看，"网络水军"等不法经营者的刷单炒信行为已经对电商平台所营造的网络交易环境造成了恶劣影响，危害了市场竞争秩序，侵犯了消费者利益，应当依法承担相应的民事赔偿责任。

《反不正当竞争法》第十七条规定，"经营者违反本法规定，给他人

[①] 本文成文于2017年11月20日，文中法律法规以当时有效规定为准。

造成损害的，应当依法承担民事责任。经营者的合法权益受到不正当竞争行为损害的，可以向人民法院提起诉讼。因不正当竞争行为受到损害的经营者的赔偿数额，按照其因被侵权所受到的实际损失确定；实际损失难以计算的，按照侵权人因侵权所获得的利益确定。赔偿数额还应当包括经营者为制止侵权行为所支付的合理开支"。

因此，阿里巴巴作为电商平台，其合法权益受到"网络水军"这一群体不正当竞争行为的损害，有权向法院提起民事诉讼，并要求赔偿损失。至于所遭受损失的具体赔偿金额，要结合其提供的证据综合确定。杭州市西湖区人民法院作出20.2万元民事赔偿金额的判决，应当是考虑到侵权人所获得利益及制止侵权行为所支付的合理开支等情节进行认定的。

二、从行政管理角度看

从行政管理角度看，"网络水军"等不法经营者会受到相关行政部门的行政处罚。《反不正当竞争法》第二十四条规定，"经营者利用广告或者其他方法，对商品作引人误解的虚假宣传的，监督检查部门应当责令停止违法行为，消除影响，可以根据情节处以一万元以上二十万元以下的罚款"。

《网络管理交易办法》第十九条规定，"网络商品经营者、有关服务经营者销售商品或者服务，应当遵守《反不正当竞争法》等法律的规定，不得以不正当竞争方式损害其他经营者的合法权益、扰乱社会经济秩序。同时，不得利用网络技术手段或者载体等方式，从事下列不正当竞争行为……（四）以虚构交易、删除不利评价等形式，为自己或他人提升商业信誉……"该《办法》第五十三条规定，"违反本办法第十九条第四项规定的，按照《反不正当竞争法》第二十四条的规定处罚"。

这些条款就是针对利用广告或者其他方法对商品作虚假宣传的经营者所应当承担的行政责任的规定，主要包括责令停止违法行为和消除影响，以及由监督检查部门根据情节处以罚款这三种行政处罚措施。

其中，罚款的幅度范围由监督检查部门根据违法行为的目的、主观过错的性质（故意或过失）、虚假宣传的对象、虚假宣传所造成的危害后果等实际情况灵活掌握。这是违法行为人所应当承担的行政责任方面。而对于平台及网络经营者的损失，主要通过民事诉讼的途径解决。

三、从刑事责任角度看

从刑事责任角度看，"网络水军"的组织经营者或已涉嫌非法经营罪。《最高人民法院、最高人民检察院关于办理利用信息网络实施诽谤等刑事案件适用法律若干问题的解释》第七条规定，"违反国家规定，以营利为目的，通过信息网络有偿提供删除信息服务，或者明知是虚假信息，通过信息网络有偿提供发布信息等服务，扰乱市场秩序，个人非法经营额在五万元以上，或违法所得在二万元以上，属于非法经营行为'情节严重'，以非法经营罪定罪处罚"。

该条明确将网络刷单、有偿删帖等新型犯罪行为列入刑法惩戒范畴之内，被业界称为"刷单入刑"条款。根据《刑法》第二百二十五条对"非法经营罪"的规定，情节严重的，可处五年以下有期徒刑或者拘役及罚款。就在2017年6月，浙江省杭州市余杭区人民法院对刷单炒信第一案组织者李某作出有期徒刑五年九个月、罚款92万元的一审刑事判决，成为国内首例刷单炒信被追究刑事责任的案件。所以，这个事件也给所有从事网络相关有偿服务的服务提供者敲响了警钟，刷单炒信不仅违规违法，更有可能触及刑事犯罪的红色警戒线。

综上可见，刷单炒信行为不仅要面临民事赔偿和行政责任，还有可能涉嫌犯罪。不过，《反不正当竞争法》第二十七条规定，"经营者违反本法规定，应当承担民事责任、行政责任和刑事责任，其财产不足以支付的，优先用于承担民事责任"。当三种制裁措施同时存在时，法律优先保护对民事合法权益的侵权赔偿责任。

十七种对付老赖的方法，总有一种适合你^①

天下之事，不难于立法，而难于法之必行。法律的生命力在于实施，生效裁判文书如果无法落到实处，便相当于一纸空文，无法保障胜诉当事人的权益及时实现。但是，在司法实践中，我国部分法院执行部门不同程度地存在"被执行人难找、被执行财产难查、协助执行人难求、应执行财产难动"等执行难现象，这既损害了债权人的合法权益，又损害了人民法院的司法权威，还影响了社会秩序的安定。所以，最高人民法院一直在尝试各种解决执行问题的办法，试图解决执行中的各种乱象，让老赖无处可逃，让当事人的权利落实到位。

笔者为了让大家用得更方便、更快捷，精心整理、总结了对付老赖的十七种办法，相信老赖一定会无处可逃，胜诉当事人的权益也一定会落到实处。

一、法院向被执行人发出《执行通知书》，传唤被执行人申报财产

根据《最高人民法院关于人民法院执行工作若干问题的规定（试行）》（法释〔1998〕15号）（以下简称《执行规定》）第二十四条的规定，人民法院决定受理执行案件后，应当在三日内向被执行人发出执行通

---

① 本文成文于2016年3月，文中法律法规以当时有效规定为准。

知书，责令其在指定的期间内履行生效法律文书确定的义务，并承担《民事诉讼法》第二百三十二条规定的迟延履行期间的债务利息或迟延履行金。第二十八条规定，申请执行人应当向人民法院提供其所了解的被执行人的财产状况或线索。被执行人必须如实向人民法院报告其财产状况。第二十九条规定，为查明被执行人的财产状况和履行义务的能力，可以传唤被执行人或被执行人的法定代表人或负责人到人民法院接受讯问。

《民事诉讼法》第二百四十一条规定，被执行人未按执行通知履行法律文书确定的义务，应当报告当前以及收到执行通知之日前一年的财产情况。拒绝报告或虚假报告的，人民法院可根据情节轻重予以罚款、拘留。

二、冻结银行账户、存款、收入和养老金

《执行规定》第三十二条规定，被执行人未按规定履行法律文书确定的义务，人民法院可查询、冻结、划拨被执行人在银行（含其分理处、营业所和储蓄所）、非银行金融机构、其他有储蓄业务的单位的存款。

《民事诉讼法》第二百四十二条规定，被执行人未按执行通知履行法律文书确定的义务，人民法院有权向有关单位查询被执行人的存款、债券、股票、基金份额等财产情况。人民法院有权根据不同情形扣押、冻结、划拨、变价被执行人的财产。人民法院查询、扣押、冻结、划拨、变价的财产不得超出被执行人应当履行义务的范围。人民法院决定扣押、冻结、划拨、变价财产，应当作出裁定，并发出协助执行通知书，有关单位必须办理。

最高人民法院对浙江省高级人民法院《关于能否要求社保机构协助冻结、扣划被执行人的养老金问题的复函》［（2014）执他字第22号］明确：被执行人应得的养老金应当视为被执行人在第三人处的固定收入，属于其责任财产的范围，依照《民事诉讼法》第二百四十三条的规定，人民法院有权冻结、扣划。但是，在冻结、扣划前，应当预留被执行人及其所扶养家属必需的生活费用。

三、查封拍卖不动产（如房产）

《执行规定》第四十一条规定，对动产的查封，应当采取加贴封条的方式。不便加贴封条的，应当张贴公告。对有产权证照的动产或不动产的查封，应当向有关管理机关发出协助执行通知书。第四十六条规定，人民法院对查封、扣押的被执行人财产进行变价时，应当委托拍卖机构进行拍卖。第四十七条规定，人民法院对拍卖、变卖被执行人的财产，应当委托依法成立的资产评估机构进行价格评估。

四、查封扣押动产（如车辆）

对被执行人的车辆查控功能已于2022年3月底前上线运行。人民法院可以直接通过网络方式查询被执行人的车辆登记信息，采取网上查封措施，限制车辆的转让、过户及抵押。

公安机关也将根据人民法院的失信被执行人信息在执勤站点对有关车辆进行查扣。

《民事诉讼法》第二百四十四条规定，被执行人未按执行通知履行法律文书确定的义务，人民法院有权查封、扣押、冻结、拍卖、变卖被执行人应当履行义务部分的财产。但应当保留被执行人及其所扶养家属的生活必需品。

五、禁止转让知识产权，冻结相应的股权、证券等账户

《执行规定》第五十条规定，被执行人不履行生效法律文书确定的义务，人民法院有权裁定禁止被执行人转让其专利权、注册商标专用权、著作权（财产权部分）等知识产权。第五十一条规定，对被执行人从有关企业中应得的已到期的股息或红利等收益，人民法院有权裁定禁止被执行人提取和有关企业向被执行人支付，并要求有关企业直接向申请执行人支付。第五十二条规定，对被执行人在其他股份有限公司中持有的股份凭证（股票），人民法院可以扣押，并强制被执行人按照公司法的有关规定转

让，也可以直接采取拍卖、变卖的方式进行处分，或直接将股票抵偿给债权人，用于清偿被执行人的债务。第五十三条规定，对被执行人在有限责任公司、其他法人企业中的投资权益或股权，人民法院可以采取冻结措施。

六、发出搜查令

《民事诉讼法》第二百四十八条规定，被执行人不履行法律文书确定的义务，并隐匿财产的，人民法院有权发出搜查令，对被执行人及其住所或者财产隐匿地进行搜查。

七、强制迁出房屋或者强制退出土地

《民事诉讼法》第二百五十条规定，强制迁出房屋或者强制退出土地，由院长签发公告，责令被执行人在指定期间履行。逾期不履行的，由执行员强制执行。强制迁出房屋被搬出的财物，由人民法院派人运至指定处所，交给被执行人。

八、拘传调查询问

《最高人民法院关于适用〈中华人民共和国民事诉讼法〉的解释》第四百八十四条规定，对必须接受调查询问的被执行人、被执行人的法定代表人、负责人或者实际控制人，经依法传唤无正当理由拒不到场的，人民法院可以拘传其到场。人民法院应当及时对被拘传人进行调查询问，调查询问的时间不得超过八小时，情况复杂，依法可能采取拘留措施的，调查询问时间不得超过二十四小时。

九、依申请执行第三人到期债权

《执行规定》第六十一条规定，被执行人不能清偿债务，但对本案以外

的第三人享有到期债权的，人民法院可以依申请执行人或被执行人的申请，向第三人发出履行到期债务的通知。履行通知必须直接送达第三人。

《最高人民法院关于适用〈中华人民共和国民事诉讼法〉的解释》第五百零一条规定，人民法院执行被执行人对他人的到期债权，可以作出冻结债权的裁定，并通知该他人向申请执行人履行。

十、代履行

《最高人民法院关于适用〈中华人民共和国民事诉讼法〉的解释》第五百零三条规定，被执行人不履行生效法律文书确定的行为义务，该义务可由他人完成的，人民法院可以选定代履行人。

十一、限制高消费令

《最高人民法院关于限制被执行人高消费及有关消费的若干规定》（法释〔2015〕17号）第三条规定，被执行人为自然人的，被采取限制消费措施后，不得有以下高消费及非生活和工作必需的消费行为：（一）乘坐交通工具时，选择飞机、列车软卧、轮船二等以上舱位；（二）在星级以上宾馆、酒店、夜总会、高尔夫球场等场所进行高消费；（三）购买不动产或者新建、扩建、高档装修房屋；（四）租赁高档写字楼、宾馆、公寓等场所办公；（五）购买非经营必需车辆；（六）旅游、度假；（七）子女就读高收费私立学校；（八）支付高额保费购买保险理财产品；（九）乘坐G字头动车组列车全部座位、其他动车组列车一等以上座位等其他非生活和工作必需的消费行为。

被执行人为单位的，被采取限制消费措施后，被执行人及其法定代表人、主要负责人、影响债务履行的直接责任人员、实际控制人不得实施前款规定的行为。因私消费以个人财产实施前款规定行为的，可以向执行法院提出申请。执行法院审查属实的，应予准许。

十二、限制出境

根据《外国人入境出境管理法》第二十三条和《出境入境法》第八条的规定，对外国人和中国公民在大陆境内有未了结的民商事案件，人民法院可以决定其限制出境措施。

对被执行人身份、出入境证件等信息的网络查询功能已于2022年3月底前上线运行。

十三、向媒体公布失信人名单

根据《最高人民法院关于公布失信被执行人名单信息的若干规定》（法释〔2013〕17号）第一条的规定，被执行人具有履行能力而不履行生效法律文书确定的义务，并具有下列情形之一的，人民法院应当将其纳入失信被执行人名单，依法对其进行信用惩戒：（一）以伪造证据、暴力、威胁等方法妨碍、抗拒执行的；（二）以虚假诉讼、虚假仲裁或者以隐匿、转移财产等方法规避执行的；（三）违反财产报告制度的；（四）违反限制高消费令的；（五）被执行人无正当理由拒不履行执行和解协议的；（六）其他有履行能力而拒不履行生效法律文书确定义务的。

对于不履行或未全部履行被执行义务的被执行人，最高人民法院还发布了"全国法院失信被执行人名单信息查询系统"（网址：http://shixin.court.gov.cn/）。

十四、建立"点对点"网络执行查控系统并进行芝麻信用惩戒

根据《最高人民法院关于网络查询、冻结被执行人存款的规定》、《最高人民法院、中国银行业监督管理委员会关于人民法院与银行业金融机构开展网络执行查控和联合信用惩戒工作的意见》（法〔2014〕266号）及《人民法院、银行业金融机构网络执行查控工作规范》（法〔2015〕321号）的规定，人民法院对被执行人的银行账户、银行卡、存款及其他金融资产采取

查询、冻结、扣划等执行措施，可以通过专线或金融网络等方式与金融机构进行网络连接，向金融机构发送采取查控措施的数据和电子法律文书，接收金融机构查询、冻结、扣划、处置等的结果数据和电子回执。最高人民法院将与21家全国性的银行业金融机构建立"总对总"的网络查控机制，并陆续为全国30多个省份的3083家法院正式开通了该系统。2015年，最高人民法院更进一步，与芝麻信用签署了对失信被执行人信用惩戒合作备忘录。

十五、司法拘留

《民事诉讼法》第一百一十一条规定，诉讼参与人或者其他人有下列行为之一的，人民法院可以根据情节轻重予以罚款、拘留；构成犯罪的，依法追究刑事责任：（一）伪造、毁灭重要证据，妨碍人民法院审理案件的；（二）以暴力、威胁、贿买方法阻止证人作证或者指使、贿买、胁迫他人作伪证的；（三）隐藏、转移、变卖、毁损已被查封、扣押的财产，或者已被清点并责令其保管的财产，转移已被冻结的财产的；（四）对司法工作人员、诉讼参加人、证人、翻译人员、鉴定人、勘验人、协助执行的人，进行侮辱、诽谤、诬陷、殴打或者打击报复的；（五）以暴力、威胁或者其他方法阻碍司法工作人员执行职务的；（六）拒不履行人民法院已经发生法律效力的判决、裁定的。

人民法院对有前款规定的行为之一的单位，可以对其主要负责人或者直接责任人员予以罚款、拘留；构成犯罪的，依法追究刑事责任。

《民事诉讼法》第一百一十八条规定，对个人的罚款金额，为人民币十万元以下。对单位的罚款金额，为人民币五万元以上一百万元以下。拘留的期限，为十五日以下。被拘留的人，由人民法院交公安机关看管。在拘留期间，被拘留人承认并改正错误的，人民法院可以决定提前解除拘留。

十六、申请参与分配

《最高人民法院关于适用〈中华人民共和国民事诉讼法〉的解释》第

五百零八条规定，被执行人为公民或者其他组织，在执行程序开始后，被执行人的其他已经取得执行依据的债权人发现被执行人的财产不能清偿所有债权的，可以向人民法院申请参与分配。

十七、拒不执行判决、裁定罪

《刑法》第三百一十三条规定，对人民法院的判决、裁定有能力执行而拒不执行，情节严重的，处三年以下有期徒刑、拘役或者罚金；情节特别严重的，处三年以上七年以下有期徒刑，并处罚金。《刑法修正案（九）》第三十九条将《刑法》第三百一十三条修改为："对人民法院的判决、裁定有能力执行而拒不执行，情节严重的，处三年以下有期徒刑、拘役或者罚金。情节特别严重的，处三年以上七年以下有期徒刑，并处罚金。"

《最高人民法院关于审理拒不执行判决、裁定刑事案件适用法律若干问题的解释》（法释〔2015〕16号）第二条规定，负有执行义务的人有能力执行而实施下列行为之一的，应当认定为全国人民代表大会常务委员会关于刑法第三百一十三条的解释中规定的"其他有能力执行而拒不执行，情节严重的情形"：（一）具有拒绝报告或者虚假报告财产情况、违反人民法院限制高消费及有关消费令等拒不执行行为，经采取罚款或者拘留等强制措施后仍拒不执行的；（二）伪造、毁灭有关被执行人履行能力的重要证据，以暴力、威胁、贿买方法阻止他人作证或者指使、贿买、胁迫他人作伪证，妨碍人民法院查明被执行人财产情况，致使判决、裁定无法执行的；（三）拒不交付法律文书指定交付的财物、票证或者拒不迁出房屋、退出土地，致使判决、裁定无法执行的；（四）与他人串通，通过虚假诉讼、虚假仲裁、虚假和解等方式妨害执行，致使判决、裁定无法执行的；（五）以暴力、威胁方法阻碍执行人员进入执行现场或者聚众哄闹、冲击执行现场，致使执行工作无法进行的；（六）对执行人员进行侮辱、围攻、扣押、殴打，致使执行工作无法进行的；（七）毁损、抢夺执行案件材料、执行公务车辆和其他执行器械、执行人员服装以及执行公务证件，致使执行工作无法进行的；（八）拒不执行法院判决、裁定，致使债权人遭受重大损失的。

第三条规定，申请执行人有证据证明同时具有下列情形，人民法院认为符合刑事诉讼法第二百零四条第三项规定的，以自诉案件立案审理：（一）负有执行义务的人拒不执行判决、裁定，侵犯了申请执行人的人身、财产权利，应当依法追究刑事责任的；（二）申请执行人曾经提出控告，而公安机关或者人民检察院对负有执行义务的人不予追究刑事责任的。

2015年7月21日，最高人民法院、最高人民检察院、公安部发布三家联合开展集中打击拒不执行判决裁定等犯罪行为专项行动的情况，公布10起典型案例，可供大家在司法实践中予以参考。

房屋限购后的三大法律难题拆解①

2016年国庆节前后，各地楼市纷纷出台限购政策，对楼市过热的现象进行调控。2016年9月30日到2016年10月6日，全国已经有包括南京、杭州、苏州等将近20个城市采取了限购政策，随之而来的是大量的房地产买卖合同纠纷，那么，当买房遇上限购，购房者该怎么破？

提问： 只签订了《购房意向书》，尚未签订正式的商品房买卖合同，买受人现因限购政策的施行而丧失购房资格，如果不买房且在合同无特别约定的情形下，还可以拿回定金吗？

回答： 可以。根据《最高人民法院关于审理商品房买卖合同纠纷案件适用法律若干问题的解释》（以下简称"《商品房司法解释》"，自2003年6月1日起施行）第四条的规定，"出卖人通过认购、订购、预订等方式向买受人收受定金作为订立商品房买卖合同担保的，如果因当事人一方原因未能订立商品房买卖合同，应当按照法律关于定金的规定处理；因不可归责于当事人双方的事由，导致商品房买卖合同未能订立的，出卖人应当将定金返还买受人"。

购房者一般在购房之前签订的《购房意向书》《认购协议》或《定金协议》等都具备定金性质，支付的定金是作为签订正式的《商品房预售合同》或《商品房销售合同》的担保，若其中一方在协议约定的时间内因故

---

① 本文成文于2016年11月，相关规定以当时有效的规定为准。

未能订立商品房预（销）售合同，如出卖人因房价暴涨等原因而拒绝订立商品房预售合同或者买受人因房屋本身或周边环境等原因而拒绝订立商品房预售合同，则应适用定金罚则进行双倍返还；如果因楼市限购政策等不可归责于当事人双方的事由，导致未能签订商品房预售合同，则购房人可要求开发商退还定金。如果出卖人坚持不肯退还，无法协商一致，买受人可以向房屋所在地人民法院提起诉讼来解决争议。

提问： 楼市限购政策属于不可抗力吗？如果因限购而无法过户，怎么办？

回答： 限购政策不属于不可抗力，但可以适用《合同法》第一百一十条第一项规定进行处理。《合同法》第一百一十七条规定，"不可抗力是指不能预见、不能避免并不能克服的客观情况。因不可抗力不能履行合同的，根据不可抗力的影响，部分或者全部免除责任"。限购政策是当地政府针对楼市过热的现象根据实际情况采取的住房调控政策之一，在性质上具有公共政策的特征，调控目标明确，并非突然发生，无法满足不可抗力"不可预见""不可避免""不可克服"这三大特性，而且，房屋买卖合同涉及标的相对较大，与合同当事人的切身利益相关，在签订房屋买卖合同时理应对可能存在的市场风险和履行障碍具有一定的判断能力。因此，在司法实践中，各地法院不会把限购政策作为免责条款，将其认定为《合同法》第一百一十七条规定的"不可抗力"。

虽然限购政策不属于不可抗力，但若确因政府限购政策而无法办理不动产转移登记手续，可以援引《合同法》第一百一十条第一项规定的"法律上或者事实上不能履行"的情形进行处理。

在房屋买卖合同订立之后，由于限购政策的出台而导致无法办理房屋所有权转移登记手续的，人民法院通常会认定为，"因不可归责于双方当事人的原因导致合同目的无法实现"，除合同另有约定之外，法院允许当事人双方解除合同，出卖人应当将所收的购房款或定金返还买受人。买受人需酌情承担出卖人实际付出的费用等合理损失。合同当事人一方因限购政策而要求另一方承担违约责任或者适用定金罚则的，法院一般不予支持。

对于解除合同后的损失部分，应当根据实际情况进行区分处理。《全国民事审判工作会议纪要（2011年）》第二十一条规定："人民法院对因国家宏观调控政策调整导致双方当事人解除房屋买卖合同后的损失，应适当区分基本住房、改善性住房和投资性住房予以公平处理，依法保护普通民众特别是弱势群体和低收入阶层的利益。""对购买基本住房或改善性住房的，出卖人在解除合同后请求买受人赔偿损失的，原则上不予支持；对购买投资性住房的，出卖人在合同解除后请求买受人承担相应补偿责任的，人民法院应当依据公平原则进行处理，合同约定定金的，补偿数额原则上以定金数额为限，没有约定定金的，原则上不超过合同标的额的10%；对购买投资性住房的，应依据合同法的相关规定处理。"

参考案例

（2014）江中法民一终字第174号——刘×辉与施×利房屋买卖合同纠纷二审民事判决书

裁判观点

参照《最高人民法院关于适用〈中华人民共和国合同法〉若干问题的解释（二）》（以下简称《合同法解释（二）》第二十六条的规定，住房限购政策具有公共政策的性质，相关行政部门实施住房限购政策之后，在客观上必然会对相应时期房屋买卖合同的实际履行造成重大影响。

结合本案事实，双方当事人在2008年签订涉案《房屋买卖合同》后，出卖人已将涉案房屋交付使用，并且及时办理了公证授权手续，委托买受人之子代办涉案房屋过户的相关手续，至此，出卖人的合同义务已经完成，买受人对此也予确认。

在授权买受人之子办理过户手续之后，办理变更登记的主动权已由卖方转移至买受人一方，故从公平、合理的角度出发，因迟延办理房产过户手续所产生的公共政策变化等非商业风险，不应由守约方承担。现双方当事人对于因住房限购政策的贯彻执行导致涉案房屋不可能由出卖人变更登记到买受人名下的事实均予确认，即涉案《房屋买卖合同》的合同目的已然无法实现，出卖人据此主张解除涉案《房屋买卖合同》亦属公平合理，故本院予以支持。

因政府的限购政策而导致买卖房屋无法过户，属于《合同法》第一百一十条第一项规定的"法律上或者事实上不能履行"的情形，故买受人本案诉请出卖人协助办理房屋过户手续，本院不予支持。

提问：在合同没有特殊约定的情况下，已签订以按揭付款形式购房的房屋买卖合同，但后因限购政策而不能办理按揭贷款，导致无履约能力，无法继续履行合同，怎么办？

回答：买卖双方均有权要求解除合同，出卖人应将收受的购房款本金及其利息或者定金返还买受人，买卖双方互不承担违约责任。根据《最高人民法院关于审理商品房买卖合同纠纷案件适用法律若干问题的解释》第二十三条的规定："商品房买卖合同约定，买受人以担保贷款方式付款、因当事人一方原因未能订立商品房担保贷款合同并导致商品房买卖合同不能继续履行的，对方当事人可以请求解除合同和赔偿损失。""因不可归责于当事人双方的事由未能订立商品房担保贷款合同并导致商品房买卖合同不能继续履行的，当事人可以请求解除合同，出卖人应当将收受的购房款本金及其利息或者定金返还买受人。"

在合同没有约定的情况下，购房合同的买受人因不可归责于当事人双方的限购政策而无法办理银行贷款，最终因合同买受人丧失履约能力而导致合同解除的，可以根据《合同法解释（二）》第二十六条援引"情势变更"条款，出卖人或买受人可以解除合同，出卖人将收受的购房款本金及利息或定金返还买受人，出卖人请求买受人承担其为订立合同而实际发生的费用等合理损失的，可酌情予以支持。买卖双方互不承担违约责任。

但如果在合同中没有明确约定以按揭贷款方式付款而限购政策出台后又以受限购、限贷政策影响为由主张无法继续履行合同的，根据《浙江省高级人民法院民一庭关于审理受房地产市场调控政策影响的房屋买卖合同纠纷案件的若干意见（试行）》（自2011年4月21日起施行）第三条的规定，一般不允许解除合同。

参考案例

（2015）粤高法审监民提字第92号——杨×与中山市××房地产发展有限公司、珠海市××房地产投资顾问有限公司商品房预售合同纠纷再审民事判决书

裁判观点

涉案《中山市商品房买卖合同》签订于国务院颁布限贷政策之前，因此，国家贷款政策的变化超出了双方当事人订立合同时所能预见的范围。出卖人认为买受人在合同签订时对合同订立之后可能出现的银行贷款障碍和不能贷款的风险，应有充分的、合理的预见，该主张缺乏事实依据，本院不予采纳。

综上所述，限购政策对于买卖双方的合同履行会产生一系列重大影响，但不管怎么样，最关键的一点就是相关证据的确定，尤其是面对处于强势地位的开发商时，消费者作为弱势群体，签订合同时一定要打起一百二十分的精神，事后遇到问题建议提前咨询律师，听取专业意见收集证据，通过法律途径维护合法权益。只有掌握了充分的证据，再结合相关法律规定，相应的主张才有可能得到法院的支持。

驴友违规探险，救援费谁承担

2021年5月，在陕西省秦岭"鳌太线"上，当地公安、救援队正在组织救援，救援对象是非法穿越"鳌太线"的失联驴友。部分驴友家属获救后却因救援费用引发争议，舆论一片哗然。"驴友违规探险，救援费谁承担"的话题再次引起大家关注。

一、驴友穿越"鳌太线"违反相关禁令

秦岭"鳌太线"是陕西太白山国家级自然保护区核心区，被称为"中华龙脊"。主线上的鳌山与太白山之间相距约为140千米，平均海拔3566米，大部分是无人区，穿越全程需要翻越17座海拔3000米以上的高山，还有可能遭遇失温、失踪、高反、坠崖等挑战。

每年3月至11月这段黄金季节，都会有部分驴友偷偷穿越"鳌太线"。据《中国鳌太穿越事故调查报告》显示，2012年至2017年夏季，已累计失踪、死亡46人。2018年4月，当地政府发布《禁止鳌太穿越的公告》，明令禁止一切单位或个人随意开展非法穿越活动。但这仍然无法阻止很多驴友对鳌太线的向往，2021年"五一"期间，再次发生数起驴友非法穿越"鳌太线"被困失联事件。

二、驴友穿越"鳌太线"的法律责任

自然保护区按照国家规定分为核心区、缓冲区和实验区。《自然保护区条例》第二十七条规定，禁止任何人进入自然保护区的核心区。第三十四条规定，对违反规定，未经批准进入自然保护区的单位和个人，由自然保护区管理机构责令其改正，并可以根据不同情节处以100元以上5000元以下的罚款。

据媒体报道，2015年10月5日，17名驴友在广西金秀瑶族自治县长滩河自然保护区露营遇险获救，大瑶山国家级自然保护区管理局对17名驴友每人处以1000元罚款。但为了救援，当地相关部门的直接经济支出超10万元。

据公开的行政处罚信息显示，2019年3月4日14时许，在未经批准的情况下，驴友赵某与他人擅自从广西武鸣县马头镇小陆村前往大明山龙头峰露营，在路途中迷路并报警救援。2019年3月9日，赵某被消防队员、护林员及当地村民等组成的救援小组从龙山自然保护区内救出。后赵某因未经批准擅自进入广西上林龙山自治区级自然保护区的核心区内"北仓河"一带的行为违反了《自然保护区条例》第二十七条的规定，被广西上林龙山自治区级自然保护区管理处作出罚款人民币三千五百元的行政处罚决定。

如前所述，陕西秦岭"鳌太线"是国家级自然保护区核心区，驴友或者户外运动爱好者，未经批准而擅自穿越，本身就是违法行为，将面临一百元以上五千元以下的行政罚款。

三、驴友违规穿越失联的救援费用承担问题法律分析

根据《突发事件应对法》第四十八条、第五十二条的规定，政府具有组织处置突发事件的法定职责，其应当组织力量对被困人员进行营救和救治受害人员并妥善安置。可见，政府对驴友的应急救援是免费的。对遇险驴友实施应急救助是国家救助责任的具体表现，与个体因何原因遇险或受难并无直接关系。

但是，在救援过程中，不仅是政府力量的参与，还有可能存在社会力量、当地民间力量甚至是私人力量的参与和协助，对于这部分救助费用，应当如何对待？

《旅游法》第八十二条规定，旅游者在人身、财产安全遇有危险时，有权请求旅游经营者、当地政府和相关机构进行及时救助。旅游者接受相关组织或者机构的救助后，应当支付应由个人承担的费用。但哪些属于应由个人承担的部分尚未明确。

从裁判文书网上公布的案例中，或许可以从司法审判实践中获得一些启示。

在"黄某、王某1等与雷波县马湖风景名胜区管理局生命权、健康权、身体权纠纷"一案中，四川省雷波县人民法院于2020年11月3日作出（2020）川3437民初727号一审民事判决。法院认为，被告雷波县马湖风景名胜区管理局为安抚家属，代为购买丧葬用品，帮助将尸体装殓入棺；为现场死者家属配送矿泉水、面包、快餐；为到场的家属预订住宿；为被告代为购买柴油发电机为冰棺供电，以防尸体腐烂；租用车辆代为运输棺材至雷波县殡仪馆和泸州。被告在反诉中要求原告给付其垫付的各项费用符合《旅游法》第八十二条的规定，故对被告雷波县马湖风景名胜区管理局要求原告给付其垫付的冰棺租赁费、装死者冰棺往返运输费、死者家属住宿费等费用的反诉请求，法院予以支持。

在"邵某英、邵某良、刘某妹与上海携程国际旅行社有限公司旅游合同纠纷"一案中，上海市长宁区人民法院于2016年8月5日作出〔2016〕沪0105民初6889号民事判决。法院认为，原告在旅游期间发病系因身体原因所致，被告对此并无过错，故对于原告主张的邵某良在韩国期间及回国治疗期间的治疗费、返程机票款，法院难以支持。

可见，在救助过程中，应由个人支付的部分，司法认定较为谨慎，一些明显应当由个人支付的费用，才会予以支持。

除此之外，如果是私人实施的救助救援行为，救助人有权依据《民法典》第九百七十九条的规定，请求受益人偿还管理人没有法定或约定的义务，为避免他人利益受损失而进行管理事务过程中所支出的必要费用；如果管理人因此受到损失的，可以请求受益人给予适当补偿。同时，应当注意的是，根据《民法典》第一百八十四条的规定，因自愿实施紧急救助行为造成受助人损害的，救助人不承担民事责任。

四、律师建议

在户外运动爱好者层面，应当对自身的违法违规行为承担相应的法律责任；在救援被困或失联人员层面，可以考虑建立"国家、社会、个人"联合的多元救助机制，政府出于对公民生命安全的考虑对其实施救助义不容辞，但如果个人通过公共财政获得相应的受益，个人也要进行费用的分担；在社会层面，还可以考虑通过保险机制实现风险共担。

从首次参与检察听证反观民事监督案件的
律师代理技巧①

2020年10月，笔者有幸被选聘为"杭州市人民检察院人民监督员"。2021年3月9日，笔者以人民监督员的身份首次参与检察听证。虽然检察听证程序与法院庭审程序基本类似，但角色的转变与互换，让笔者对检察听证有了更加深入的了解，也让笔者知道了检察官眼中的完美律师画像，最重要的是，这让笔者有机会从第三方视角对律师代理民事监督案件进行反思和完善。

一、检察听证的法律依据

我国民事案件实行二审终审制，二审法院作出的裁判就是生效裁判文书，可以作为申请法院强制执行的依据。但《民事诉讼法》第一百九十九条规定，当事人认为生效裁判文书有错误，可以向上一级人民法院申请再审。再审不影响执行。第二百条规定，存在十三种法定情形之一的，上一级人民法院应当再审。再审若被驳回或再审法院逾期未作出裁定或再审判决裁定有明显错误的，当事人还可以申请人民检察院进行民事监督。第二百一十条规定，人民检察院根据需要可以向当事人或者案外人调查核实

---

① 本文刊登于《楚天法治》2021年第5期。

有关情况。《人民检察院民事诉讼监督规则》第五十七条规定，人民检察院认为确有必要可以听证会的形式来进行调查。《人民检察院审查案件听证工作规定》（以下简称《听证规定》）第四条规定，"确有必要"的情形包括在事实认定、法律适用、案件处理等方面存在较大争议，或者有重大社会影响。听证会可以邀请与案件没有利害关系的听证员来参加，包括人大代表、政协委员、人民监督员、特约检察员、专家咨询委员、人民调解员或者当事人所在单位、居住地的居民委员会委员及专家、学者等其他社会人士，做到依法独立行使检察权与保障人民群众的知情权、参与权和监督权相结合。据此，笔者应邀参加本次检察听证活动，作为人民监督员对检察活动进行监督。

二、检察听证活动的程序

（一）听证会的启动

申请民事诉讼监督案件的听证，有两种启动方式：一个是检察院依职权召开听证会，另一个是当事人及其代理人向检察院申请召开听证会。如果检察院经审查，同意召开的，应及时作出决定，并告知申请人；若不同意召开的，应当向申请人说明理由。

（二）听证会的参加人员

听证会的主持人一般是承办检察官。听证员一般为三人至七人。听证会参加人包括案件当事人及其法定代理人、诉讼代理人、辩护人、第三人、相关办案人员、证人和鉴定人以及其他相关人员。

（三）听证会的召开地点

听证会一般在人民检察院检察听证室举行。如果要在其他场所举行，需经检察长批准。按照《人民检察院听证室设置规范》的要求，听证会席位设置如下：在检察听证背景墙一侧居中设置主办检察官或独任检察官席位，同侧左右设置检察官、检察官助理席位，同侧末端设置书记员席位。背景墙对面设置听证员席位，案件当事人席位分两侧相对设置，有旁听人员的，席位设置在听证员席位后排。

（四）听证会的准备工作

召开听证会之前要提前做好以下准备工作：（1）沟通核实听证会参加人的参加情况，听证会参加人务必准时到场参加；（2）提前三日将案由、听证时间和地点告知听证会参加人；（3）将听证会主持人、听证员姓名及身份告知当事人；（4）对于公开举行的听证，及时发布听证会公告。确定听证员后，需要提前将案情、听证过程中需要重点关注的问题及相关规定告知听证员。

公开听证的五类案件，包括拟不起诉、刑事申诉、民事监督、行政监督和公益诉讼案件，公民可以申请旁听，人民检察院可以邀请媒体旁听。经检察长批准，还可以通过中国检察听证网和其他公共媒体，对听证会进行图文、音频、视频直播或者录播。一般不公开的听证包括审查逮捕案件、羁押必要性审查案件以及当事人是未成年人的案件。

（五）听证会的召开程序

（1）确认听证员、当事人和其他参加人是否到场，宣布听证会的程序和纪律；

（2）承办检察官介绍案件情况和需要听证的问题；

（3）当事人及其他参加人就前述问题分别陈述；

（4）听证员向当事人或者其他参加人提问；

（5）主持人宣布休会，听证员就听证事项进行讨论；

（6）主持人宣布复会，根据案件情况，可以由听证员或听证员代表发表意见；

（7）当事人发表最后陈述意见；

（8）主持人对听证会进行总结。

书记员需要对听证过程制作笔录，并全程录音录像。听证笔录由听证会主持人、承办检察官、听证会参加人和记录人签名或者盖章。笔录应当归入案件卷宗。

（六）听证结束

听证结束后，能当场作出决定的，由主持人当场宣布决定并说明理由；不能当场作出决定的，在听证会后依法作出决定，向当事人宣告、送达，并告知听证员。听证员的意见是人民检察院依法处理案件的重要参考。拟不采纳听证员多数意见的，应当向检察长报告并获同意后再作出决定。

三、首次参与检察听证活动的感受及反思

笔者首次以第三方人民监督员身份参与听证会，内心非常激动，满怀期待。笔者在得知听证消息后，第一时间从中国裁判文书网上下载了与该案件有关的一审、二审及再审裁判文书梳理案情，并在厘清法律关系的基础上，提出了自己的想法和观点，准备了三个问题。在参与庭审过程中，仔细倾听了申请人的代理律师非常认真、仔细、详细的阐述，也了解了其他申请人面对申请人提出的种种质疑所进行的解答和回应，同时，承办检察官对本案的审查也非常仔细，询问了申请人和被申请人若干个关键性的问题，甚至检察官还细心地发现申请人代理律师在复印法院案卷时遗漏了一张发票，以致金额对不上。由于双方均不同意调解，在最后陈述之后，检察官宣布听证结束。之后，检察官邀请参与本次听证活动的三位人民监督员对本案进行了评议，沟通交流了对本案的看法和意见。最终，检察院将综合考虑，择期作出决定。

听证活动是人民检察院对于符合条件的案件，就事实认定、法律适用和案件处理等问题听取听证员和其他参加人意见的案件审查活动，也是人民监督员参与和监督检察活动的重要途径。笔者通过参加本次活动，从第三方角度来倾听申请人代理律师的阐述，对比平日里自己作为代理律师发表意见，感受截然不同。反思和总结是进步的动力和源泉。在此，笔者把参加本次活动后的一些思考分享给大家，有则改之，无则加勉。

首先，律师代理民事监督案件需要更加仔细研究案情、做足准备工作。

通过本次参与检察听证，笔者感受最深的就是，律师想要代理民事监督，必须在案件实质性争议事实上下功夫。本次申请方律师发现一审原告提供证据的多处金额不一致、日期不一致、名称不一致，存在相互矛盾的地方，发现存在未举证供货、未提出公章鉴定等举证不到位之处，还提出该案件涉嫌虚假诉讼的代理意见。申请方律师用长达七页的民事监督申

请书，进行了详细阐述，并多次与检察官沟通提出听证申请，特意从深圳赶来参加听证会。笔者站在律师代理案件的角度来看，该律师可谓非常仔细。但对于案件实质争议较大的几个事实问题，面对检察官的询问，该律师仍然无法直接回答，也没有及时自圆其说。一个案件，经过至少三个回合审查，若在实质性争议问题上还支支吾吾、闪烁其词、无法直接说出所以然，那就势必很难让检察官形成十足的心证来推翻原判。这就提醒我们律师，想要从检察监督切入，推翻生效判决，必须仔细研究之前所有诉讼活动形成的文书，对细节性事实和实质性争议要了解清楚，准备充分。

其次，律师代理民事监督案件需要准确找出突破口，尽量提供能推翻关键事实的证据材料。

通常而言，一审法院主要负责查明案件的基本事实，若有二审，二审法院就上诉涉及的事实和法律适用等问题进行审查。大部分案件在二审之后就已经结束诉讼程序。个别案件，当事人仍然认为有错误，六个月内申请再审，等再审审查结束，就已经是三级法院经手审查过的案件了。如果再审被驳回，想要通过检察院的民事监督来推翻三级法院作出的认定。难度之大，可见一斑。并非没有通过检察院来推翻生效判决的案件，但凤毛麟角，屈指可数。人民检察院审查民事诉讼监督案件，是围绕申请人的申请监督请求以及发现的其他情形，对人民法院民事诉讼活动是否合法展开审查。所以，想要在检察院监督阶段有所作为，就必须要找出案件的关键点和切入点，换句话说，就是找出生效判决存在的问题或未查清的基本事实。然后围绕这个事实，提供能推翻关键事实的、新的证据材料。如果仅仅是对之前代理意见和证据材料的重新阐述，而无新观点、新证据，那通常推翻的可能性较低。

最后，律师代理民事监督案件要充分借助听证机会，抓大放小，突出重点。

民事案件的证明标准具有高度盖然性，和刑事案件"排除合理怀疑"的证据证明标准是截然不同的。民事案件不要求一定有"完美证据"，但要求证据之间能够相互印证，形成可以证明基本案件事实的证据链。所以，代理民事监督案件需要把握案件争议焦点的关键因素，抓大放小，切勿在一些无关紧要的地方过度纠缠，而在关键性事实上含糊不清。检察听证也是为双方当事人再次沟通搭建了一个平台，要充分利用听证会这个机会，把对案件事实的质疑提出来，供检察官参考评判。毕竟检察官每年承办的案件非常多，案多人少，压力很大，不可能也没精力在某个案件上反复研究，检察官一般会在听证前会提出一些问题，经过听证会询问后，大多数检察官对案件已经有了一个基本的判断。会后再提出的意见被采纳的可能性较小。

四、结　语

随着我国法治进程的加速推进，公众对司法公开的要求越来越高，邀请人民监督员参与检察听证是检务公开的一项重要内容，也是公众参与并监督检察活动的一个重要渠道，有助于进一步提高检察机关的公信力和权威性。希望今后检察院继续加大公开力度，创新参与监督方式，努力让人民群众在每一个司法案件中都感受到公平正义。

律师提示：高考作弊的五大法律风险点

2021年全国高考于6月7日拉开序幕。据教育部统计数据显示，2021年高考全国报名人数1078万人，比2020年增加7万人。全国共设考点7200余个、考场46.6万个（含2.6万个备用隔离考场），涉考工作人员140余万人，其中监考人员95万余人。

考试，是我国选拔人才的重要途径。保持考场风清气正、维护考试公平正义，事关社会诚信与和谐稳定。《教育法》明确规定，受教育者在入学、升学、就业等方面依法享有平等的权利。考试作弊影响其他考生的切身利益，破坏人才选拔制度，违反公平竞争原则，败坏社会风气，具有严重的社会危害性。

下面，笔者围绕高考作弊话题，梳理汇总了近年来经常被咨询的相关法律问题，以问答形式整理如下。

提问：柳律师，手机可以带进考场吗？我调成静音或关机，就是想在考前看时间，会被认定为考试作弊吗？

回答：手机属于具有发送或者接收信息功能的设备，是不允许带进考场的。根据《国家教育考试违规处理办法》（教育部令第33号，2012年4月1日实施，以下简称《考试违规办法》）第六条、第七条和第九条的规定，考生携带具有发送或者接收信息功能的设备进入考场，应当认定为考试作弊行为。这违背了考试公平、公正原则，将取消全部高考科目成绩，考生违规情况将被记入考生诚信档案。类似具有发送或接收信息功能的设备，除了手机，还包括智能手表等。带手机进考场，无论主观是否故意、无论是否使用，均视为考试作弊。此外，电子存储记忆录放设备也严禁带入考场，如有存储功能的手表、计算器等。在考试中一旦使用相关设备向考场外发送、传递试题信息或接收信息实施作弊，就是严重作弊行为。除上述处理外，还将视情节轻重，同时暂停其参加该项考试一至三年；情节特别严重的，同时暂停其参加各种国家教育考试一至三年。

律师提示：2020年7月18日，浙江省教育考试院发布高考违规考生处理公告，赋予其陈述申辩权，涉及的12名考生高考成绩无效。其中，就包括携带手机等通信工具、夹带考试有关的小抄等违纪行为。

2021年3月2日，南宁铁路运输法院公开审理"罗某参加全国中小学教师资格考试时关机手机响起闹铃"所引发的行政纠纷案件，法院认定，手机属于有发送或者接收信息功能的设备，无论开机与否，无论是否使用，只要携带，根据《考试违规办法》第六条第四项的规定，应当认定属于考试作弊，根据《教师资格条例》第二十条的规定，考试成绩作废，且三年内不得再次参加教师资格考试。2020年9月22日，一审法院判决驳回罗某诉讼请求。但罗某坚持认为其携带关机的手机，不属于考试作弊，后上诉，二审法院认为，手机处于关机状态但仍具有接收信息功能，判决驳回上诉，维持原判。可见，司法实践观点亦是如此。

提问：柳律师，我去年高考后填报志愿，但过了几天再次查看，发现系统上显示的信息不是我几天前填的志愿了，这是怎么回事？

回答：如果碰到这种情况，那你的志愿可能是被篡改了，需要立即向公安机关报警。根据《考试违规办法》第八条、第十条的规定，篡改他人信息，侵害其他考生合法权益的行为属于第八条第五项中"其他扰乱考试秩序的行为"，结合《治安管理处罚法》第二十九条第三项规定，相关人员的行为属于"违反国家规定，对计算机信息系统中存储、处理、传输的数据和应用程序进行删除、修改、增加的"行为，应处五日以下拘留；情节较重的，处五日以上十日以下拘留。构成犯罪的，由司法机关依法追究刑事责任。所以，你应当立即向公安机关报案，让相关违法行为人受到应有的惩罚，避免更多考生的信息受到影响。

　　律师提示：据2019年7月12日澎湃新闻报道，浙江省台州市天台县有三名考生填报高考志愿后发现被篡改志愿，天台警方侦破该篡改他人高考志愿案件，根据《治安管理处罚法》第二十九条第三项的规定，天台警方依法对陈某作出行政拘留十日的处罚。查明事实后，浙江省教育考试院根据后台记录恢复了张某、鲍某、汤某三人原始的高校志愿。

　　提问：柳律师，我经常看到我们学校的厕所里会有小纸条，写着"出售高考答案"等信息，这种靠谱吗？

　　回答：这种很有可能是涉嫌诈骗的新型诈骗套路，千万不要相信，更加不要购买。正确的做法是在发现后立即向公安机关报案，让这种违法犯罪行为早日无处遁形，避免更多考生上当受骗。《刑法修正案（九）》（2015年11月1日起施行）在《刑法》第二百八十四条后增设了刑法第二百八十四条之一，规定了组织考试作弊罪、非法出售、提供试题、答案罪和代替考试罪。为实施考试作弊行为，向他人非法出售或者提供第一款规定的考试的试题、答案的，处三年以下有期徒刑或者拘役，并处或者单处罚金；情节严重的，处三年以上七年以下有期徒刑，并处罚金。高考是学子面临的一次大考，每位考生都想考上理想的学校。每年都会有不法分子在网络平台等地方售卖所谓"高考真题""绝密答案"等，骗取考生家长的钱财。高考试题属于国家绝密级材料，其保管和运送都有极其严格的管理措施。考生及家长不要心存侥幸，购买所谓的"高考绝密答案"。

　　律师提示：2021年5月，安徽警方接到群众报警，称有人在网上以"出售高考试卷答案"为名，骗取家长及考生钱财。警方经分析研判，迅速锁定了江西籍嫌疑人黄某。2021年3月，黄某通过QQ进入多个聊天群，谎称自己有渠道可以买到高考答案，以每科1.5万元的价格将所谓的"高考试卷答案"出售给家长及考生，诈骗安徽、山东、湖南等五省10余人，骗取钱财10余万元。

　　2021年6月5日，江西省举行的2021年普通高校专升本考试出现统考科目疑似泄题事件，江西省教育厅于6月6日凌晨回应，已向公安机关报案。6月6日下午，南昌市公安局发布警情通报：经初步调查，江西润知林教育咨询有限公司工作人员许某等涉嫌组织考生作弊违法犯罪。涉案主要犯罪嫌疑人许某等已被公安机关控制。

提问：柳律师，马上要高考了，上个月有个培训机构的人联系我，问我想不想高考一鸣惊人考入"双一流"的大学，我说当然想，但我成绩并不好，估计考不上的。然后他问我需不需要找人替我去参加高考，肯定能帮我考个好大学。我也不知道他说的是不是真的，我能相信吗？

回答：非常郑重地告诉你，替考代考要入刑定罪，你千万不要相信这类广告信息，高考在即，你唯有努力复习、相信自己，才是正道。每年高考临近，网上都会陆续出现所谓的"替考""枪手"等广告信息。这类信息声称"有门路"，可以找到大学生或者往届生来替考，需要提前支付"保证金"，成绩出来后再按照"协议"支付款项等。根据《刑法》的规定，在法律规定的国家考试中，"组织作弊的""代替他人或者让他人代替自己参加第一款规定的考试的"，都属于违法行为。《最高人民法院、最高人民检察院关于办理组织考试作弊等刑事案件适用法律若干问题解释》明确，对在高考、考研等国家教育考试中组织作弊的，将直接认定为"情节严重"行为，处三年以上七年以下有期徒刑并处罚金。提醒广大考生，一定要知法守法，不要一时糊涂，抱憾终生。

律师提示：2019年12月，在某国家教育考试中，两名助考团伙人员找了一名大学生，为一名考生替考。替考人员被发现后，两名助考团伙人员竟行贿监考老师对警方隐瞒实情。之后，某市中级人民法院公布了判决结果：两名组织考试作弊者犯组织考试作弊罪、对非国家工作人员行贿罪，分别被判有期徒刑三年八个月和三年二个月；两名监考老师犯非国家工作人员受贿罪，分别被判有期徒刑三年、缓刑三年和有期徒刑一年、缓刑一年六个月；替考大学生犯代替考试罪，被判处拘役五个月，缓刑一年。

提问：柳律师，我女儿今年高考结束后，成绩不理想，我也很郁闷，后来我在某网站上认识了一位很厉害的人物，他说自己是某省负责高考招生的，有渠道帮我女儿送进好学校，我当时很着急，头脑发晕，信以为真，给他转了10万元，后来我女儿仍然没有录取，我该怎么办？

回答：这位家长，你要立即向公安机关报案。高校招生录取有严格的工作流程，高校招生计划由省级招生考试机构统一向社会公布。未经有关省（区、市）公布的招生计划一律不得安排招生。高校在招生省份未完成的招生计划，须通过公开征集志愿录取。高考录取过程中不存在所谓的"内部指标"。有人假冒招生人员实施诈骗，已涉嫌犯罪，你要立即到你的经常居住地公安机关报案，详细描述整个受骗过程，越细越好，公安机关会给你做笔录，希望可以帮助你追回损失。以后要吸取教训，不要轻易相信这种招生门路，要通过正规途径了解招生政策信息。

高考成绩公布前，一些不法分子往往利用家长盼子成龙、盼女成凤的心态，通过伪造文件、私刻印章、设立报名处和咨询电话等方式，假冒高校招生人员、校领导亲戚等，谎称手中掌握高校"内部指标""机动计划""定向招生计划""低分高录""补录"等实施诈骗。考生及家长要高度警惕此类"花钱能买大学名额"的诈骗信息，应从正规渠道了解、确认考试招生政策和信息，切勿轻信蛊惑，以致上当受骗。

律师提示：2020年5月30日，受害人陈某某在某网站上认识一名叫陆某超的男子，该男子称能帮助受害人的孩子录取到更好的学校。通过网上多次联系，陈某某相信了陆某超的谎言。之后，陈某某陆续向陆某超支付7.8万元，结果其孩子没被录取，陈某某人财两空。10月8日，民警将嫌疑人陆某超抓获。

抢票软件，合法or违法

随着每年春运的到来，回家过年的刚性需求与铁路运力不足之间的矛盾和由此衍生出的一款智能软件——抢票软件，就会成为一个话题被大家一次次提及。那么，抢票软件到底合不合法？

抢票软件是一个利用计算机技术将手动买票过程全面自动化的小工具，以此来为异乡人解决春运回家过年"一票难求"的问题，也有人将其形象地称为"技术性插队"。笔者认为，其存在本身并不违法，关键在于如何利用。如果使用恰当，可以节省购票时间，提高购票效率，增加购票成功率；如果使用不当，则有可能被某些别有用心的人利用。下面简单分析抢票软件可能会涉及的问题，希望消费者可以理性选择、谨慎购票。

一、抢票软件有可能被不法分子利用，成为违法犯罪的工具

1.倒卖车票罪

有些"黄牛"以营利为目的、购买真实的车票后高价或者变相加价出卖，根据《刑法》第二百二十七条第二款的规定，有可能构成倒卖车票罪。情节严重的，处三年以下有期徒刑、拘役或者管制，并处或者单处票证价额一倍以上五倍以下罚金。如果是伪造的车票，则可能构成倒卖伪造的有价票证罪。

根据《最高人民法院关于审理倒卖车票刑事案件有关问题的解释》

（法释〔1999〕17号）的规定，"高价、变相加价倒卖车票或者倒卖坐席、卧铺签字号及订购车票凭证，票面数额在五千元以上，或者非法获利数额在二千元以上的，构成刑法第二百二十七条第二款规定的'倒卖车票情节严重'"。对于铁路职工倒卖车票或者与其他人员勾结倒卖车票、组织倒卖车票的首要分子、曾因倒卖车票受过治安处罚两次以上两年内又倒卖车票，构成倒卖车票罪的，依法从重处罚。

2.诈骗罪

如果"黄牛"是用虚假订票成功信息的截图骗取客户的购票款或向客户收取一定数额代购费的，根据《刑法》第二百六十六条的规定，有可能构成诈骗罪。根据《最高人民法院、最高人民检察院关于办理诈骗刑事案件具体应用法律若干问题的解释》的规定，诈骗公私财物价值三千元至一万元以上和三万元至十万元以上、五十万元以上的，应当分别认定为刑法第二百六十六条规定的"数额较大"与"数额巨大""数额特别巨大"。如果"黄牛"骗取客户的金额达到上述限额，就具有严重的社会危害性，进而将受到更加严厉的刑事制裁。

3.非法获取公民个人信息罪

还有很重要的一点，就是关于公民个人信息泄露问题。调查显示，78.2%的网民个人身份信息被泄露，近半数网民个人通信信息被泄露，网络上公民隐私权的侵害已经相当严重。根据《刑法修正案（七）》的规定，"国家机关或者金融、电信、交通、教育、医疗等单位的工作人员，违反国家规定，将本单位在履行职责或者提供服务过程中获得的公民个人信息，出售或者非法提供给他人，情节严重的，处三年以下有期徒刑或者拘役，并处或者单处罚金。窃取、收买或者以其他方法非法获取上述信息，情节严重的，依照前款的规定处罚"。如果某些网站运营商或者网络开发商借助计算机程序上的技术漏洞倒卖、泄露、出售公民购票所涉及的个人信息（如姓名、电话、地址、身份证号码、银行账号等），则有可能构成非法获取公民个人信息罪。

二、抢票软件有可能被利用来侵犯消费者的合法权益

1.侵犯消费者自主选择权

每年春运带来的超大流量，让很多商人嗅到了商机。有部分网站在下载抢票软件的同时，借机搞搭售，进行捆绑式销售，如在系统默认选项中增加"意外险""抢票套餐""送票上门"等额外有偿服务，有些App可以取消部分选项，而有些却无法选择。而且由于系统默认开启，有时消费者在购票时间仓促的情况下，很容易在不知情的情况下消费，这样的销售行为已经侵犯了消费者的自主选择权，涉嫌不正当竞争。

2.侵犯消费者知情权

有部分网站运营商甚至故意隐瞒重要信息，如车票已经售罄却在页面或者App中仍显示有票，进行虚假销售，这样的行为侵犯了消费者的知情权，甚至有可能构成欺诈性消费。根据国家工商行政管理总局2015年发布的《侵害消费者权益行为处罚办法》，欺诈消费者行为是指经营者在提供商品或者服务中，采取虚假或者其他不正当手段欺骗、误导消费者，使其合法权益受到侵害的行为。如果消费者遇到类似情形，可以要求退款和惩罚性赔偿。

存在即合理，但不一定就合法。抢票软件究竟是否合法还要结合具体的应用场景进行深入综合分析判断，不应简单下结论。但一个新生事物的应运而生说明存在这样的市场需求，相关部门不应一味地否定，而应该持有开放、包容的审慎态度，在实践中不断加强监管力度，创新监管方式，相应地，网络服务供应商也应对网络上发布的信息真实性、合法性积极承担审查义务，多措并举，多管齐下，确保社会秩序的稳步推进。

下　篇

执业感悟

新时代下青年律师发展的观察与思考

　　2022年1月24日，司法部官网发布《全国公共法律服务体系建设规划（2021—2025）》。文件指出，到2025年，全国执业律师要达到75万名的规模。每万人拥有律师数（人）预期值5.3。2019年1月，司法部发布的《全面深化司法行政改革纲要（2018—2022）》提到，预计到2022年，全国律师总数要达到62万人，每万人拥有律师数达到4.2名。当时业内很多专家、媒体就分析，今后律师竞争将日趋激烈，如今俨然已成现实。据统计，自2012年以来，我国律师人数一直保持年均10%以上的增长速度（见图1）。[①]到2021年，我国执业律师人数已超过50万（见表1），

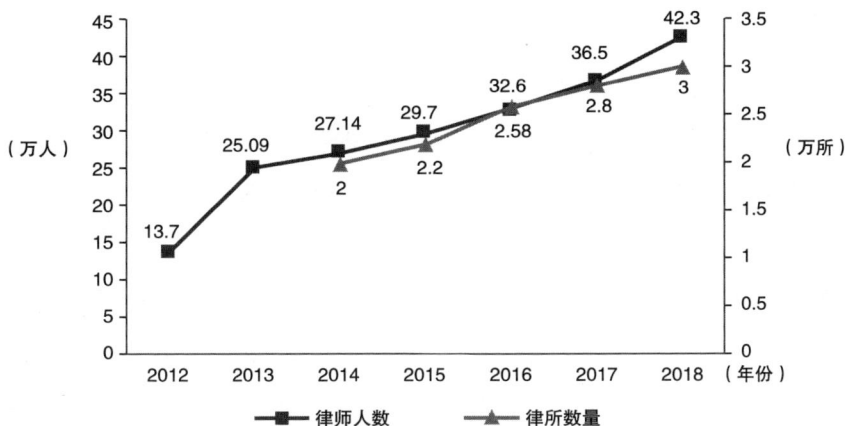

图 1　中国律师及律所增长曲线

---

①相关数据及所附图表源自张伟强律师：《75万！司法部公布2025年全国律师人数，内卷越演越烈！》，"民商法律事务"微信公众号于2022年1月25日推送。

按规划意味着，四年要增加25万名律师，每年平均要增加6万余人。这对于已经身处律师行业的律师而言，尤其是在一线、二线及东部沿海城市执业的青年律师，其实并不是一个好消息，当然，也不一定是坏消息。

表1　全国律师执业人数统计数据

年份	2016	2017	2018	2019	2020	2021	2022（预估）	2025（预估）
人数（万人）	32.8	36.5	42.3	47.3	52.2	54	62	75

一、一个不算好的消息

（一）律师行业内卷愈演愈烈

长久以来，律师行业面临着两极分化严重，意大利经济学家帕累托发现的二八定律在律师行业体现得淋漓尽致。随着律师数量的增加，有可能后续会发展为"一九现象"，即90%的案件由律师行业有资源、有人脉的10%头部律师办理，剩下10%的市场份额由90%律师展开激烈的争夺，甚至有些刚执业的年轻律师可能根本连案源都接触不到。2018年11月，深圳律协调研发现，超三成青年律师年收入不足10万元。①律师是高度依赖专业知识和经验积累的一个职业，开拓案源的方法和技巧，本就是难点和痛点，而且和执业时间长短关系密切。除去掌握大量资源的头部律师，其余律师几乎都存在案源拓展问题。再加上近年来法院纠纷的增长数量远远赶不上律师人数的增幅（见图2），导致律师人均办案量减少②。如果没有常年法

---

①相关调研数据摘自深圳律协于2018年11月14日通过微信公众号推送的文章《为改善青年律师发展状况，我们做了这件事》，该调研结果已结集成书。参见深圳市律师协会：《探寻青年律师成长与发展之路——以深圳千名青年律师为调查样本》，中国政法大学出版社2018年版。
②相关数据及所附图表源自张伟强：《75万！司法部公布2025年全国律师人数，内卷越演越烈！》，"民商法律事务"微信公众号于2022年1月25日推送。文中提及，以2014—2018年的数据为例，合同、不当得利纠纷案件数量一直居于首位，但每年增长量不大，婚姻家庭、继承纠纷甚至有减少趋势，尤其是2017年达到近年最低值。由于律师人数非常可观的涨幅，导致民事诉讼、行政诉讼业务的人均办案数反而减少，尤其是民事诉讼代理从2017年的人均12件减少到2018年的人均9件。

律顾问单位作为基础支撑，律师内心会异常焦虑，带来的直接后果就是遇到个案纠纷后，想方设法接案，甚至有些时候会剑走偏锋①。总之，在律师今后的竞技场上，人数的激增必然会让内卷成为现实趋势且竞争越来越残酷。

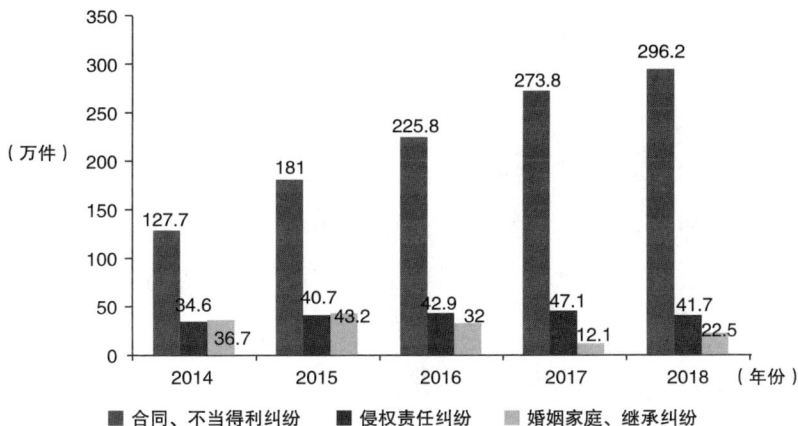

图2　各案由诉讼案件数量趋势

　　内卷现象不仅表现在接业务时，或许还会延伸到律师执业纪律方面。律师职业道德和行业纪律领域越来越受司法行政部门和行业协会的重视，很多地方纷纷在律师行业协会下设道德纪律委员会，对律师执业行为进行监督，对客户投诉进行调查。近年来，律师被投诉举报现象居高不下。以杭州市为例，2019年司法局及市律师协会共收到各类投诉307件。②有很多投诉事项，其实客户并不懂，而是某些律师为了承揽业务或者为了争夺业

①相关内容详见杭州市律师协会会长沈田丰：《关于杭州律师行业2020年六个热点现象的冷思考》，"杭州律协"微信公众号于2021年3月1日推送。文中指出，个别律师在业务推广中的虚假宣传，执业过程中涉及的虚假诉讼、伪造证据等行为，在法庭上不尊重法官等低级的违规行为，都与违规者对律师基本执业操守认识不足有关。
②相关数据来自《每一万个杭州人拥有9.5个律师——2019年杭州律师行业大数据权威发布》，"法治浙江"微信公众号于2020年3月24日推送。其中载明，2019年杭州市司法局及杭州市律师协会共收到各类投诉307件。全市3家律师事务所、17名律师被给予行政处罚；4家律师事务所、30名律师被给予行业处分。相关内容详见杭州市律师协会会长沈田丰：《关于杭州律师行业2020年六个热点现象的冷思考》，"杭州律协"微信公众号于2021年3月1日推送。文中指出，近年来，律师行业收到对律师执业行为的投诉数量增幅比较快，但最终律师协会对被投诉律师或律师事务所立案调查及处分的案件没有明显增多。

务，"隐形指导"客户去实施的。并不是说律师行业不需要监督，但如果将监督发展为律师之间的互相伤害，其实不利于律师行业的可持续发展。如果说内卷是一种温柔的互害，那"窝里斗"就是有你没我的赤身肉搏，且招招见血，直至双方都被埋葬在倾颓的大厦之中，体无完肤。如今，经济增速放缓，疫情散点偶发，律师行业正在经历寒冬。律师之间应抱团取暖，合作发展，互利共赢。如果长期自相残杀，势必两败俱伤，无一赢家。

（二）律师行业要求越来越高

律所是律师行业的组成细胞，而律所又是由每一个运用法律专业知识维护当事人合法权益的律师个体组成的，律师行业的事说到底是每个律师的事。律师将写在白纸黑字上冷冰冰的法条运用于现实生活中一个个活灵活现的真实案例中，其执业特点和职业性质[①]决定了律师需要终身学习。2021年1月1日，作为社会生活百科全书的《民法典》施行，与其配套的、超万余字的122个司法解释同时发布，同年，新修订的《最高人民法院关于适用〈中华人民共和国刑事诉讼法〉的解释》自3月1日起施行，《未成年人保护法》及《乡村振兴促进法》自6月1日起施行，新修订的《行政处罚法》自7月15日起施行，《民事诉讼法》也于12月24日审议通过并于2022年1月1日起施行……据北大法宝统计，2021年度，在国家立法层面，共制定法律17件，修改法律26件，废止法律2件，制定行政法规9件，修改法规6件，废止法规10件，制定监察法规1件、司法解释23件，修改司法解释4件，废止司法解释5件。[②]地方层面、规范性文件层面发生变动的规定更是多如牛毛。在法律知识急速更迭的新时代下，律师既需要不断充电，不停输入，又要持续输出，客户对法律服务也提出了更高的要求。

1.综合性

十年前，可能部分律所仅靠办理上门案件便足以解决温饱问题并维持

---

①柳沛：《你真的了解我们吗？八个特点告诉你律师究竟是个什么样的行业》，来源于"无讼阅读"App，2015年7月13日。
②相关数据来自《2021年制定、修改、废止了这些法律法规》，北大法律信息网，2022年1月6日。

日常生活。但随着公共法律服务覆盖面越来越广以及司法行政机关"以人民为中心"服务意识的日益增强，以律所为中心已经逐渐转变为以客户为中心，即律师跟着客户走，哪里需要哪里有。尤其是进入新时代，案情扑朔迷离，法律关系错综复杂，有些纠纷不仅需要从单一的民事角度考虑，可能还会涉及行政甚至刑事角度，如果启动纠纷时未全盘策划、维权路径没有选好或诉讼方案不全面，最后可能会鸡飞蛋打、功亏一篑。所以，法院的现状是案多人少，律师行业则是案少人多，这就要求律师懂得多、懂得全，了解客户所处的行业特点，能提供综合性法律服务方案。

客户法律服务需求的综合性要求使律所向规模化、联盟型发展。越来越多的律所在全国范围内布局设点，也有律所考虑到业务的互补性，通过合并小所、加入更大规模的大所等方式来充实自身力量。但不论是常态化沟通机制还是区域融合，抑或是整体协调体系化建设，最终目的都是增强律所凝聚力，过去单打独斗的服务方式正逐渐被市场摒弃，客户综合性需求要求律所进化为更加紧密的整体，以统一的标准和形式提供服务。[①]笔者曾读到一篇文章，写的就是浩天信和律师事务所全国董事局主席蒋琪律师提出要为全国各地分所律师提供统一的品牌管理、投标管理、案件管理、客户管理和风控管理的中台建设，以解决律师事务所各自为战的问题。[②]可见，律所的规模化、集约化发展是今后的必然趋势[③]，也是吸引优秀律师的核心要素。

2.及时性

律师用专业知识帮助他人解决问题，隶属于服务业。既然是服务，就必然存在服务质量的问题。随着律师人数的增多，每万人拥有律师比日益提高，也就意味着以后每个人身边都会有好几个律师朋友，这样的情况

①《中国律所发展洞察报告2021：井喷之年，静待新的破局点》，"众垒新律动"微信公众号于2022年1月18日推送。
②《强大的中台 一体化发展｜蒋琪律师在浩天信和2022年第一次董事局、监事会会议上的讲话》，"浩天信和法律评论"微信公众号于2022年1月17日推送。
③余朋铭：《62万律师的背后：2022年，法律行业将发生这些变化》，"新则"微信公众号于2022年2月2日推送。

下，如果客户碰到纠纷，第一反应会去找某个律师，如果该律师在第一时间没有及时予以回应，客户很有可能会转向其他朋友。这就对律师服务的及时性提出了更高的要求。

虽说律师只是众多职业中的一个，律师除了工作还应该有生活，但律师又是服务提供者，当客户遇到纠纷时，往往比较紧急，情绪不定、满腹焦虑，甚至有些客户会直接留言"在线等""非常急""速回电"等信息，所以，律师的时间不仅取决于法院、检察院等司法机关的时间，取决于司法局的时间，更取决于客户的时间。综合下来，除了吃、喝、拉、撒、开庭，律师的其他时间都是别人的。有些客户比较开明，会体贴暖心地替律师考虑，尽量在白天的工作时间沟通。但也有部分客户以自我需求为中心，不论白天黑夜，不论工作休息，想找律师就必须立刻找到。因此，律师作为自由职业者，没有上下班，也不存在加班，甚至用"996""白+黑"都不足以形容其工作特点，或许用形容银行ATM机的"7×24"的描述来形容律师更为妥帖。以后的律师有可能是"机不离手"的典范。客户需要如影随形，法律服务随处都有，律师随时都在，以此让当事人感受到服务的细致、周到和及时，也充分体现对客户的尊重和重视，也许这样才可能受到客户的青睐。

3.服务性

律师是一个自负盈亏的职业，属于自由职业者，没人发工资，没有年终奖，客户就是每个律师的"金主"和"上帝"，业务量是衡量律师成功与否的关键指标。十年前，律师少，纠纷多，可能就算轮也能轮到几个案件办理，时至今日，纠纷多了很多，但律师增加得更多更快，青年律师如果只是被动等待，可能连生存下去都是问题，遑论发展。如何从存量客户中挖掘增量业务，这是每个青年执业律师亟待解决的课题。或许提升法律服务质量是一条捷径。法律服务是一个良心活儿，做多做少不一定能从某一个案件的成败中反映出来，但长久来看，客户是可以在一定程度上感知得到的。金杯银杯不如客户的口碑。认真负责，回头客自然会多，服务态度好，客户口口相传，口碑自然不会差，业务也一定少不了。

在律所执业的青年律师中存在两大类，第一类是团队律师，第二类是独立执业的聘用律师。从客观上看，青年律师执业现状存在三种状态：第一种是作为承办律师，服务于主办律师，直接接触客户但无法提供核心服务内容，位于第三梯队，作用是充当主办律师和客户之间的桥梁，提供辅助性工作；第二种是作为主办律师，位于第二梯队，跟随律师前辈在团队中提供部分核心服务，在一定程度和一定层面上接触客户，但属于处理法律事务上的接洽对接，客户信任和看重的是律师前辈，从这个角度看，青年律师与律师前辈或团队负责人具有一定的相辅相成关系；第三种是直接和律所发生关系的提成制聘用律师，自己开拓案源，自己提供服务。不同层次的青年律师应当根据自身所处位置从服务质量上深入考虑。不仅要做好师傅交代的每件事，而且还要为客户考虑周到全面，想客户所想，急客户所急。

（三）律师行业不正当竞争越来越多

经济基础决定上层建筑，也决定了律师整体的法律服务市场大小。法律服务行业归根结底属于服务行业，与全社会的经济发展形势密切相关。经济活跃的地方，法律需求也相对旺盛。如今，国内经济水平最高且发展最成熟的莫过于沿海两大城市群——长三角城市群和珠三角城市群。长三角城市群已经跻身世界级城市群前六甲，珠三角城市群也朝着世界级活力城市群迈进。再加上央企南迁和最高人民法院审级下沉（5亿元以下的案件都在基层法院审理）[①]等趋势的加持，律所布局市场也正逐步向南方城市群集聚。据媒体统计，2021年长三角地区共有31家律所新设41家分支机构，粤港澳大湾区共有21家律所新设29家分支机构。[②]毋庸置疑，在一线、二线及东部沿海城市执业的律师数量激增，竞争程度日益严峻。同时，互联网的普及加速了律师行业的更新迭代，司法公开、检索工具等"互联网+法律"形式在一定程度上解决了部分客户和律师之间的信息不对称问题。在整个社会处于互联网风口下略显浮躁的情况下，法律服务业也出现不

[①]《强大的中台 一体化发展丨蒋琪律师在浩天信和2022年第一次董事局、监事会会议上的讲话》，"浩天信和法律评论"微信公众号于2022年1月17日推送。
[②]相关数据来自《中国律所发展洞察报告2021：井喷之年，静待新的破局点》，"众垒新律动"微信公众号于2022年1月18日推送。

少年轻律师追求"速成班",耐不住寂寞、守不了清贫、坐不牢板凳的现象,"网红律师""流量律师""抖音律师"频现。网络工具的介入,让律师行业出现部分不太和谐的音符。比如不正当竞争。虽然竞争是律师行业市场化的必然结果,但超越阈值就变质了。比如非常典型的低价竞争。律师费屡创新低,恶性竞争越发白热化。有律师为了抢占市场,连法律顾问费用低于人工成本费用的业务也愿意接,低价竞标政府项目并自愿承担超量工作任务,公司法律顾问费用一年不到一千元……这是非常明显的服务"倾销",这不仅会扰乱正常的法律服务市场,而且会导致劣币驱逐良币。律师内斗,得利的是客户?也不一定,客户享受到的法律服务可能大打折扣,最终结局是各方利益均受损。有网络评论提到,"或许用不了多久,就可以在拼多多上采购法律服务,比价选择,一看才九块九,再一看,还能拉亲戚朋友砍一刀"①。反过来,对于九块九的法律服务,如果你是客户,会寄予多少期望?一分价钱一分货,这是亘古不变的真理。既想价格便宜,又想服务质量高,相当于既要马儿跑得快,又要马儿不吃草,基本没戏。长此以往,低价法律服务比比皆是,法治中国或许会困在数字里。那些头部律师或律所可能形成新一轮垄断,整个律师行业或许被重新洗牌。虽然相关部门已经注意到不正当竞争态势②,但苦于各种规定及各方因素的限制,尚没有很好的办法来规制。

二、一个不算坏的消息

查理·芒格曾说过:"宏观是我们必须接受的,微观才是我们可以有所作为的。"官方规划已出,加大法律服务市场供给已不再是一句口号,而是每年实实在在拿到律师执业证的活生生的个体,青年律师执业难体现在方方面面,但难就不做了吗?罗曼·罗兰曾说过,世界上只有一种真正

---

① 相关评论摘自大锅在打工:《律师行业要完?》,"大锅炖江湖"微信公众号于2022年1月26日推送。
② 相关内容详见杭州市律师协会会长沈田丰:《关于杭州律师行业2020年六个热点现象的冷思考》,"杭州律协"微信公众号于2021年3月1日推送。

的英雄主义，就是在认清生活真相之后仍然热爱它。面对日趋激烈的市场竞争，青年律师应当为未来的变化提前做好准备、作出调整、寻求对策，锤炼自己，适应变化。

（一）青年律师发展需要自我修炼精进

孔子说，"不患无位，患所以立"。当才华撑不起野心时，应该安静读书；当经济撑不起梦想时，应该踏实工作；当能力驾驭不了目标时，应该沉下心来历练。常言道："慧者多敛藏，愚者常炫耀。"水深不语，人稳不言。真正优秀的人，懂得抛却浮华，从不张扬，从不嚣张。青年律师应更加注重学习，在实践中学习，把理论运用到实践中，循环往复，努力增强自己的核心竞争力。如果说十年前客户找律师拼的是人脉、背景、资源，在权力日益受到全方位监督的新时代中，真正懂专业、有知识、懂行业的青年律师也会受到一定程度的信赖。在多年来主流媒体的宣传引导下，客户发生纠纷时，已经从"信访不信法"逐渐向"重法轻访"过渡，法治意识逐步提升。同时，客户对律师专业度的甄别能力也与日俱增。这就需要青年律师在接触客户时具备相当过硬的专业基本功和优质的谈判能力。这些能力的获取并非一蹴而就，而需要日积月累的总结、反思、再实践。在青年律师成长过程中，要留给自己更多时间来提升法律服务水平和能力。[①]不断精进自己，不停自我修炼，锻造属于自己的"防火墙"，争取在某个专业领域形成特色优势，凸显不可替代性，最终体现出自己的价值。当一个律师的实力足够强大时，各种机会自然会从四面八方涌来，想躲都躲不掉。反之，即便奋力去抓，也会徒劳无功，甚至产生副作用。律师之路，不能浮躁，不能速成，没有捷径，而需沉淀和积累。脚踏实地，日有所获，长年累月，终有所成。到那时，用知识武装大脑，练就"铜拳铁臂"，任凭外界如何变化，自己终会有一席之地。

（二）青年律师发展离不开公益法律服务

赠人玫瑰，手留余香。优秀的律师都是靠成千上万的案件堆积出来

---

① 柳沛：《青年律师，没人有义务教你如何办案》，"法律读库"微信公众号于2015年4月19日推送。

的。青年律师在执业初期不一定能接触大量案件，这种情况下，可以考虑多做些公益法律服务。很多优秀的青年律师一开始也是从公益法律服务做起的。在帮助他人的过程中，了解客户的需求和痛点，提升自己的能力和水平，说不定还可以发掘自身的业务兴趣点，形成自己的业务特色。虽然律师行业讲求"业务为王"，但青年律师对业务的追求应当稳中求进，有时急于求成反而欲速则不达。三百六十行，行行出状元。青年律师的发展路径存在多种可能性，时移世易，传统方法不一定适应当下时代的发展，在法律服务市场僧多粥少的情况下，青年律师可以另辟蹊径。比如浙江杭天信律师事务所开办的杭州杭天信公益法律服务中心在帮扶社会弱势群体方面做得不错，在第三批社会大普法"六优培育行动计划"中被评选为优秀普法公益性组织。笔者还从一篇文章中了解到，致诚是中国最早的一家专门从事农民工法律援助的公益法律组织，致诚劳动者的工作人员在为建筑领域农民工讨薪或处理工伤事故纠纷之类的公益道路上已经坚持了十多年（见图3）。[1]不论为哪个方面、哪类群体、哪些纠纷提供法律服务，青年律师一定要有特色且坚持做，做到极致。

图3　致诚公益组织锦旗陈列室

---

[1]徐淼、陈欣怡：《我们应聘过骑手，打过卧底电话，看了1907份判决，最后拼出了这部外卖平台进化史》，"一席"微信公众号于2022年1月23日推送。

身处浙江的青年律师，在建设共同富裕示范区的时代背景下，提供公益法律服务已不再是一个选项，而是演化为承担社会责任和体现青年担当的行业使命。近两年，越来越多的优秀青年律师积极从事公益服务，获得国家级、省级、市级等相关部门的表彰表扬，为其他律师树立了良好的榜样。

（三）青年律师发展应当深耕专业、关注行业、涉猎产业

杭州律师队伍大幅增长（见图4），2019年全市共有律师9274人[①]，2020年执业律师突破10000人，2021年已有12000余人，近两年增加的律师事务所也非常多。据了解，杭州市2021年4月进行区划调整，将原来的余杭区拆分成为余杭区和临平区，在2021年下半年，余杭区新增律所数量达两位数。有众多律所，就会有成倍的律师存在，青年律师想要在行业内获得发展的机会，必须要有一定的业务特色，相当于给自己贴标签、树品牌，增强律师的可识别性。近两年，密集更新和出台的一系列法律法规及规定，也给了很多青年律师弯道超车的机会。青年律师谋发展，应当在执业初期尽早选择某个专业领域，深耕下去，做好自身职业定位和职业规划，展开差异化竞争。向周围优秀的律师前辈学习，和优秀的律师同行一起进步，共同成长。力争在内卷中突围，在竞争中突出。

图4　杭州市律师总数和同比增长数（2015—2019年）

[①]《每一万个杭州人拥有9.5个律师——2019年杭州律师行业大数据权威发布》，"法治浙江"微信公众号于2020年3月24日推送。

除了专业之外，青年律师还应当关注客户行业、了解相关产业发展趋势。2020年7月14日，国家发改委等13个部门联合发布《关于支持新业态新模式健康发展激活消费市场带动扩大就业的意见》，文中指出，要积极探索"互联网+"新发展模式，培养共享经济新业态。新业态会催生新法律服务需求[①]，对青年律师而言，如果注意到国家政策导向和行业前沿动态，并就相关潜在法律风险作分析研判，可能会有客户闻讯而来。2021年3月13日，《中华人民共和国国民经济和社会发展第十四个五年规划和2035年远景目标纲要》发布，从文件可知，未来5年到10年，纲要中的部分产业将成为商业发展的突破口，法律服务也可能由此产生。比如"数字中国""乡村振兴""绿色产业"等。[②]数字化时代，每个产业都值得重做一遍，尤其是在新型产业领域，对青年律师来说，其发展前途是非常可观的。青年律师应当要有这个意识，然后主动寻求从细分领域切入产业的机会，找准客户定位，了解客户需求，深耕细作，随着沉淀和积累，做大做强，如果足够幸运的话，说不定还可以实现推动中国法治进程的终极目标。比如"人脸识别第一案"，起初是郭某对某动物园利用智能信息系统侵犯自身个人信息的权利维护，后来引发大众普遍关注以及高层重视，催生了最高人民法院关于人脸识别方面的司法解释出台，最终该案入选"新时代推动法治进程2021年度十大案件"[③]。

三、结　语

风起于青萍之末，细微之处方见端倪。马克思主义唯物辩证法教导我们，对任何事物都要一分为二地辩证看待。正如党的十九届五中全会提出

---

①王莎莎、刘玉玲、张子天：《新业态下青年律师生存状况与职业发展的实证研究》，"智善法律新媒体"微信公众号于2020年10月20日推送。

②陈晓璐：《未来5年，产业律师是法律服务市场的"刚需"》，"杭州律协"微信公众号于2022年1月4日推送。

③《1入选+1提名！"新时代推动法治进程2021年度十大案件"揭晓》，"浙江天平"微信公众号于2022年1月23日推送。

的，"善于在危机中育先机、于变局中开新局"，律师行业亦是如此。互联网技术催生诸多新兴领域，人工智能、区块链技术、智能设备行业等在信息技术下获得长足发展，必然会产生众多新的法律问题，这也给青年律师的发展带来了新的机遇和挑战。日趋激烈的市场竞争必然会进一步挖掘行业主体的内在潜力，律所追求高质量发展势必激发律师的创造力和突围力，律师行业的未来将向何方发展最终取决于每位律师的努力，还有那份对公平正义的追寻、对执业初心的坚守和推动社会法治进程的法律职业情怀。

"互联网+"时代背景下青年律师培养路径探究^①

随着信息时代的到来，互联网的崛起刷新了人与人之间的交流方式，改变了大众的消费习惯，促进了工作效率的大幅提升。青年律师大多在35岁以下，出生于20世纪80年代以后，刚好是伴随着互联网的发展一同成长起来的一代人，律师事务所完全可以利用互联网在青年律师培养方面大有作为。

一、青年律师的执业现状

很多青年律师怀揣着对法律人的向往和对公平正义的憧憬，投身于法律服务行业。但理想很丰满，现实很骨感，青年律师的执业现状不容乐观，许多新晋律师产生了无尽的迷茫和困惑。把脉痛点，主要呈现为"案源少、开销大、流动性强"三大特征。

第一，案源少。刚走出象牙塔的大学生，年龄基本相仿，人际关系比较简单，对法律服务的需求较少。即便有需求，也没有最终决定权，这样就导致从个人朋友圈中获得案源的可能性较低。而且，刚毕业的大学生虽有满腔热情和一肚子"墨水"，但都比较稚嫩，有点理想化，对理论知识的学习往往没有达到一定高度，只能选择跟着资深律师开始职业生涯。

第二，开销大。刚毕业的大学生能为律所创造的价值相对较少，工资

---

①本文刊登于《中国律师》2016年第3期。

待遇也较低。以杭州为例，一名实习律师每月工资最多3000元，还有一些律所是不给实习律师发工资的。实习期一年暂且按250个工作日来算。每天餐费30元，路费10元，房租每月最低800元，所以一个实习律师一年的生存成本至少需要19600元。另外，一般情况下，大学毕业时大约25岁左右，正是谈婚论嫁的年龄，刚工作就要考虑买车、买房，实习律师的生存压力之大，可想而知。

第三，流动性强。随着自媒体时代的到来，律所对律师的影响力越来越弱，导致青年律师对律所没有归属感，看不到发展的希望，律所的凝聚力减弱，加大了优秀的青年律师在律所之间的流动性。律师最艰苦的时期就是刚执业的三年到五年，有很多律师吃不了苦，禁不住诱惑，耐不住清贫，守不住寂寞，中途选择退出律师行业，转而从事公司法务或者银行法务等工作，最终能坚持下来的律师往往是凤毛麟角。律师生活充满了不确定性，行业整体流动性强。

二、律师事务所对青年律师既有的培养模式

随着依法治国的全面推进，律师在建设法治国家的进程中作用凸显，最高人民法院、最高人民检察院纷纷发文保障律师执业权利。日臻完善的法律制度和日益优化的执业环境使越来越多的青年律师涌入律师行业。以注册在杭州市的律师为例，45%是青年律师。可见，青年律师是律师事务所持续发展的内在动力和后备力量，律师事务所对青年律师的培养也应高度重视，主要有以下三种模式。

一是"学徒式"。师傅带徒弟的传帮带式培养是律师执业经验的传统获取方式，徒弟跟着资深律师拜师学艺，师傅将部分案件或者案件的部分流程交给徒弟办，对关键环节和书面文书进行审核把关，然后让渡一部分业务收入给徒弟。这样的好处是可以解决徒弟的初期成长问题，但最大的弊端在于会让徒弟渐渐产生依赖心理，遇到问题就等师傅解决，不主动想办法，久而久之会缺乏自主思维，将思维局限在已有的办案经验上，陷入思维定式，很难突破。一旦脱离师傅，就不知所措，无法创新思维，也没

有相应的案源。

二是"粗放式"。律师属于自由职业者，但律师执业最大的一个特点就是必须以律师事务所的名义接案。也就是说，根据《律师法》的规定，客户是和律师事务所发生委托代理关系，然后再由律师事务所指派给某一个或几个律师办理，并非当事人直接和律师签委托合同。因此，很多律师事务所为了降低成本、吸引律师，对执业律师收取低比例管理费。换句话说，律师事务所对执业律师不直接进行管理，而是形成客观上的挂靠关系，律师执业状况在极大程度上靠每个律师的自我约束。很多青年律师如果一开始选择在这类管理粗放式的律师事务所执业，那势必会被放任不管，青年律师在自由发展中，难以养成优良的执业习惯，甚至有时会违反律师职业道德，触犯律师执业红线而不自知。这种模式最大的好处在于自由无拘束，最大的弊端就是容易发生违纪情形。所以从长远来看，粗放式培养模式不利于青年律师今后的发展。

三是"团队式"。俗话说，如果想走得快，一个人走；如果想走得远，一群人走。现在很多律师都意识到团队协作的重要性，在搭建属于自己的律师团队。团队中各成员都想方设法地去提高整个团队对外提供法律服务的能力，扬长避短、集思广益、齐心协力、资源共享，凝聚力较强。不论哪个团队都离不开青年律师，对青年律师的培养也就相对慷慨和无私，会尽全力来提高他们的业务水平。这种做法得到了越来越多律所主任的青睐，运用普遍，很多律师事务所内部都有自己的小团队。但这种模式最大的弊端就在于无法规模化地批量生产，能在团队中成长的青年律师数量也有限，一旦离开这个团队，可能无法适应，更无法在其他团队生存。

三、互联网时代下律师事务所对青年律师培养的路径选择

一流的律师事务所需要一流的法律人才，而一流法律人才的成长离不开一流的培养方式。笔者仅从律师事务所管理的角度来谈谈对青年律师培养的路径选择。

第一，设立律匠文坛基金，从执业技能角度为青年律师成长提供激励

保障。

生存是发展的前提。青年律师执业初期的最大问题在于巨大的生活压力，正所谓经济基础决定上层建筑，要想让他们早日成长、充分施展才华，就必须做好他们的后勤保障工作。但单纯的金钱资助又容易使其产生一定的依赖心理和懒惰心态。笔者建议，可以设立律匠文坛基金。通过撰写专业论文、实务文章或者分享办案经验等形式，在青年律师范围内开展征文活动，每期围绕一个主题，在一个或几个律所之间展开联合比赛，对参赛文章进行评比，对一、二、三等奖的得主进行公开表彰并颁发一定数额的奖金。从执业技能的角度讲，青年律师不仅可以借此机会锻炼自己的文笔和书面表达能力，还可以通过自己的努力获得一定的经济收入。至于基金来源，可以协商决定，或者由每个合伙人每月拿出500元存入律匠文坛基金，或者几个律所联谊起来举办活动，基金统一由第三方（如律协）保管发放。在这方面，浙江省部分律师事务所树立了榜样，每年向省律协捐款，用于设立浙江省青年律师培养基金。另外，也可以从分配机制上对青年律师进行一定的倾斜。笔者建议，对执业初期的青年律师按照公司制进行管理。比如说，按照"执行主任—高级合伙人—普通合伙人（资深律师）—承办律师（青年律师）—律师助理"这样的金字塔式机构进行管理和考核。在执行主任下划分若干个业务部门，类似于法院业务庭划分，每个团队中都由资深律师和青年律师及律师助理组成，资深律师对客户负责，青年律师作为承办律师参与案件所有的办理流程，跟着资深律师边学边做。这样可以由资深律师为青年律师提供底薪，让他们在初期有保底工资过渡，促使他们一心一意谋发展、学办案。正如辽宁智库律师事务所一样，对执业初期的青年律师除固定薪酬及五险一金待遇外，还根据年度工作业绩、敬业精神等指标考核青年律师的发展情况，给予年度奖金激励。

第二，搭建电子案管平台，从实务训练方面促使青年律师加速成长。

笔者建议，可以利用互联网为律师在律所内搭建一个电子案件管理平台，秉承信息时代的"开放、分享"精神，让每个律所内执业律师办理的案件全部电子化归档，先在律所内部进行资源共享，实现无纸化办公模式。之后可以给每个客户发放一个登录查询案件办理进程的用户名和密码，让当事人通过这个平台同步跟踪律师办案流程，优质高效。

此外，这样做也有利于所内青年律师的相互交流学习。资深律师每天都有机会接触大大小小、各种各样的案件，而青年律师在前期没有案源，相对而言，可以先将律所内其他律师曾经办理过的经典案例归档、输入，形成电子版本，然后翻阅、查看和学习，记录心得体会。对于疑难复杂的案件，可先学着梳理出可能涉及的法律、法规及文件，找准突破口，提出初步办案意见，然后再对照资深律师的办案思路，寻找差距，找出不足，将别人的办案经验变为自己的经验积累，达到事半功倍的效果。更为可喜的是，司法裁判文书的公开在一定程度上打破了以往律师办理案件经验的人身专属性，使任何一个人都可以从网上看到法官的裁判文书，分析归纳出法官的裁判规则，让青年律师在法官思维和律师思维之间循环往复，寻找相同点与不同点，用实际案例将每个法条的内涵丰富起来。

第三，自媒体定向推广，从专业化维度让青年律师带有鲜明的识别特征。

在竞争如此激烈的今天，青年律师的路在何方？答案是专业化发展。青年律师不如资深律师经验多，不如律所主任人脉广，但时间充裕、精力旺盛，完全可以结合自身兴趣爱好和个性特点，选择某一个法律领域进行深入钻研，走专业化发展道路，力争做该领域的专家型律师，为客户提供更专业、更精细、更高端的法律服务。具体来说，笔者建议，在青年律师入职后3个月左右，律师事务所可以结合青年律师的平日表现、个性特征及个人意愿等因素，让他们各自选择某一个专业领域重点发展，待确定方向之后，律师事务所可以对其进行定向培训，让其通过强化学习，带有鲜明的识别特征，形成律所的核心竞争力。律师事务所再用3年左右的时间将其培养成该领域的法律专家，然后借助网站、微博、微信等自媒体平台，进行定向宣传，推荐该专业律师参加律师协会专委会及其他律所举办的活动，增加其曝光度，让其分享在该领域中的学习体会、研究心得和实务经验，也可以在律所网站或微信公众号上发表其撰写的原创文章，将其逐渐步推向更高的平台，从而使律师的专业化与律师事务所的品牌化相得益彰。

　　青年律师的培养是一个历久弥新的话题，这不仅关系到律师事务所可持续发展的重大命题，也是事关律师行业永葆生机活力和健康发展的根本大计。在"互联网+"时代，我们要乘风破浪、抓住这个契机，把最有限的时间、精力和经费投入最高效的回报中。青年律师成长好，律师事务所的明天就会更好。祖国的明天属于我们，律师界的未来也一定是青年律师的天地。

互联网，助力青年律师弯道超车①

律师执业就像米酒发酵，酒越放越清醇，律师越老越吃香。而青年律师，初出茅庐，懵懂青涩，和刚酿出的酒有几分相似，需要不断积累和静心沉淀，才能逐渐散发出持久芬芳。在这个过程中，如果可以借助于某种工具，那必然能大大缩短成长时间，迅速掌握执业技能，早日晋升为"何以琛式"的高端大气上档次的资深实力派律师。

那这个工具是什么？就是互联网。青年律师大多在35岁以下，刚好是伴随着互联网一同发展起来的一代人。如今，"互联网+"正式出现在政府工作报告中，成为我国经济社会发展的关键词之一。生逢其时，青年律师可以充分利用互联网在律师业务方面大有作为，实现弯道超车。

一、掌握裁判规则，获取实务经验

互联网打破了律师办案经验的人身专属性，公开法官司法裁判的类案规则，让青年律师获取执业实务经验成为可能。

用口语"翻译"一下，就是互联网可以告诉青年律师怎么帮人打官司。或许有人不信，那么我再说得通俗一点。举个生活中的例子，以前出租车司机开车要靠多年驾驶经验才能记住路名、校名、小区名等，但自从

---

①本文荣获首届"律事通"征文大赛一等奖，并全文刊登于《浙江律师》2016年第1期。

某个聪明绝顶的牛人发明了导航这玩意儿，现在不管去哪儿都不用记路了，打开百度地图一搜，一秒就能规划好路线。

律师也同样是一个依赖于实务经验的职业，每个案例都是律师的金名片。以前，律师大多类似于个体工商户，属于单打独斗型。各自独立，交流较少，甚至还明争暗斗，执业经验的获得完全是通过对每个案件的亲力亲为总结出来的，有些还付出了惨痛代价，收获了血的教训，所以律师对这些经验备感珍惜，当然不愿意拿出来与他人分享。对于青年律师的培养就更加吝啬了，每个案件办理的具体细节和关键步骤都不会让青年律师参与，生怕"教会徒弟，饿死师傅"，于是，青年律师只能做一些复印证据材料、收发快递邮件等辅助性工作，当时执业经验的获取主要靠书籍、报纸、杂志，成长速度可想而知。

但互联网时代讲究的是"开放、分享、共赢"的互联网精神，培育的是"互联、跨界、创新"的互联网思维，实现的是"1+1＞2"的病毒式传播，那些传统的知识来源已经无法再满足大众简洁快速等多样化需求了，移动互联网已经成为每个人获知信息的首选工具，也帮助青年律师丰富了执业经验的获取途径。

举个例子，司法裁判文书的公开，不仅可以增加司法透明度，避免部分冤假错案的发生，同时也打造了一个强大的案例数据库，为青年律师提供了大量的实务研究范本。每当青年律师碰到某个相对陌生的具体问题时，只要找准关键词，在中国裁判文书网或无讼案例等数据库中输入，就立马会呈现出类案的生效裁判文书。只要愿意花心思去对比分析、潜心研究，就可以从中归纳总结出各个法官的倾向性观点和既有裁判规则（如《天同码》系列丛书），帮助青年律师了解该类案件的通行做法，预判基本走向，进而确定切实可行的办案思路和行之有效的代理方案，提高客户对青年律师的信任度，增强青年律师接案能力。尤其是在2015年12月15日改版升级的最新裁判文书网中，可以更加详细地搜索到案件的承办法官、律所、律师等内容。未来的时代一定是大数据的天下。青年律师可以凭借触网能力强的后发优势在互联网创造的数据库中遨游，加速成长，最终实现弯道超车。

二、建立垂直社区，跨界融合交流

互联网突破了律师执业的地域限制，建立法律人垂直交流的社区平台，使青年律师跨界协作、线上线下互动学习成为新常态。

说得简单明了一些，就是"足不出户便知天下事，面不相见就神交已久"。互联网电商、社区平台的异军突起，拉近了各地执业律师的空间距离，虚化了律所对律师的管理制约，缩短了各类信息的传播时间，让信息交换过程变得简单、便捷、高效。每个人都从被动接收信息者逐渐向信息内容的生产者和传播者转变，如微信公众号"CU检说法"可以让你知道在北京有一个爱码字的侦查员王栋，无讼阅读作者交流群可以让你与素未谋面的专栏编辑王大莹神交已久，法律读库推送的业界热点可以让你了解到每天有50万法律人阅读着的同样的文章……

互联网让信息传播变得扁平化、极速化和垂直化，也为青年律师之间的交流、青年律师与资深律师之间的互动，以及青年律师与媒体人、技术人之间的融合搭建了桥梁。比如说，异地查档这个事儿，以前青年律师可能要花四五个小时在路上，而办事仅需十分钟，现在只要在全国律师协作联盟的微信群里喊一声，立马会有好友会主动联系过来，什么婚姻、房产、车辆、土地等信息，统统搞定。

互联网用一根无形的绳索把你、我、他都连接在了一起，不仅可以互补，还可以互相学习。律师最大的成本和最缺的东西就是时间，大牌律师更是"忙上加忙"，所以想请他们到外地为青年律师传经送宝着实困难，但如果通过微信群建立一个小型垂直交流社区，这个问题便可以迎刃而解。正如"无讼"组织的一个"案例检索云战队"在2015年12月17日晚播放的线上讲座，就是利用腾讯上限500人的微信群建立了来自五湖四海、从事法律工作的法律人超强阵容互动社区，在无讼小秘书的帮助下顺利完成了第一次分享。这是一次很有意义的尝试，也是一次将线上线下巧妙融合的大胆创新。

律师是一门技术活儿，如何将线上客户转化为线下案源，是每个律师面临的一大难题，"无讼"在这方面做出了很多敢为人先的尝试。其中包括在2015年12月4日举办的律界首场"无讼有声"大型TED演讲秀，通过邀请北大研究生、卖米粉出名后与总理握手的"90后"电商新人张天一，"工作态度别人看得见"的超级演说家陈秋实等嘉宾讲述法律人的另一种可能，为青年律师树立了榜样，也再次凝聚了线上用户的品牌忠诚度。

而"无讼"本身就是入选哈佛商学院案例的天同律师事务所与新媒体专业运营团队跨界融合的典范，是法律人垂直交流的一大社区平台。线上，开通了"所有人问所有人"专栏，邀请知名资深律师为青年律师的执业困惑传道授业；线下，开放了无讼学院对青年律师执业必备技能进行集中培训；同时，不定时地通过活动、赠书、评奖等多种形式横向扩大平台影响力，纵向增加用户黏着度。很多青年律师在执业初期都是通过"无讼"这个平台、透过"无讼"这扇窗户与外界进行对话的，每天打开App阅读专业文章，几乎已经成为一个习惯、一种新常态。

三、依托数据后台，赢得专业优势

互联网冲破了律师办案的熟人效应，提供第三方评价平台的数据支撑，为青年律师在专业化方面崭露头角创造条件。

深入浅出的表达就是用数据说话，客户想找某专业方向的律师，直接在案例数据库中输入即可查看该律师在以往类似案件中的代理情况。由于每个人对法律服务的需求并非刚性，而是带有偶发性、低频性和不定时性，因此当客户有需求时会出现信息不对称现象，客户找不到律师，律师也找不到案源。

以前，客户与律师之间没有直接对接渠道，基本都是靠熟人推介，而在当下的移动互联网时代，客户再也不愁找不到律师了。只要打开中国裁判文书网，某律师在该地区的执业概况一目了然。如果想找某个专业领域方面（如离婚财产纠纷）的律师，只需要再输入关键词（如离婚财产）就会把数据库中所有带有该词条的文书都罗列出来，这样很容易了解该律师擅长哪个专业领域及专业化程度了。

也可以打开无讼案例数据库中的"搜律师"栏目，输入某个律师的名字，如果是经过平台认证的律师，就会清楚地显示出该律师的执业律所、常去法院、代理案件类别个数等诸多详细信息了。虽然通过这种方式来评价律师的执业活动仍存在多方质疑，但正所谓"有数据总比没有好"，案例库中的信息也只是一个参考，最终客户选择哪位律师代理，还是要经过面谈商议后综合评定的。

不管怎么说，互联网时代的信息技术即将或已经把所有竞争者拉到了一个相对公平的环境中，由此青年律师就可以在这个虚拟的舞台上"搭台唱戏"了。如果说以前青年律师还可以抱怨没有案源是因为没有名气、不被重视、不被知晓，那现在的青年律师再说缺乏案源就只能说明其自身不够努力、不够勤奋、不够敬业。在互联网时代，每个人的机会都是平等的，没人知道你是新晋执业律师还是资深律界泰斗，唯一比拼的就是你的执业技能和专业实力。哪怕你刚刚才将实习律师证换成了律师执业资格证，但你如果具备运用专业知识帮助客户解决实际问题的能力，那么客户必定会青睐你。只要有料、有才、有态度，就会光芒万丈，就像"80后"律师陈婧做非诉案件做成杭州首届十大先锋律师之一那样。

机会总是留给有准备的人。青年律师可以走专业化发展道路，让自己带上鲜明的可识别特征，然后借助于网站、微博、微信等新媒体平台进行定向营销。积极参加各类活动，增加曝光度。在律所网站或微信公众号上发表原创性文章，把你的思想、观点传播出去，让更多的人认识你、了解你、信任你，强化客户在该领域对你的认可度，久而久之，你会在该领域形成某种影响力，从而在这个专业领域比别人钻研得更深，成功逆袭。

四、结　语

成长比成功重要，过程比结果重要。未来不是靠预测的，而是我们每一个青年律师主动参与、共同创造出来的。1957年，毛泽东在莫斯科接见中国留学生时曾说过："世界是你们的，也是我们的，但归根结底是你们的。"在互联网浪潮席卷而来的今天，青年律师可以充分发挥主观能动性，借助案例库中的大数据，预判案件走向，提升接案能力，将律师业务做专做精，做细做强，用最短的时间完成原始积累和自我沉淀，争取早日成长为一棵参天大树，让律师行业永葆生机活力！

互联网时代下中小型律师事务所法律
服务发展路径探究

现阶段，中小型律师事务所仍然是我国法律服务市场的中坚力量。以杭州市为例，截至2015年11月，全市律师事务所共有388家，其中20人以下的中小型律师事务所有357家，100人以上的规模所只有天册律师事务所、六和律师事务所、泽大律师事务所、金道律师事务所4家。可见，中小所的比例占到了90%以上。甚至可以毫不夸张地说，没有中小所的健康发展，就没有中国律师业务的未来。那么在互联网时代下，中小所究竟该何去何从，这是摆在每个中小所主任面前的一个难题。

一、中小所自身的固有特点

知己知彼，百战不殆。在规模所凭借其先发优势已经占领了法律服务竞争市场半壁江山的情况下，中小所要想发展，必须转型升级。但前提是先要对自己的优势和不足有一个清晰全面的认识，这样才能找准痛点，对症下药。

（一）人员精简，集权程度高

中小型律师事务所的执业律师基本都在20人以下，基本配置是一名主任、若干名执业律师再加一名会计、一名内勤人员，或者由三至五名合伙人和执业律师、会计、内勤人员组成。所里人数较少，一些日常事务基本都是主任说了算，集权程度较高。相对而言，中小所人心齐，凝聚力强，一些措施容易落实。

（二）稳步发展，创收增长相对较慢

中小所由于规模限制，缺乏承接相对大型高端案件的业务能力，因而整体创收能力受限。以杭州为例，2014年全省38家创收千万元以上的律所，只有南方中辰所和楷立所等10家律师事务所入围，入围创收前20名的只有北京德恒所。但相比较而言，天同律师事务所执业律师人数不多，也属于中小所的范畴，但其人均创收却远远高于一些大所。

（三）彼此独立，管理模式相对粗放

中小型律师事务所基本上对律师的管理实行粗放型管理模式，也有人称为"小作坊"式管理模式，类似于个体工商户，律师彼此之间的独立性较强，缺乏交流。行政管理方面也是由主任享有最终决定权。其他事务都由内勤人员负责管理，所内管理力量的配备相对薄弱。

二、中小所在互联网时代下的发展路径选择

互联网的去中心化和去边界化让大所制度存在的弊端日益凸显，如利益冲突、成本摊派、决策难统一等问题，这时大所中的优秀团队有可能基于各方面考虑而自立门户。比如杭州去年就有一些小所是大所中部分律师带着团队分离出来的。毕竟对客户而言，律师的价值远大于律所带来的价值，尤其是多年合作的律师，除非存在特别严重的问题，一般不会经常更换。所以，互联网在一定程度上突出了律师的业务特色，削弱了律师事务所的管理效应，当部分优秀的律师或者律师团队认为他们在大所平台上无法再获得更多的资源或者受到的限制大于获得的资源时，就会选择跳出大所，在中小所进行精品化发展。中小所虽然不能像大象一样跳舞，但也拥有得天独厚的优势，可以在垂直领域做出特色，打响品牌，走出一条专业化、标准化、智能化发展的康庄大道。

（一）专业化

一流律所做规则，二流律所做品牌，三流律所搞服务，四流律所拼价

格。中小所要想在我国律师行业站稳脚跟，寻求专业化发展路径是不二选择。所谓专业化，是指律所或者律师在某个部门法或某个服务领域的深度垂直挖掘，精耕细作，以提升服务质量，提高工作效率。换句话说，就是律所只专注于提供某个领域的法律服务。专业化发展主要可以从以下两个方面着手：

一方面是律所业务的专业化。随着客户法律意识的增强和每天各类信息的海量冲击，他们可能无法准确判断自己遇到的是什么法律问题，但却可以大致判断出自己需要一个什么类型的律师，如离婚就需要离婚律师，交通事故就需要交通事故律师，所以这就从需求的类型化倒逼法律服务供应的专业化，实现更高效快速的匹配。同时，业务专业化也相当于对律师服务的一种再分配和资源整合，以前律师选择执业律所会考虑大所、小所的规模问题，现在还会考虑律所的专业是否对口的问题。一个专业化的律所肯定是由一批志同道合的人基于某个共同的兴趣爱好组建的，执业律师可以根据自己的优势和特长，侧重发展该领域项下更加细分领域的法律事务。例如，浙江厚启律师事务所就是由若干名对刑辩业务具有强烈兴趣的律师组建的，下面的执业律师每人都有一个细分领域研究，如职务犯罪类、互联网金融类等领域。只有确定了一个精细化的点，进而对这个范围内的法律法规、规章规范性文件了如指掌，再辅以一定的办案技巧，才可以用最简单、快速、有效的方式帮客户解决问题。再如阳光时代律师事务所以能源类纠纷为主要业务，律所是按照公司化运作的，能提供专业的法律意见，获得了业界的一致认可。

另一方面是律所人员的专业化。律师的工作就是提出方案，出庭应诉，进行的是脑力劳动，利用的是专业知识，出具的是法律意见，应当从非专业事务中抽身出来。一名专业律师应至少配备一名实习律师，联系当事人、复印材料、准备材料、收发快递等事务性工作宜由其他律师助理来完成，立案、保全、退费等程序性工作则由实习律师来完成。中小所律师也可以通过第三方机构来购买一定的付费劳务，如上海律匠巨派机构提供的律师管家式服务，瀛和律师机构组建了"职业经理人"团队，让专业的团队服务律所与律师，更好地打造律所品牌，也有律师事务所直接将培训任务外包给某机构。这些都是随着互联网时代的发展而兴起的新兴模式。

（二）标准化

律师服务连接客户的法律需求和律师的专业服务。客户的需求日益多样化，具有不确定性，一个实务往往同时涉及多方面的法律问题，无法标准化，但律师群体不一样，律师相对专业而且归纳概括能力强，可以将自身的业务以一种标准化的形式呈现在客户面前供其选择。为了让客户以最快捷有效的方式识别律师，律师就需要提供标准化服务。例如天同所归纳出的41步标准化流程。

律师服务可视化是律师业务标准化的关键。律师提供的是无形的智力成果，因为无形，所以不好评价，就有客户抱怨："律师动动嘴皮子就要收这么多钱，太黑了！"但如果把律师提供服务的全过程以一种标准化服务的形式展现在客户面前，将无形成果有形化，或者说可视化，让客户对律师的所有工作量有一个直观的感受和清晰的认识，就有利于优化客户体验，增加客户黏性。也有律师事务所将律师业务进一步拆分，如离婚案件，可以根据离婚争点要素进行整理，形成离婚案件客户情况一览表，也可以将业务流程细分成若干个步骤，把一些共性的东西提炼出来，形成样本模板重复利用，节约律师与客户之间的问答时间，提高效率。例如北京大成（成都）律师事务所的徐指亮律师利用Tower软件做出了离婚案件1.0版本，将离婚案件分解成入门学习、案件受理、证据收集、庭前预备阶段、诉前调解阶段、一审程序、二审程序、其他特别程序和结案工作九大流程，再将每个流程细分，如将案件受理程序拆分成书面咨询、利益冲突检索、发工作计划书等若干个子任务。虽然这只是一个初步的雏形，但也代表着未来律师业务标准化的一个趋势。

（三）智能化

科技改变生活，技术驱动法律。随着互联网时代的发展，法律服务行业提供的法律产品的最终要求一定是在最短的时间内产出最多最有用的法律产品。而这一切都需要借助于互联网工具实现"线下—线上"的思维转变，将部分业务或者业务中的某些阶段进行批量化生产，最终智能化。

首先，律师案卷电子化。现在无纸化办公是一种趋势，法院、检察院都已经在落实，律师案卷归档也应当进行电子化保存，这样不仅有利于登记、储存和查阅，而且方便青年律师进行案例学习及分析研究。青年律师头几年案源相对较少，时间充裕，完全可以对律所内其他律师办理过的案件进行研究，归类整理，统计数据，甚至还可以利用这些大数据分析该律所的特色和优缺点。其次，业务合作常态化。互联网突破了律师业务的地域限制，用一根无形的绳索把大家都连接在了一起，也让律所与律所之间的合作变得更加密切。中小所律师不仅做专业的诉讼业务，也会遇到各种非诉业务或者顾问单位提出的一些自己不擅长领域的问题，比如一个离婚律师被问及新三板上市的问题。这时，在中小所无法独立承接业务的情况下，就可以与规模所合作。尤其是涉及部分异地业务，完全可以通过网络进行异地协作，小到一个工商档案信息的查询，大到一个案件的介绍合作，都是互联网时代下协作共赢的体现，可以充分盘活各地律师资源，实现信息资源的优化配置，共同把法律服务市场拓宽做大。就像"无讼"推出的"食悟饭局"，就试图将高频的法律咨询服务有偿化，是一个大胆的探索和尝试。最后，律师营销多样化。律师在埋头拉车的同时，也要经常抬头看路。律师专心做好业务是无可厚非的，但如果在做好业务的基础上再辅以适当形式的营销，那必然会如虎添翼。以前，律师想要做宣传都是靠发名片、发传单、免费咨询甚至贴小广告，而现在，互联网给律师营销带来了新的多元化渠道，网站、微信、微博、公众号等，正在逐步成为一个律所宣传工具的标配。尤其是司法公开推行以来，任何人都可以从裁判文书网上查到某律师办过的相关案件，利用大数据库可以为律师绘制一幅肖像，某个律师擅长哪方面业务，客户一目了然。所以，中小所应当在智能化方面发挥优势，走在前列。

随着法治环境的日益完善，律师行业迅速发展，律师的作用和价值也逐步凸显出来，但社会经济的发展也对律师业务提出了更高的要求。早期发展起来的综合性律师事务所已经难以适应现代客户纠纷的多元化需求，所以律师事务所也要改变思路，转型升级。对中小所而言，未来的核心竞争力可能只有那1%——极其细微的一个专业点。专业化发展是立足于竞争激烈的法律服务市场的一条捷径，标准化发展是中小所赖以生存和发展的必由之路，智能化发展是互联网时代对中小所提出的必然要求。以专业特色求生存，以标准化服务求发展，以智能化技术求升级，中小所在未来的律界道路上一定会大放异彩。

青年律师积累人脉的秘诀

随着律师执业保障的逐步加强，越来越多的年轻人加入律师队伍。以浙江省为例，截至2015年底，律师执业人数已达15755人，35岁以下的青年律师占比将近一半。但纵观近年来青年律师的执业现状，仍不容乐观。其中，困扰无数青年律师的一块心头大石就是案源问题，甚至有些同人因缺乏案源被迫放弃律师职业。

其实，从某种程度上说，案源主要依赖于人脉，通俗地说就是朋友圈、关系网。青年律师有些是刚从象牙塔中走出的，对社会不甚了解，除了学校里接触到的老师、同学，没有其他更多的人脉，所以相应地，手头的案源也很稀缺。虽说身边也有一些人遇到法律问题来咨询，但往往问过之后就没有下文了，最终只能不了了之，不能转化为真正的收入。也有部分律师曾去街头巷尾、法院看守所发名片、贴小广告，但也往往事倍功半，达不到理想效果。

这是为什么？有一个道理谁都没和青年律师讲过，那就是案源人脉都是被吸引过来的，而不是自己找来的。那怎么样才能将其吸引过来呢？扎实的法学功底和丰富的实务技能是必不可少的。

如果你不够优秀，人脉是不值钱的。因为从人脉到案源的转化，靠的不是颜值，而是专业知识和实务技能。我曾听到过这样一种说法，认识的人越多，人脉越广，案源越多。这不是没有道理，但这句话的成立是建立在你自身足够优秀的前提之下的。

物以类聚，人以群分。对于那些资深律师来说，他们已经有过多年的历练，掌握了大多数案件的基本规律和通常思路，所以他们只需要稍加关注每年新变化的法律法规，就可以在处理案件时游刃有余。而对于青年律师来说，一切都是新的，日常问题的解决基本还处于学习积累的阶段，当事人当然不愿用自己的案件让青年律师试水。

但如果有青年律师既拥有扎实的理论功底，又有娴熟的案件处理能力，最关键的是还能提出独到的观点帮助解决问题，那当事人一定会对你刮目相看，也就有可能会让你代理案件。从一个客户满意，树立品牌和良好口碑，慢慢一传十，十传百，你的案源就会像滚雪球一样越来越多。因此，作为律师，要想扩大人脉，增加案源，就必须要让自己变得有利用价值。

只有自己拥有价值，才能够实现等价交换。虽然听起来很冷酷，但这却是一个不争的事实。如果刻意去结交一些人，不但达不到效果，反而会招人反感，当别人遇到一些法律问题时，自然也不会想到你。所以说，人脉不是主动追求来的，而是被动吸引来的。案源不是特意去找的，而是慢慢被吸引过来的。在很多情况下，人脉不在别人身上，而藏在自己身上，唯有让自己变得强大，你才能获得有用的人脉，与其把时间花在多认识人上面，不如花时间提高自己的业务水平。

律师是一个需要不断学习、不停增加知识储备、不时更新数据库的职业。作为青年律师的你，尤其需要耐得住寂寞、守得了清贫、经得起诱惑。沉下心来看书，静下心来读书，正所谓"胸藏文墨怀若谷，腹有诗书气自华"，一个人的气质都藏在你曾经读过的书中，一个律师的气质全体现在对书中专业知识的灵活运用上。仅靠理论或者实践都寸步难行，只有将两者结合才可以发挥超强功效。

更何况，律师每天面对的大部分是基层老百姓，接触到的也是现实生活中的前沿问题，根本无法从书本中找到现成的答案，甚至有些案件极具挑战性，需要律师发挥创造性思维，从道德、法律、政治、经济等多方面因素进行综合考虑，权衡各方利益，得出一个最优代理方案。所以，要想拥有更多的人脉、更多的案源，首先要提升自己的专业知识和实务技能。

一位律界前辈告诉我，做一名优秀的律师最高境界就是让对方当事人后悔没请你当律师。仔细想想确实如此，律师的每一次开庭都是一场没有硝烟的战斗，如果你表现出色，双方当事人都会对你印象深刻，对方当事人或许下次遇到法律问题，就直接来找你了，现实生活中就发生过大量这样的例子。

没有永恒的对立，只有永恒的利益。律师做得好、懂得多能帮当事人解决实际问题，当事人都会慕名而来，反之也会"用脚投票"。有些律师不明白这一点，没有花心思去提升业务能力，而是一味地去结交朋友，扩大交际圈，结果案源却不升反降，所以说，人与人之间因相互吸引而走到了一起，形成了所谓的朋友圈或人脉，案源也是如此。

青年律师，没人有义务教你如何办案

　　青年律师是律师事务所传承的中坚力量，是律界可持续发展的内在动力，部分律师事务所却不愿意花太多的时间、精力和金钱去培养青年律师，以致很多青年律师迷惘、痛苦、不知所措甚至想放弃律师这个职业。很多大道理可能大家都懂，但在具体实践过程中却困难重重、无法把握。不过，笔者想和大家分享的故事很特别，既不是吐槽青年律师的现状有多苦，也不想和大家憧憬青年律师的未来有多美好，而是想和大家说一句大实话，揭露一个残酷的现实——青年律师，没人有义务教你如何办案。

　　不知你是否有过这样的经历：毕业前暗自下定决心，等找到工作后，一定要勤勤恳恳，任劳任怨，听领导的话，一开始哪怕工资低一点也不要紧，结果找到律所实习后，才知道"不是每个师傅都会给你布置任务""不是每个师傅都能天天见到""不是每个师傅都会给你实习工资"……

　　大家都知道，通过司法考试获得法律职业资格证书后，需要在律所实习满一年，考核通过后才可以获得律师执业资格证，但是，哪位律师敢自信地说"我经过一年的实习拿到执业证后，就可以成为真正意义上的律师了"？当我拿到执业证的时候，我是骄傲的，但更多的是沉重和忐忑：因为我觉得自己名不副实，拿了证但离自己独立办案还有很长的路要走……就好像登山者，刚刚登上了一座山峰，却发现面前有更多更高的山峰。

　　其实，回过头来想一想，我们每个人的内心深处都有一种天然的依赖性。我们年幼的时候，妈妈就告诉我们："来，宝贝儿，到妈妈这里来。"

小升初时，爸爸又语重心长："某某学校是你努力的方向。"考大学时，父母老师都说："画画能找到什么好工作？还是读个师范大学，以后出来还能当老师！"而在你工作后，老师不会再告诉你该干什么、能怎么干，父母也帮不了你，朋友也暂且没能力帮到你，你只能靠自己选择今后要走的路，然而你却已经习惯了依赖别人，所以你工作后，自然而然想着去依靠师傅，期望从师傅那里找到老师的影子，但是你错了，没有人有义务教你什么，更没有人有责任陪着你成长……如果你碰巧遇到一位无私奉献、乐于分享的师傅，那你很幸运，他就是你人生的贵人，可以帮助你站在一个人生制高点上少走很多弯路……但据笔者了解，90%以上的中小所的管理模式都相对粗放。那怎么办？答案只有一个，靠我们自己学习。

笔者曾在"律友邦"公众号上推送过自己写的一篇文章，主要内容是年轻是青年律师的竞争优势。因为年轻，我们更容易接受新鲜事物；因为年轻，我们更容易更新法律知识库；因为年轻，我们更加坚定地奔跑在追梦的道路上。我们现在羡慕各位资深律师、律界大佬，但不要忘了，在我们仰望他们的同时，他们也在羡慕我们，因为我们年轻，因为我们是早晨七八点钟的太阳，终将会升至天空的正中央。

青年律师不要妄自菲薄，但也不能骄傲自大。因为如今的青年才俊实在是太多了，究竟如何才能从中脱颖而出？古人云，君子性非异也，善假于物也。媒体人吴晓波也说过，淘汰时代的从来都不是人，而是工具。笔者想偷偷地告诉大家，世界为我们关闭了一扇门，那就一定会开启一扇窗，对于青年律师来说，这扇窗就是互联网工具。大家可能会想，这不是废话嘛，人人都说"互联网+"，关键是怎么"+"？我认为，我们至少可以在这三个方面上努力。

第一，在律师业务上加互联网。17662829，914841914，这两个数字大家知道有什么含义吗？这是中国裁判文书网上截止到2016年5月27日公布的公开文书总量和访问总量的数字。

从这里，可以研究法官，可以研究律所，甚至可以研究律师。这些案例，你都充分利用起来了吗？据笔者了解，智仁所祝双夏律师团队的婚姻案例报告和陈鑫范律师律行天下团队的建筑工程纠纷案例分析，已经走到了其他律师的前列。如果你连裁判文书网改版改、改网站域名都不知道的话，你就不配说自己是生活在互联网时代的律师。

第二，在律师工具上加互联网。移动互联网时代已经日益渗透到每个老百姓的日常生活中，法律领域也不例外。手机已经演化成每个人的微型掌上电脑，App这三个字母已经充斥到了每个角落，律师办案也同样离不开一些简单实用的App小程序。无论你是诉讼律师还是非诉律师，你都不得不承认，一些App小程序的出现确实给律师工作带来了方便，也提高了律师的工作效率。如果到现在为止，你还不知道"无讼"App，那你就严重脱节了。如果你是办理民间借贷纠纷案件的，那肯定离不开"企查查"或"启信宝"App，尤其是在执行阶段根据股东姓名查询公司名称，如果你稍加留意最高人民法院的新闻，就会知道他们马上要利用大数据建立一个"法信"App。

第三，在律师营销上加互联网。律师不仅要脚踏实地地办理案件，也需要适当的宣传。毕竟在将近30万人的律师群体中，想要出类拔萃，除了专业知识过硬之外，还需要让别人知道你，认识你，记住你，只有这样，他们在遇到法律问题的时候才会想到你。营销是多方面的，参加会议、送法下乡、给企业讲课……但也要适度，具体选择哪一种方式，要结合每个人的兴趣爱好和特长。如我比较喜欢写文章，一开始我就在当时的"无讼阅读"公众号上免费写，然后在"律事通"上收费写，后来干脆在自己运营的公众号上写原创文章，部分文章有幸被杂志编辑看中，还刊登在《中国律师》《浙江律师》和《杭州律师》杂志上，但这仅仅是我个人情况。青年律师也可以像靖霖所的贺平律师一样唱京剧，也可以像南方中辰所的王媛媛律师一样主持，也可以像柯溪律师一样上电视节目，宣传的方式多种多样，不一而足。但有一点就是必须要有特色，让人家记住你。

不知不觉啰唆了这么多，只是想借这个机会和大家分享下我自己在职场上摸爬滚打了这么久的一些执业感悟。总的来说就是一句话，青年律师，没人有义务教你如何办案。想学习，想成长，都得靠自己。怎么做？互联网可以为青年律师插上腾飞的翅膀。

最后，如果爱，请深爱。让我们一起心连心，手牵手，共圆律师梦。

青年律师尤其需要女排精神

里约奥运会期间，我感觉全中国都沸腾了。女排拿奖的时候，朋友圈又炸锅了！"郎平精神""女排精神"一时间在各大媒体平台上刷屏，似乎各行各业都在说要学习她们的精神。笔者认为，青年律师尤其需要女排精神。

北京时间2016年8月21日，当里约奥运会上浴血奋战的中国女排扣下了那重重的最后一击，整个中国沸腾了，中国女排力克塞尔维亚夺冠，时隔12年重回世界巅峰！主帅郎平在赛后接受采访时称："我们需要中国人的精气神，今天我们做到了。"是啊，从1981年到2016年，35年间，中国女排几经起伏，跌倒了爬起来，抖抖身上的尘土，继续前行。中国女排的精彩表现，用实际行动向大家诠释了女排精神的精髓：有时候明知不会赢，也竭尽全力；即便只有一丝希望，也要不言放弃；即便旁人都不看好，也要做好自己；即便明知困难重重，也要努力拼搏！

有一种坚持叫郎平，有一种精神叫女排，有一种人生叫不悔。

青年律师也同样需要女排精神。在执业初期，迷茫、困惑、彷徨百感交集，有时甚至怀疑自己的选择，案源寻寻觅觅，执业压力巨大，生活入不敷出，无数次想放弃，无数次想逃避，无数次想认输……但你是否知道，中国女排在1986年后一直处于低谷，却仍坚持训练甚至更加刻苦，就连在出发里约前，郎平也已经做好拿不到奖牌的准备，不过她凭着心中的那点执念仍然告诉队员"我们有可能不赢，但我们还是要奔着赢去的"，结果，事实证明她们成功地把不足四成的胜算率变成了十成。古希腊物理学家阿基米德曾说过，给我一个支点，我可以撬起整个地球，郎平从当年的"铁榔头"变身为现在的"狼图腾"，告诉大家一个道理，只要给我一个机会，我可以创造一个奇迹。

我们看到的是她们的成功，我们为她们的胜利振臂高呼，而她们在这之前所经历的魔鬼般的训练和那一再负伤的膝盖又有谁知？强者不是没有眼泪，只是在含泪奔跑。她们这么难尚且在坚持，作为青年律师的你，还有什么理由放弃？万事开头难，但真的难到无路可走了吗？很明显，不是！如果放弃，说到底，其实还是因为不够爱！

成功者为成功找方法，失败者为失败找理由。郎平执教中国女排或许可以找到千条万条理由不去努力，但她没有，她用那不服输的性格告诉全世界，即便有一丝希望，也要抓住机会，奋力反击。同样地，我们青年律师在执业初期确实存在各种各样的局限性，但困难本身也是成功必不可少的一部分，甚至是成功不可或缺的垫脚石。青年律师的未来存在千种万种可能性，但究竟如何发展还要看每个人的选择。成功者往往只比失败者多坚持了那么一点点。选择放弃，很容易，但必将一事无成；选择坚持，很难，但你终将迎来别样的精彩。不放弃就会有奇迹，中国女排在经历了35年的起伏后，时隔12年重摘桂冠，这是怎样的凤凰涅槃，又是怎样的浴火重生！青年律师，不经历风雨，怎能见彩虹？这世上，没有任何一件事会是一帆风顺的，你只能在平日里潜心修炼，锻造一副钢筋铁骨，用专业知识武装自己，然后静静地等风来……因为奇迹的另一个名称叫努力！我们要相信自己，相信付出终会有回报，不到最后时刻永不言败！

每届奥运会总有结束的那天，每次摘金夺银终会被遗忘，真正留在人们心中的是那份永不言败的执念和奋力拼搏的体育精神。人生苦短，用心做好一件事情足矣。郎平，用其一生与排球为伴，创造了一个个队伍崛起的神话；青年律师，如果真心热爱律师这个职业，也必然会在不久的将来在律界书写出一篇篇华丽的篇章。但热爱，并不是一腔热血的伟大抱负，也不是充满激情的火热口号，而是熬得过低谷后依然坚守信念，经历过巅峰后依然泰然处之，在起起伏伏的人生中不忘初心，向着既定的目标勇往直前。

青年律师面对这些残酷现实的应对技巧

曾几何时，非法学毕业生伴随着电影中对律师形象地位的演绎的向往，通过法考进入律师职业；曾几何时，法学院毕业生怀揣着对公平正义的满腔热情和执着追求步入律师行业；曾几何时，体制内公务员看着风光无限的律界朋友侃侃而谈……但是，一入"律"门深似海。律师行业远没有外人看来那样光鲜亮丽，无法否认的"二八"定律让很多青年律师举步维艰，根本无暇顾及"诗和远方"。幸好，当代青年律师生逢盛世，全国律协、省级市级律协纷纷关注到了这一现象，并发文要求保障青年律师的基本生存及良性发展。随着新时代法律服务需求逐渐向社会公共服务转变，青年律师人数必然会越来越多、竞争也越来越激烈。所以，认清现实，在职业选择之初就对律师行业有全面清晰的了解，至关重要。认清青年律师入行之后的处境，也非常必要。如果了解了所有不利情况之后仍然选择进入，那么最后一定不会后悔自己的选择，也一定可以坚持下来，成为一名优秀的律师。

一、青年律师，没人有义务教你如何办案

每个人的内心深处都有一种天然的惰性。在家里，在学校里，即便有所依赖，也无伤大雅，差别没有那么明显。但一旦步入社会，你只能靠自己。在实习期间，你会遇到在律师行业带你入门的师傅，或许你想从师傅

身上追寻老师的身影，让师傅给你布置作业、检查作业、评价作业完成情况……如果你碰巧遇到一位无私奉献、乐于分享的师傅，那他可以帮你少走很多弯路，但现实是，90%以上的中小所的管理模式相对粗放，你只能靠自己学习。

或许你会认为，我还年轻，年轻是我的优势。但是，律师是一门经验性职业，律师更多讲究的是实务经验和实务技能。这些恰恰需要你用时间去积累、去沉淀、去换取。

那怎么办？自暴自弃还是自怨自艾？不。你恰恰应当认清现实，充分发挥主观能动性。或许师傅不会给你布置任务，那你就自己找事情干，自己主动去请教。你所在的律所、你所在律所的所有律师、你所在律所的所有同事，甚至你师傅办理的所有案件档案，这些都是你的资源和财富，只要你善于发现问题，勇于谦虚求教，相信你会收获很大，进步飞快。

二、青年律师，没人有余力帮你拓展案源

案源拓展，是律师行业永恒的话题。除了律师行业头部前20%的律师，剩下的律师基本都存在案源不饱和情况。对大多数律师来说，随着律师人数的逐年增加，案源会被稀释，青年律师的案源问题日益凸显。

怎么办？焦虑？急躁？抑或转行？或许也是一种应对，但笔者认为，解决问题的关键在于你需要明白一个道理——案源、人脉都是被吸引来的，而不是找来的。你需要具有扎实的法学功底和丰富的实务技能。试想，如果某个领域或某个问题，只有你能解决，不可替代，那你还会惆怅吗？所以，你需要的不是人脉，而是知识。提升自己，让自己不可替代，这才是王道。

三、青年律师，没人有责任带你走进律圈

每个人都有自己的朋友圈。想要进入一个圈子，不是一件容易的事，想要进入相对更高级的圈子，那就更难。律师圈，说大不大，说小也很小。如今，杭州律师圈有一万多人，大到面对面也不一定认识，但当你越

来越深入，你就会发现，抬头低头听到的那些律师的名字，都耳熟能详。

圈子就是一个平台，平台就会有相应的资源。律界素有"教会徒弟、饿死师傅"一说，在面对未来的竞争对手时，任何人都没有责任和义务带你入圈。青年律师想要融入，首先，需要有这个层次的水平和能力及特色，让大家知道你、认识你、了解你、熟悉你，进而接纳你。其次，还需要不错的口碑。青年律师执业初期一定要守牢执业纪律和职业道德的底线，切莫因小失大。前段时间我看到刚执业不久的律师因为几千块钱被处罚的新闻，非常心痛和惋惜。最后，需要合适的时机。任何事情想要顺利推进，都需要天时、地利、人和。机会、时机、际遇非常重要。当然，你需要先未雨绸缪，提高自己抓住机遇的能力。

长江后浪推前浪。亲爱的青年律师，人生没有永远，来日并不方长，未来属于你们，但需要你们珍惜当下，走好每一步。记住自己的选择。如果决定进入律师行业，希望你历尽千帆，依然不忘初心。

我有一个梦想

I have a dream, it looks beautiful. 我有一个梦想，它看起来很美。《离婚律师》中，罗鹂巧舌如簧，一次次战胜对手，霸气；《金牌律师》中，苏东日进斗金，一场场精彩辩论，爽气；《何以笙箫默》中，何以琛勤奋好学，精通专业，帅气。

I have a dream, it sounds rich. 我有一个梦想，它听起来很阔。一提起律师，多数人的印象是，进出高档写字楼，开着劳斯莱斯，住着独栋别墅，随手签着上千万的合同，很是风光。

I have a dream, it makes me upset. 我有一个梦想，它说起来很烦。前期与当事人谈判，谈案件，谈合同，谈费用；中期在律所内讨论，与同事争论，给主任审批，向首席汇报；后期与对方律师争辩，写答辩状，法庭调查，法庭辩论；还要与法官保持密切联系，材料递交，取证申请，财产保全……说到底，律师就是当事人花钱买断你的时间去做一些很琐碎但又很重要的事情。

I have a dream, it is full of difficulty. 我有一个梦想，它做起来很难。律师的受众是多方面的，一面是客户提出的各种各样的要求，一面是法官一张张严肃冷酷的脸，一面是对方律师的唇枪舌剑……律师就是一个在夹缝中求生存的职业。随着全面依法治国的推进，律师迎来了法治时代的春天，但是，贿赂案件会见难，拆迁官司调档难，僵尸企业执行难等问题依然层出不穷……哎，怎一个"难"字了得！

　　我有一个梦想，但梦想不是年轻人听过励志演讲之后激动地写在本子上的"不忘初心，方得始终"，因为我知道，梦想不能光停留在"想"上，要付诸实践。

　　于是，每天早晨旭日升起的时刻，梦想将我叫醒；每次遇到难题山穷水尽的时候，知识帮我解围；每次遇到困难难以克服的时候，目标给我力量。我有很多缺点和不足，但我最大的优势就是，我还年轻，我很清楚自己想要什么，也知道从哪里可以得到我想要的东西。看《那些年，我们一起追的女孩》，我们一起追过沈佳宜，一起哭过、笑过、疯过，我们年轻过、放纵过，但渐渐地，我们每个人都不一样了，大家都在有意或无意地走出一条属于自己的人生道路。有时候，我一个人走在杭州的大马路上，看着人来人往，车辆川流不息，我就在想，偌大的一个城市，我无依无靠，但我并不害怕，因为我相信，没有任何一个人比我更清楚自己需要什么，目标是什么，规划是什么。我出生在一个小山村，家徒四壁，是一个农民的孩子，但我始终坚信一句话，知识可以改变命运。于是，我从上大学的第一天起，就决定要考研究生，最终顺利考进浙江工商大学法学院；我从读研究生的第一天起，就在考虑发表文章，结果我毕业时已在《检察日报》《人民论坛》等杂志上发表文章十余篇；我从看到国家设立研究生奖学金的新闻起，就决心要争取，结果有幸连续拿了两年；同样地，我从在律所实习的第一天起，就立志要当一名优秀的律师，虽然现在还算不上优秀，但我相信在不久的将来，我一定是。从来没有一个职业是钱多、事少、离家近的，我拥有大把大把的青春可以来吃苦、来锻炼、来成长。在这个浮躁的社会中，很多刚毕业的年轻人会感到迷茫无助，是因为才华配不上梦想，只要静下心来学习，脚踏实地工作，终有一天你会收获完满的结果。

　　能给他人带来价值的人，自己才具有价值。我知道我可能暂时无法给别人太多，但我会努力为他人创造价值，分享成果，传播正能量。

　　对于客户，我不断充电，充分运用当今互联网时代大数据的特点，准确判断案件的可能走向；对于前辈，我虚心请教，充分与他们进行交流沟通，科学预测案件的发展趋势；对于法官，我谨言慎行，努力促进法律职业共同体的良性互动！

　　浙江天册律师事务所创始人王秋潮老前辈曾说过，律师首先是执业，其次是一份职业，最后是一个行业。在律师这个行业，我就像一个呱呱坠地的婴儿，渴望着沐浴清晨那第一缕阳光，等待着吮吸母亲那第一口乳汁，盼望着呼吸大自然那第一丝空气。虽然睁眼看世界的第一眼朦朦胧胧的，但我知道我的梦想就在翻过那个山头的地方，就在跨过那道坎的地方，就在困惑之后的那个充满希望的地方。我愿意用我人生最美好的年华做抵押，去担保，以实现自己心中的那个律师梦！我将一颗赤诚的心献给律师事业，用点滴努力推进中国法治进程！

努力进步，我一直在路上

时光荏苒，岁月如梭，你还记得年初自己制订的计划吗？成长，如果仅仅是时间的过渡，终究不能称为成长，真正的成长是有所收获，你比过去的自己进步了一点点吗？你成长了吗？现在的你怎么样了？

年年岁岁花相似，岁岁年年人不同。岁月不居，时节如流。不论你是否愿意，时间的齿轮依然会推着你拼命地向前走。但人这一生，来这个世界上走一遭，总想抓住些什么，或者留下些什么。所以每年岁末年初，大家总是习惯性地总结这一年的得失成败，静心反思以期来年更进一步。然而，人生太短，梦想太远。我只希望自己每天都能学到新知识，每天都能有所进步，每天都能有所收获。

一、感　恩

这一年，执业不断深入，是感恩的一年。感谢浙江省高院，感谢杭州市中院审监庭，经历再审裁定、数次中院开庭、若干次询问沟通，历时一年半左右的时间，终于将一个一审胜诉、二审改判的案件通过再审程序翻案；感谢余杭区法院，感谢杭州市规划中心，经历行政诉讼、民事诉讼、一次委托鉴定、若干次联系沟通，历时一年多的时间，终于将一个日照分析鉴定顺利作出并撤诉结案；感谢武汉市东湖区法院，经历三次开庭，一次走访征求专家意见，多次调解，若干次沟通，终于让一个有关脐带血新类型案件胜诉；感谢某公司的信任，我成功为其出具上新三板的法律意见书；感谢法律援助中心的委派，我为龙某辩护，将其成功从检察院起诉书中的第二被告辩护为判决书中的最末被告，龙某多次表示感谢……

虽然无法将办理过的典型案件一一列举，虽然与很多同行律师相比这些案件的影响力远远不够，但就是这一个个并没有那么惊天动地也没有那么划时代意义的小确幸、小成功、小幸运，让我更加坚定地在律师道路上勇敢地走下去。每个成功人士的背后都有一段辛酸史，我很清楚地知道，我能够看到的是他们成功之后的光鲜亮丽，看不到的是他们在每个成功案件背后所付出的艰辛和汗水。在自己还没有做到像他们那样努力之前，我没有资格去羡慕任何人的成功。付出不一定就会有收获，但从不付出的人注定不会有任何收获。

二、发　声

这一年，执业不断积淀，是感悟的一年。作为青年律师的我，不仅每天为办案"柔肠寸断、辗转反侧"，而且还坚持写作的兴趣。随笔感悟、业务探讨、办案心得、庭审技巧……写作之于我，犹如沙漠里的一片绿洲，每每在执业道路上行走，总感口渴难耐，总想停一停、想一想、看一看、思一思、写一写，然后再继续上路。其实，我自己也不知道从什么时候开始喜欢上写文章，只记得小时候经常爱写日记，在读本科时，第一次发表文章也是单纯地认为可以作为评比国家奖学金的加分项，后来读了研究生，大家都在讨论如何在杂志上发表专业论文，那时我才第一次知道法学杂志有一级、二级、三级之分，研究生毕业时，我已陆续在法学专业刊物上发表了十多篇文章，获得了国家奖学金……可能在这个过程中，我逐渐地爱上了写作这件事，就像我爱上了做律师一样。可能这和我的性格有关，喜欢表达，喜欢交流。

这一年，我在"无讼"上尝试写的第一篇文章《我有一个梦想》，之后完成了首届律事通征文大赛一等奖文章《互联网，助力青年律师弯道超车》，在"法律读库"公众号上推送文章《青年律师，没人有义务教你如何办案》，为"中小所梦想之路"组稿《互联网时代下中小型律师事务所的法律服务发展路径探究》，在《中国律师》杂志上发表《互联网时代下青年律师的培养路径探究》，签约"律事通"公众号定期供稿，直至开通"律友邦"微信公众号随时写稿推送……或许在某些大咖眼中，这些文章就像说大话、侃大山，不入流；或许在某些同行眼中，这些文章中的某些观点是难以认同的；或许在资深专家眼中，这些文章根本没有触及事物的本质，没有谈到问题的根源……我不否认，甚至大胆承认，就如"一千个人的眼中有一千个哈姆雷特"一样，每个人看待问题的角度、研究问题的深度和自身阅历的丰富程度不同，得出的结论就不一样，甚至大相径庭。但伏尔泰曾经说过的，我不赞同你的观点，但我捍卫你说话的权利。人生每个阶段都有不同的认知、领会和感悟，请允许我发声，为自己所处的这个阶段留下一些痕迹。正如我在一篇文章中写的，"自从做了律师，整个人都变得不一样了"。律师这个职业，改变了我，融合了我，影响了我。

当我日渐年迈，当我满头白发，当我经历过岁月的一次次洗礼满目疮痍之时，某一天回首往事，翻开尘封的记忆，可以看到自己年轻时的青涩懵懂、纯洁无瑕和干净清透，那应该是一件很美好的事情。

三、坚　持

都说律师是自由职业者，但自从做了律师才发现，这句话完全就是瞎掰。估计律师是最不自由的自由职业者了，平日里，一场说走就走的旅行基本没戏，一次无需费力的办案纯属虚构，一笔收费百万元的案件与你无缘。办案越多越明白，生活中很多美好的事情往往只存在于别人的朋友圈中。一个案件，或多或少都会出现各种各样的问题；一次庭审，或大或小都会发生各种各样的出乎意料之事；一笔收入，或高或低都会碰到这样或那样的磕磕绊绊……每每遇到千奇百怪的难题，说实话，真心很痛苦，但想想既然选择了，就没有理由放弃。我常常安慰自己：可能每个资深律师都有过这样一个必经阶段吧。很多事情不是因为看到希望才去坚持，而是因为坚持才看到了希望。进入任何一个行业都会经历一段阵痛期，坚持下去才会取得最终的胜利，成就更好的自己。

不忘初心，砥砺前行。

白云苍狗，似水流年。这一年，不忘初心，日有所获；下一年，砥砺前行，迈向辉煌。时间是开拓者前行的刻度，是奋斗者筑梦的见证，是年轻人拼搏的坐标。人生不过是三天，昨天、今天和明天。昨天已逝去，今天正流走，明天尚未来。放下昨天的一切，珍惜今天的分秒，才能无悔明天，我一定会用尽洪荒之力，脚踏实地地走好我律师生涯中的每一天。学习是不变的主旋律，知识是最强的战斗力，案件是永恒的大乐章，让我们迎着新年的第一缕曙光，奏响新年的第一首华尔兹，开启崭新的律师之路。

律师行业的八大特点

有人说，律师是一个看起来很美、听起来很阔、说起来很烦、做起来很难的职业；也有人说，律师是自由职业者，法学院学生难就业的原因之一是很多毕业生立志当一名律师，纷纷走上了异常艰辛的创业之路。我认为，随着人们法治意识的不断增强，法律已经逐渐成为每个人日常生活中不可或缺的行为准则。你可以不知道、不熟悉、不了解它，但它却无处不在，充斥在你的整个生活之中，遍及每一个角落。正如仓央嘉措写的那样，"你见，或者不见我，我就在这里"。律师就是运用法律专业知识维护客户合法权益的人，律师的执业特点和职业性质决定了其在众多行业中的特殊地位和重要作用。但正如每个行业都有相应的游戏规则一样，律师这个行业也有一定的要求和规范，笔者在此总结了律师行业的几个显著特点，和大家一起分享。

一、律师是一个讲究精准的行业

客户的要求是无止尽的，但平心而论，律师的工作是一份良心活儿。律师说话要严谨，做事要细致，考虑要周全。当事人不懂，有时候将"起诉"与"上诉"混为一谈，但律师不可以，虽然只相差一个字，但意思却有天壤之别；当事人不知，有时候无法区分"传唤"和"拘留"，但律师不能，虽然形式上都是被叫去问话，做个笔录，但时间长短大相径庭；当事人不清楚，上诉时间从何时开始起算到何时为止，但律师必须精准地计算到年月日。2004年1月5日，时任浙江省委书记、省人大常委会主任的习近平同志曾在《浙江日报》"之江新语"专栏发表《心无百姓莫为"官"》一文，指出"群众利益无小事"，在律师行业，这句话可以演绎为"当事人利益无小事"。不管标的额是一万元还是一百万元，对于当事人来说，都是头等大事。就像离婚，家事律师可能每天都要处理若干个离婚案件，但对于当事人来说，可能一辈子也就这么一次，其重要性不可同日而语。作为律师，需要认真对待、谨慎处理当事人的每一个案件，容不得半点马虎和丝毫懈怠。古语有云，"失之毫厘，谬以千里"。律师需要准确记忆法条，清晰把控相关时间节点，及时提供有关证据材料，让当事人觉得把这件事情交给你来办比自己办还要放心，赢得当事人的信任，办理好每一个经手的案件，抓住每一次树立良好口碑的机会。只有这样，案子才会像滚雪球一样越滚越多，源源不断。否则律师失去的可能不止眼前的这一个客户，而是以他为中心辐射开来的一批潜在客户。

二、律师是一个追求质量的行业

律师的产品是无形的法律服务，既然是服务，就存在服务质量问题。在律师业务领域，如何对其提供的法律服务进行科学评判，是一项重要的课题。

由于缺乏统一的评判标准，律师准入门槛限制单一，导致律师行业成员素质良莠不齐。有的律师只是拿着执业证混日子，认为律师代理就是简单地走程序，过手不过心；有的律师半路出家，可能前两天还在从事其他工作，经过"拼命三郎"式地看书备考，通过司法考试，在律所实习一年后就开始从事律师代理服务；有的律师自己对法条尚处于一知半解的阶段，就开始代理当事人的案件。这些乱象直接导致当事人的利益受损，从而出现一系列投诉，甚至提起法律服务合同诉讼。对客户而言，寻求一名优秀的律师解决燃眉之急是最关键的一步，但"优秀"的标准何在？这是一个值得深思的问题。

笔者认为，单纯地依靠客户来对律师提供的法律服务质量进行评价是极其不科学的。众所周知，客户对于律师最大的期望就是实现自己的诉求，但在一场诉讼中，除了撤诉和调解结案之外，原告与被告之间必然有一方甚至双方的诉讼请求无法得到全部的支持。当客户的希望部分或者全部没有实现时，容易对律师产生一定的敌对情绪，此时客户对律师服务的评价往往会降低，但难道凭此就可以说明律师提供的服务质量差吗？显然是失之偏颇的。笔者认为，应当多方面、多层次地对律师服务进行评价和考核。考核制度就是一个风向标，枪指向哪里，子弹就会往哪里打。对于律师，应当从法院（刑事案件对应公安、检察院及法院）、客户、司法局、律师协会四个维度，从执业道德与品质、执业纪律与规范、法律程序与法律适用等方面设定一些具体的评价项目，逐个按积分考核，每年定期评选出优秀律师和优秀律师事务所进行通报表扬，树立一定数量的楷模，让大家以其为榜样，逐渐向高层次、优质量、严规范的发展目标靠拢，提升律师与律所的品牌和档次。

三、律师是一个谦卑温驯的行业

曾有人说，律师是一个四处求人的职业：在法官面前要客客气气，以求得有利裁判；在客户面前要兼任心理咨询师和心理分析师，以博得客户的信任；在前辈面前要虚心请教，以获得办案经验真传。

起初，我曾畏惧过自己是否可以在多重角色之间辗转变换，后来，随着律师执业的一步步深入，我发现其实也并不尽如斯人所言。法官虽然在法庭上铁面无私，但闭庭后是很乐意和律师沟通交流的，尤其是对于部分复杂案件，法官也期望可以获得更多的信息帮助他还原案件真相、得到确信，进而作出相对公平公正的判决。客户也不都是暴脾气，部分客户的素质也是很高的，遇事冷静、处事果断，觉得你行就给你做，觉得不适合就交个朋友，买卖不成情谊在。律界前辈那就更不用说了，一开始还觉得他们高不可攀，但渐渐地，有机会近距离接触后才发现他们中相当多的人也十分平易近人，一点架子都没有，他们同样乐于与各种各样的人交流，尤其对青年律师关爱有加。但话又说回来，年轻人有时容易心高气傲，有时难免眼高手低，所以有一点必须时刻提醒自己，人外有人，天外有天，永远都有比你强的人。嗓门大不一定有理，辩论也不一定要吵架，你可以有气势，但一定不能太强势、太咄咄逼人，你可以据理力争但一定不能态度强硬、蛮横无理，律师要以理服人、以柔克刚。律师的核心工作就是说服法官，但一定不能把法官当傻瓜，法官不理解律师的观点，那只能说明律师还没有说清楚、道明白、讲透彻，永远都不要质疑法官的智商。律师与法官交流时要注意说话的态度和讲话的方式方法，讲究沟通的艺术。

四、律师是一个百家争鸣的行业

笔者曾经一度以为，自己用将近 20 年的时间学会了"1""2""3"，知道"1 就是 1，2 就是 2"，明白"对就是对，错就是错"；读本科时，又发现"1 有时不是 1，2 有时不是 2"，开始带着怀疑的态度去重新审视一切事物；读研究生时，发现任何事物都具有多面性，"1"从某个角度来看就是 1，从某个理论来看约等于 0.9999999999，1 可能本身已经包含了 2，也有可能内在地排除了 2，关键在于分析问题的角度和理解运用的方法。

几乎每个问题都有好几种情况，而且每种情况都有相应的理论可以支撑，任何一种解释都可以说得通，笔者开始明白"自圆其说"这个词的深刻含义。这个世界变得越来越复杂和捉摸不定，笔者也变得越来越谨慎，越发深思熟虑，对于任何一个他人看似很简单明了的问题也会三思而答。就拿司空见惯的离婚纠纷来说，同样对于夫妻关系存续期间取得的房屋，有时是自己的，有时不是自己的，有时是一个人的，有时是两个人的，而且说归一个人所有有相应的理由及法律规定支撑，说归两个人共有也有相应的理由及法律规定支撑。所以，在律师眼中，没有什么事情是一定的，没有什么官司是有标准的，没有什么问题是有唯一确定的答案的，总有特殊情况，总有各种例外。就像法条中很常见的一句话叫作"法律法规另有规定的除外"。律师的客户之所以可能是原告，也可能是被告，归根结底就在于律师擅长分析案件的关键点并找出对当事人有利的一面。原告律师为原告代言，被告律师为被告代言，任何一件事情都可能存在"公说公有理，婆说婆有理"的情形。

五、律师是一个业务共享的行业

北京天同律师事务所首席合伙人蒋勇律师曾说过，"律师是共享经济、合作性消费"。共享经济的特点是在陌生的个体之间通过第三方网络平台进行物品交换。据福布斯估计，2013年共享经济价值达到35亿美元，增长率为25%。例如叫车服务平台优步成功融资12亿美元，其价值已经超过180亿美元。在经济学中，"科斯定理"是指如果交易费用为零，不管产权初始如何界定，当事人之间的谈判都会导致那些财富最大化的安排，即市场机制会自动达到帕累托最优状态。笔者认为，这一定律同样适用于法律服务领域。

举一个简单易懂的例子，如果新疆的律师到杭州来办案的成本高于将案件介绍给杭州当地律师办理的费用，那么该名律师会毫不犹豫地选择将案件介绍出去，合作办案，共同收取代理费。也就是说，在手握案源的律师把案子介绍出去能获得相对满意的费用的情况下，他更加愿意合作办案而不是自己出差办案，进而获得双赢的效果。杭州市律师协会副会长徐宗新律师也说过："律师业务很多都来自同行推介。"每个律师身边都有一定的案源，在这些案源中，总有一些是自己擅长的领域，有一些是自己并不熟悉的领域，那么专业的事情就交给专业的人士来做，本着对客户负责的态度，一些自己不擅长的领域宜介绍给其他以该专业领域见长的律师同行来代理。这样一来，客户会对你更有好感，其他律师同行也会将自己碰到的不熟悉的案件介绍给你，这样协同互助，让整个业务源流动起来，会创造出更加丰厚的效益。截至2014年年底，全国共有执业律师27.1万多人，全国律师事务所规模达到2.2万家，共有来自21个国家和地区的265家律师事务所在内地设立了330家代表机构，法律服务市场规模近500亿元。如果将这些律师资源进行整合的话，法律市场规模将呈现火箭式增长，创造更辉煌的成绩。

六、律师是一个展示个性的行业

近几年，我国律师执业人数逐年上升。以浙江省为例，律师执业人数从2010年年底的9289人增加到2014年年底的14144人，增幅高达52.3%。其中不乏一些以律师服务专业化领域为特色的律师,如浙江省内有以刑事诉讼业务为主的靖霖所的徐宗新律师、以能源法律事务为特色的阳光时代律所的陈臻律师以及以建筑工程纠纷为主的腾飞金鹰律所的金鹰律师等。随着律师业务的逐渐细分,个性化、专业化、规范化的法律服务市场日益显现,客户遇到某领域纠纷的第一反应就是找擅长该领域的律师。律师职业本身就是一个多元化的平台,每一个律师服务的个性化特征都比较突出。同一个案件,不同的律师会结合自身的执业经验、综合素质与方法技巧等多方面内容得出截然不同的应对方法和处理思路。律师行业是张扬个性、展现自我的行业。在这个平台中,你可以充分发挥自己的特长:如果你擅长交际,那就成为案源拓展律师;擅长写作,就成为案头律师;擅长网络搜索,就成为律师助理;擅长言辞,就成为诉讼律师。

律师可以一个人身兼数职,也可以组成一个分工合作的团队。曾有人说,"当律师,一个人永远干不过一群人"。但我认为,各有利弊。一个人有一个人的好处,如执行力较强,一个团队也有团队的优势,如可以展开头脑风暴、集思广益、取长补短。如果你身处于一个律师团队中,一定要注意包容、合作、牺牲三大精神,要把握一个原则,自己优秀没有用,要让团队中的每个人都有所提高,提升团队的整体形象。

七、律师是一个需要终身学习的行业

时光在流逝,时代在进步,律师也需要不断地学习。面对多如牛毛的法律规定,面对纷繁复杂的案件实务,有些律师就像老虎吃天,无从下手。诺贝尔文学奖得主莫言曾说过:"当你的才华还撑不起你的野心的时候,你就应该静下心来学习;当你的能力还驾驭不了你的目标的时候,你就应该沉下心来历练。"

现实生活日新月异,法律本身在制定出台后就显示出天然的滞后性。尤其是近几年,随着互联网时代的到来,很多新型产品推向市场,参差不齐。淘宝对传统零售业的冲击,优步对出租车传统行业提出的挑战,微博、微信给人与人之间交流方式带来的变革,这些"新生儿"的出现倒逼

相关部门作出及时必要的应对策略和风险把控，而律师的任务则是发现问题、分析问题、解决问题。从文件制定到贯彻落实，整个过程都离不开律师的参与，正所谓"需求是学习最大的动力"，律师在解决问题之前不得不先去了解问题产生的原因和背景，这也是需要不断观察、学习、积累的。为适应时代的发展，《民事诉讼法》《刑事诉讼法》《行政诉讼法》三大基础诉讼法都进行了相应的修改，最高人民法院、最高人民检察院也出台了配套的司法解释，这些都是律师在日常办案的过程中需要反复用到的东西，律师必须要熟练掌握，牢记于心。除了法条，还有在司法实务中出现的裁判规则和裁判案例，以及不同地区、不同法院的具体操作规程，这些都囊括在律师学习的范围之内。所以，当你选择了律师这个职业，就注定了你"生命不息、学习不止"的命运。

八、律师是一个优胜劣汰的行业

鉴于很多高校的司法考试通过率频频刷新，法学院毕业生大多拥有法律职业资格证书，律师执业门槛又以法律职业资格证为最大难点，所以大部分毕业生只是将律师职业当作最后选择，很多人没找到心仪的工作就去当律师。其实不然，律师执业过程是一个优胜劣汰的过程，开始的三年到五年尤其重要，也最为艰难，很多人忍受不了而选择退出，真正能坚持到底的人凤毛麟角。而在这些坚持下来的人之中，能打响名气的律师又屈指可数，所以在律师行业里同样适用"二八定律"，即80%的资源集中在20%的律师手中。做得好，名气大，业务也就越多，业务多了，名气就会更大，形成一个良性循环，强者越强、弱者越弱，这在社会学中被称为"马太效应"，即任何个体、群体或地区，一旦在某一个方面（如金钱、名誉、地位等）获得成功和进步，就会产生一种积累优势，就会有更多的机会取得更大的成功和进步。所以，做律师简单，但做一名优秀的律师很难，不仅要有扎实的法学功底，还要有服务意识，更要有不畏艰难向前冲的勇气和笃定信念迈步进取的决心。客户选择律师就像在商场买商品一样，商品必须有一样特质能够吸引他的注意力，或者是质量，或者是价格，或者是包装，或者是服务态度，又或者是客户看重的其他方面……但如果一样都没有，那恐怕迟早会被这个行业所淘汰。

内行看门道，外行看热闹。在外人看来，律师是一个高大上的职业。近些年，律师的形象屡屡被搬上荧屏。但说到底，律师并不像荧屏上展现得那般光鲜靓丽。如果你还没有准备好，那就谨慎进入这个残酷无情、竞争激烈的律师行业；如果你打算进入或者已经进入，那么，就请你做好"战斗到底""誓死守卫"的心理准备。让我们一起努力，守望成功！我相信：

有志者，事竟成，破釜沉舟，百二秦关终属楚；

苦心人，天不负，卧薪尝胆，三千越甲可吞吴！

自从做了律师，整个人都变得不一样了

记得有人曾说过，人和人之间的差距很大程度上都是后天形成的，是走出学校后对各自人生道路所作诸多选择的叠加效应。有人选择稳定，成为公务员；有人选择冒险，踏上了创业之路；有人选择挑战，做了一名律师，怀着那丝"帮助弱势群体、维护合法权益"的执念踏上一条布满荆棘、永无止境的艰难之路……其实，人生充满选择，而选择往往也是相互的，在你认定了律师这个职业的那一刻，律师的灵魂也就附身于你，在你执业的过程中，慢慢塑造着你、改变着你、雕琢着你。当你在某一天蓦然回首时，会发现你的很多习惯甚至是妆容、气质正在悄无声息地发生变化，让你不禁感叹：自从做了律师，整个人都变得不一样了。

01

不管到哪里出差，还是去哪里玩，甚至坐在动车、高铁上，随便扫一眼都会在以前没看过、没听过的文件名称、条文规定上多停留五秒钟。

02

别人的抱怨，会成为你的案源。

03

他人随口说的一句话，如果你觉得重要，总喜欢回一句"这个要写下来"，还要签个协议。

04

得知新出台了一个法律法规或规定，总想买本释义探索条文背后的深意。

05

对一个有争议的案件，当看到"最高人民法院观点"这几个字时，会不自主地把这个观点看完吸收以备后用。

06

当前辈告诉你"这个是有文件规定的"，你会用尽各种方法拼命在网上搜索，非要找到这个文件才肯罢休。

07

当看到别人对条文引用得有些陌生时，一定会打开法条原文逐字对照后再引用。

08

当最高人民法院、最高人民检察院、工商行政管理总局、国土资源局发布典型案例时，总是认真研读，自觉地分类保存。

09

对于某个易混淆的知识点，总喜欢比较民法、刑法、行政法上的诸多不同，如司法拘留、刑事拘留、行政拘留。

10

对于关键时间点，总有一种职业敏感性，七天内交诉讼费，十五天内被告答辩，一审法院收到上诉状五天内移交案卷，民事一审简易程序三个月、普通程序六个月，二审三个月，行政复议六十天，行政诉讼十五天，刑事拘留最长三十七天，退回补侦时间一个月内、两次为限……

11

深刻感受到汉语的博大精深，有些案件受理的法院级别越高，争议焦点就越细，甚至有个官司到最后，就在考察顿号和逗号的差别。

12

平时学习时感觉法条怎么规定得这么多，尤其是司法考试备考时，曾一度抱怨那些立法的人，为什么要判定出这么多法条，很多法条又晦涩难懂，这里是"可以"，那里是"应当"，这里是"自然日"，那里是"工作日"，这里是"十五日"，那里是"十日"……费了好大功夫才能理清。但做了律师，真正要用法条来解决现实生活中发生的实际问题时，却又奇怪地发现，原来能直接运用的法条少之又少，法条往往比较笼统，缺乏一定的操作性，想解决实务问题还要去找司法解释、地方性法规规章，甚至是省高院或者中院发的规范性文件。宏观上看，好像每个问题都有规定，微观上看，又好像每个问题都没有答案。

比如一个人身损害的误工费，侵权责任法有规定，要赔，人身损害司法解释规定有固定收入的，按实际损失赔，没有固定收入的，按照近三年的平均工资赔，不能举证工资情况的，就按受诉法院上年度职工的平均工资赔。如果你觉得到这里就算是能计算误工费了，那就大错特错了，不说别的，单单一个无固定收入人群在岗职工平均工资的事情，深究下去，你就会吓一跳，发现有些省市是分行业统计平均工资的，而有些省市是不分行业统计全社会平均工资的；而在从"年平均工资"到"日平均工资"的折算过程中，又会发现有的法院是按照劳社部发〔2008〕3号文件来确定天数的（261天），有的法院是按照日历天数365天来计算的，如浙江省高院民一庭曾发布浙法民一明传〔2009〕18号文件规定，按照日历天数365计算。问题来了，计算天数究竟应该除以多少，是365还是261？

越深入研究越会发现，似乎每个问题都是一个巨大的黑洞，充斥着无数的谜团待解。不过有些省市法院已经意识到了这个不统一性问题并就此作了规定，如浙江省高院民一庭出了一个文件《关于人身损害赔偿费用项目有关问题的解答》，统一了计算方法。从这个例子可以看出，有些问题从不同的视角来看会有不同的答案，如果只停留在表面上，就不会发现每个条文内在的深意和背后的含义。有没有顿时觉得，律师职业的专业度又提升了八个高度？高大上不敢说，但律师行业绝对是一个深不可测、深不见底的行业……还有无数的问题等着你去发现。

13

做律师的时间越长，越发觉得自己就是一座宝藏，除了懂法律能开庭，居然还可以搞营销、做讲座，既可以当居委会大妈调解经济纠纷，又可以代表顾问单位义正词严地参与谈判洽谈合作，还可以扮演心理咨询师开导一个个在婚姻中受伤的人……写文章，出版图书，写时评，突然感觉自己好伟大，完全是个全才啊……

14

其实律师并不是总是像港片里面演的那样巧舌如簧，在法庭上滔滔不绝地讲个不停，在日常事务中也有去联系当事人取材料、去法院交诉讼费拿判决书、寄快递、复印起诉状副本等琐碎但又不得不做的事情……有准备材料时抓耳挠腮一遍遍地看材料，也有柳暗花明豁然开朗时的兴奋，恨不得一个人去吃一顿大餐，既有帮当事人顺利解决问题的成就感和自我满足感，也有据理力争却仍不遂人意的无奈……

15

律师不相信任何人，只相信自己。经常说的一句话就是："依据呢？"好像世间所有事情都有据可查，有迹可循。

16

律师做久了，就会发现在日常吃穿用度上越来越省钱：以前会有很多应酬，现在场面上的应酬少了很多，有的就是和老朋友经常聚聚，天南海北地畅聊一通；衣服差不多就那么几套，男的是西装，女的是套装；用的东西也会越来越少，大部分都已经融会贯通，刻在脑子里了，随用随调；唯有书还是会经常买一些，每天抽时间看上几眼，紧跟法治时代的步伐。

未完待续，欢迎补充……

律师，是个让人既不能说喜欢又不能够离开的职业。除了那些喜欢律师这个职业而做了律师的人，估计很多人都不喜欢律师，总觉得找律师就意味着有麻烦，仿佛律师眼中的人都是坏人，写个协议还非要加个违约条款，和欠钱的人打电话有时还得录个音，出门左转50米就能当面拿给对方的材料却非要花10元钱让EMS邮寄……

虽然有时心里有诸多不情愿，但人人都离不开律师。

小孩辅导班没上完想退费，需要找律师；公司裁员不续签劳动合同又不想给钱，得找律师问问；买房买车，没个律师总觉得心里不踏实；老人出门买菜不小心被车撞了，还要请律师打官司；过着过着和老公没感情了想离婚，首先要咨询律师财产怎么分……律师就像悬崖旁边的那个栏杆，没有很害怕，有了求个心安。当然，也有人心疼律师费那几块大洋，结果就是20元的停车费没交，换来了150元的违停罚单。人往往是这样，存在侥幸心理，不见棺材不落泪。每个人都是一个矛盾综合体，既患得患失，又有舍有得。律师习惯于防患于未然，总以怀疑一切的态度来审视这个世界，用不信任的目光来看待每个人，在律师眼中人人都不可靠，唯独相信契约，崇尚法律。

如果人人对法律保持一颗敬畏之心，世间便会少很多无谓的纠纷。

已经做了律师的你，有没有发现自己真的变得不一样了？如果有，恭喜你，你已经顺利通过了律师第一阶段的考核，等待着你的是后续N个阶段的挑战！只要你热爱律师这个职业并愿意为之改变，相信你的前途一定不可限量，在未来的某一天必定会成为一名优秀的律师。

律师个人知识管理的三个关键词

律师职业是个靠专业知识吃饭的职业，只要是选择并且认定做律师，那对知识的态度必然是"生命不息，学习不止"。但不论做任何事情，都要讲究科学的方法，这样才能事半功倍。青年律师随着执业时间的不断增加，接触到的各式各样的知识一定会越来越多：书本上的理论知识，办案过程中的执业经验，从前辈身上"偷"来的实务技巧……尤其是在互联网时代，每个人都是消息源，各类即时信息海量爆出，那么，作为信息接收者的我们，对三个词的把握至关重要。是哪三个词？且听笔者道来！

一、收　集

说到收集，不得不让人联想到收集各类资料所借助的工具。前不久，吴晓波老师曾在《淘汰人的从来是工具而不是年龄》一文中指出："我们这一代人是怎样淘汰上一代人的？不是我们比他们更勤奋、更聪明，而是我们比他们更乐于接受新的工具。"是啊，如同汽车淘汰马车，互联网淘汰纸媒，都是因为工具的革命性迭代。工具不仅可以改变速度，还可以提高效率。

互联网的触角已经逐渐深入法律服务领域，无讼、赢了网、法大大等法律电商的风起云涌再次验证了律师手中的工具也急需升级。以前，律师办案靠的是各自对代理案件一再碰壁所得来的惨痛教训，现在，裁判文书公开，动动手指就可以搜索出一系列的裁判规则；以前，律师异地立案要亲自跑过去，耗费大量的人力、物力、财力，现在，用执业证号登录律师服务系统，三分钟搞定网上立案；以前，律师培训要提前通知尽早安排工作，现在，直接用网上远程培训操作……

就知识管理而言，我给大家推荐两个很好用的工具，一个是Work-flowy，另一个是"印象笔记"。第一次接触它们是在无讼学院的培训班上，后来一直在用，感觉还不错。Workflowy侧重于思维导图的建立，印象笔记比较适合于碎片化记录，它可以随时记录办案灵感，或是会议记录，或是待办事项，还可以收藏网页内容，有助于打造属于你自己的知识库。关键是所有信息都和电脑端同步保存，方便实用。

关于一些有用小工具，北京盈科（成都）律师事务所龙华江律师曾在《一个追求高效的法律人手机中装有哪些App》一文中做了很多推介，有兴趣的可以根据自己的喜好进行选择，但工具不在多，找到适合你的、真正有助于提高办案效率即可。

二、分　类

物以类聚，人以群分。分类向来都要讲究一定的标准，每个律师承办的案件不仅可以按照案件所涉及的领域分类，也可以按照案件当事人名称分类，还可以按照案件接收的先后顺序分类，分类方法有很多种，不管用哪一种，一定要统一，而且要自己看得懂。

就我自身而言，我是按照第一种方法进行分类的，即把自己承办的所有案件按照其所涉及的领域分别建立文件夹进行区分，有点类似于法院的分案方法，如合同类纠纷、民间借贷纠纷、侵权类纠纷、婚姻家庭类、刑事案件、行政案件等诸多领域，在每个大类下面再进行细分，如婚姻家庭类又可以分为离婚、继承、赡养等，在离婚这个类别下又可以分为有财产有孩子离婚、有财产无孩子离婚、无财产无孩子离婚和无财产有孩子离婚这几类，其他领域也类似。

不过最大的不同是，我会在建立这个文件夹的同时建立一个文件夹副本，在里面存放与该案件相关的法律法规规章文件及典型案例。众所周知，研究典型案例的裁判规则对于现有案件的承办具有重大意义。曾有一位律界前辈对我说过："办案的目的不是办这一个案子，而是将这个案件所涉及的相关法律问题搞清楚，这才是最大的收获，这样才可以举一反三、触类旁通。"这句话我一直铭记于心，它时时刻刻提醒着我潜心研究每一个自己承办的案件，尽自己最大的努力帮助当事人维权。

三、整　合

知识管理的五大核心是收集、整理、分享、利用和创新。光有这些零散的知识，还仅仅是万里长征的第一步，最重要的是要定期将它们吸收、整合、进行专题研究。最近几年，很多法律因无法适应新形势的变化而进行了重新修订，针对日常生活中新出现的问题，很多司法解释陆续颁布施行，对法律进一步细化，各地的文件规定也纷纷出台予以落实，甚至还有定期公布的典型案例，这些都是要及时收集、分门别类归纳进来的新鲜养分，将其吸收融入自己的知识体系之中，可以快速促进自身成长，也便于在个案需要时迅速查找。

如《最高人民法院民一庭对离婚案件中财产分割典型问题的解答》一文，我看后将其归入了离婚案件相对应的典型案例类别下。虽然这只是很细小的一个举动，但经过一段时间回过头来再看的时候，你会发现里面有很多有趣的奥秘，如最高人民法院对于某个问题的态度也经历了一个发展变化的微妙过程，对于强制公证债权文书的执行，在2003年有一个答复，不允许直接立案申请强制执行，而在2014年又允许直接立案申请强制执行了。尤其是在某一类型案件承办遇到难题时，我就会打开平日里收集的规章文件及典型案例细细品味，经常会有"柳暗花明又一村"的顿悟，这时我都会感激收集资料时自己那一个小小的动作。

另外，我也会不定期进行专题研究整理。比如在交通事故领域，我曾花了一天的时间整理出《八大地区对交通事故中多级伤残赔偿金的计算标准汇总》一文，发在微信公众号"律友邦"上分享给读者。日积月累，潜移默化，我在对这些日常收集的材料的整合过程中，逐步体会到其中的立法深意、裁判要旨，有时在对具体案件的代理过程中会提出独到观点。如在2012年代理的一起道路交通事故责任纠纷案件中，我提出了"司机被追刑责，交强险也应赔偿精神损失费"这一观点，后续形成文章发表在《检察日报》上。律师是帮别人解决问题的，只有自己的理论知识足够扎实，经验阅历足够丰富，人生积淀足够厚重，才能够为当事人想出更加有效便捷的维权方法。

知识对于律师来说，是无价之宝。如果运用得当，不仅可以创造财富，更加有助于实现律师的人生价值。记得浙江天册律师事务所律师王秋潮前辈曾说过，"律师不仅是一个职业，更是一份事业"。律师执业的过程，也是一个逐渐积累沉淀的过程，是一个将平日里学到的小知识逐渐嫁接到自己知识树主干上的过程，逐步汲取养分、融会贯通，构建属于自己的知识体系，争取可以更加快速地成长为一棵独当一面的参天大树。

因热爱而奔赴，在逐梦中成长①

　　生活有选择，也有无奈。跨过三十而立的年龄后，总觉得生活不是自己的。有些事情，你想做，却做不了；你不想做，却又不得不做。岁月并不静好，时光未曾温良，人生须负重前行。世界上永恒不变的只有变化本身。回望来时路，拥抱变化，不忘初心，方得始终。岁月催人老，匆匆又一年。时间带走了许多，也馈赠了许多。这一年，有喜有悲，有得有失。

　　这是用力拼搏的一年。

　　工欲善其事，必先利其器。初来杭州时，我两手空空，唯一可以依靠的只有自己手中的那支笔。2021年，我以文为媒，以笔为剑，开创天地。我把能利用的、可利用的、工作之余的所有时间，几乎全部用来写作，七点起床十点到家成为常态。这一年，我有4篇论文获奖，包括第33届全国副省级城市法治论坛优秀论文奖1篇，浙江省法学会诉讼法学研究会优秀科研成果奖三等奖1篇，第七届杭州市律师论坛三等奖、行政委分论坛一等奖1篇，第七届杭州市律师论坛行政委分论坛三等奖1篇。共在杂志上发表论文11篇，包括《法治研究》2篇、《楚天法治》2篇、《浙江律师》1篇、《杭州律师》1篇。接受电视采访8次，被报纸报道3次。在各类微信公众号推送文章34篇。作为民盟党派成员，提交30篇社情民意信息，被民盟省委

---

①本文刊登于《浙江律师》2022年第1期。

采纳14篇，被市政协采纳1篇。

这是用劲突破的一年。

由外向内，是压力；由内向外，叫突破。律界藏龙卧虎、人才辈出，我并不出类拔萃，无法脱颖而出。但我就像一棵小草，有顽强的生命力和不惧风雨的决心，我奋力挣扎，期望有破土而出的那一天。

2021年，我没有了对公务员生活的向往和犹豫，我没有了对律师工作的担忧和忐忑，唯有笃定。我热爱律师这个职业，不管是在执业艰难的初期，还是在经济增速放缓的当下，初心不改。我曾在2015年第四届杭州市青年律师演讲大赛上提到过，我有一个梦想，就是成为一名优秀的女律师；后来在2016年《中国律师》杂志上发表过关于互联网时代下青年律师培养路径的讨论，希望借力律所培养更多的优秀律师；2021年，是建党100周年，借用一句歌词，"我还是从前那个少年，没有一丝丝改变，时间只不过是考验，种在心中信念丝毫未减"。曾经有位前辈告诉我，成功者，往往是因为比失败者多坚持了那么一小会儿。虽然我不是成功者，但我也是一个不甘平庸的人，不想轻言放弃。

知易行难。现实困境，客观存在；生活压力，睁眼就在；唯一出路，提升自我。这一年，我自学考取了"母婴师""育婴师""家庭教育指导师"，我希望可以帮助更多的未成年人；这一年，我抽空考了"社会工作师（中级）""心理咨询师"，希望可以更多地参与社会组织，为需要帮助的人提供更多的服务；这一年，我两点一线，放弃休息，在工作之余参与普法活动，我受邀为滨江城管授课1次，受邀在"尚法云直播"线上普法3次、在"泉安普法云直播"上普法3次，受邀在余杭区各个基层村社展开反家暴系列巡讲7次，妇联值班10次，在"智·和同心荟"讲课2次；这一年，我精进调解技能，培训调解技巧，参加市级区级调解32次，努力化解矛盾争议；这一年，我深入学习人民监督员相关规定，积极参加相关活动10次，履职尽责；这一年，我在杭州市妇联、市检察院的指导下，化身普法达人，参与拍摄《共筑安全网 守护未成年》普法短视频，参与久久公益组织反校园欺凌的公益短片……机会总是留给有准备的人。我相信，只有当自己的能力足够强大，才能察觉机会的来临、获取机会的垂青。如果说这世上存在一种无风险投资，我认为，那就是投资自己。

　　这是用心经营的一年。

　　三人行必有我师。在律界，我资历尚浅，但幸运的是，我遇到了很多乐于提携的贵人和成绩斐然的前辈，以及非常优秀的朋友。他们在我需要帮助时，伸出援手，拉我一把。2021年年初，我想要加入民主党派时，周主任及时雪中送炭，帮我推荐，感恩提携；2021年4月，我无意中聊到一个想法，被听者留意到，放在了心上，后来帮我解决了一大难题，感动万分；2021年9月，我被某问题困扰很久，多方讨教，四处求证，最终在大家的帮助下柳暗花明，感谢帮助……同时，我为自己身在领航三期这个大集体感到骄傲与自豪。虽然我并未像大家一样卓越超群，但每天看到各位优秀同学所获得的成绩和取得的荣誉，催人振奋，与有荣焉。衷心祝愿所有的同学都越来越好。我为身边有如此优秀的你们而备感荣幸，也为律师行业的未来而开心鼓舞。

　　在榜样的激励下，我丝毫不敢懈怠。2021年，我钻研学术，成为浙江省法学会律师法学研究会理事、浙江省法学会诉讼法学研究会理事，用理论指导实践；2021年，我热心公益，加入了杭州市12355青少年维权志愿团，加入了杭州市西子司法服务中心，守护未成年健康成长；2021年，我参与协会工作，成为杭州市律协记者团团长，成为杭州市律协农业农村专委会秘书长，努力为律协平台贡献力量；2021年，我辅助杭州市上城区司法局审核抖音脚本上百条，回答知乎问题2次，尽力让更多的人学法、懂法、守法；2021年，我加入民盟组织，加入上城区知联会，成为"智·和同心荟"讲师，积极参政议政；2021年，我还加入了浙江工商大学校友会宣讲团、杭州市合欢心理咨询法律宣讲团，走村进社，传播法律知识，加入了杭州市总工会，为需要的人提供法律帮助……我无法把握生命的长度，但欲尽力拓展生命的宽度；我无法挽留时间的流逝，但欲尽量体现岁月的印迹。丰富自身经历，渴望更快成长，让每分每秒过得有意义。

　　与此同时，我也有遗憾。年初时，给自己立Flag，一个是加入民主党派，另一个是评职称，但总结反思，仅实现了一半，完成率50%。虽然结果很重要，但过程是结果的重要保障。不过，在这个过程中，我有很多意外的收获。没有遗憾的人生是不完美的。正因为有一个个的不完美，才有更大动力去追求完美。

2021年，已成历史；2022年，一切归零再出发。

新的一年，希望继续守护未成年人；新的一年，希望可以帮助更多的人；新的一年，希望参政议政能力更上一层楼。

英文里有句谚语："Think big, do small."意思是做好当下，会成就不一样的未来。2022年已然到来，做好当下事，把每一步都用来积累，哪怕每次只收获一点点，涓涓细流终会奔涌成滔天巨浪。创造未来最好的方法，就是从当下开始，不断精进自己。筑好自己的护城河，才能更好地应对未来的不可知。我们唯有踔厉奋发、笃行不怠，方能不负历史，不负时代，不负自己。

因热爱而奔赴，在逐梦中成长。2022年，期待遇见更好的自己。

后　记

　　人因经历而成长。我祖籍山西，出生于一个小山村，在成长过程中遇到了很多人，也发生了很多事，当时我就立志，要靠"知识改变命运"。后来，我只身一人来到浙江读书，研究生毕业后，怀揣着一颗热忱之心，踏上了律师的执业之路。如今，执业近10年，虽已过而立之年，并结婚生子，但常感身不由己、力不从心。恰逢转所浙江六律律师事务所，重启征程，再加上带过几个律师助理，感慨颇多。回首来时路，不忘来时心，想要和大家分享一些心得体会，于是，我决定撰写这本书，对过往总结复盘。

　　律师之路，异常艰辛。还记得毕业季时，学校里那场关于"公务员热"现象的热烈讨论，到底是考公务员寻求安稳，还是做律师追求挑战，同学们争论不下；仍记得自己第一次参加开庭时，内心的忐忑和强装的淡定，终生难忘；当然，律师执业后赚到第一桶金时的喜悦与成就感，亦无以言表。从执业初期的穷困潦倒，到执业中期逐渐被客户认可，再到执业后期能指导律师助理办案，个中滋味，非亲历不可知。但我一直认为，我算是幸运的。随着互联网席卷律师行业而成长起来的律师，终究是被时代眷顾的那一批年轻人——依法治国政策的推进，让律师的地位日益上升，老百姓普遍意识到打官司应该找律师；信息公开的逐步深化，让青年律师可以借助工具去解决以前需要花费大量时间去学习和培养的技能和经验缺失问题；互联网让律师传统的传帮带模式面临新的挑战，也得到了新的启发及优化；我通过运营微信公众号结识了一大批全国各地的优秀律师前辈，在认识大家的同时也让大家知道了我的存在……

当然，执业之初靠着互联网平台支付的稿费勉强度日，中午买饼、晚上煮面的日子，至今仍历历在目。很多人走着走着就散了，很多人又从不同地方赶来，汇聚在一起。随着律师行业对青年律师生存现状的日益关注，现在刚入行的年轻人比我们那个时候更加幸运。最起码，他们有维持基本日常生活的实习工资，大部分律所也有一套培养青年律师的完整计划和完善路径，只要自己稍加努力，成为行业精英指日可待。一代人有一代人的使命，一代人有一代人的际遇。坦率地讲，不得不承认，现在的行业大部分都很"卷"，时代红利正在消逝，行业成熟期逐步到来。如何在这样的情境下突出重围、展现风采，是我们这代人要思考的时代命题。

律师是一个靠案源吃饭的职业。有案源，才会有收入，有收入，才能保证基本的生存问题，以及进一步的生存质量问题。如能坚持下来，那可能只有一个原因——热爱。都说法律人常讲的一个词叫"情怀"，换一个词来说，大概就是"热爱"。因热爱而奔赴，在逐梦中成长。

这个世界上，每个人都是独一无二的，每个人的经验都无法复制，但有些想法和思路可以借鉴。虽然我也还在律师之路上摸爬滚打，但我乐于分享，希望此书可以为还在律师征程上奋斗的小伙伴们提供些许思路。

感谢浙江六律律师事务所主任周建平律师和浙江五联律师事务所高级合伙人沈宇锋律师对本书的指导和帮助，感谢浙江工商大学出版社所有工作人员不辞辛苦地反复校对和耐心编辑，感谢家人的鼎力支持。

本书若有不当之处，敬请批评指正，欢迎大家随时通过邮箱与我沟通交流。

柳　沛
2022年8月于拱墅远洋国际